切手の歴史

(一番上　黒い切手から右回りに) 世界最初の切手「ペニー・ブラック」(イギリス)、英領バルバドスの３セント切手、アルミ箔切手 (ソ連)、悪名高き郵政長官ファーレー時代の切手 (1934年　アメリカ)、第１インターナショナル100年記念切手 (中国)、ワシントンの肖像を描いたニューヨーク市内ローカル切手 (アメリカ)、戦後に発行された切手 (オーストリア)、繊維を紙にまぜた毛紙切手 (日本)、コイン型金属箔切手 (トンガ)、浮き出し切手 (ドイツ)、八角形の軍用切手 (トルコ)、日本復帰を祝う琉球切手 (日本)

切手を描いた切手

1　日本の切手（ラス・アル・ハイマ）、2　両シシリー王国の切手（サンマリノ）、3　切手カタログの切手（イエメン王国）、4　1959年「切手の日」の切手（イタリア）、5　ルーマニア最初の切手（ルーマニア）、6　スイス各州の最初の切手（ウム・アル・カイワイン）、7　孫文切手と郵政50年記念切手（中国）、8　宇宙切手（ルーマニア）、9　ベルギー最初の切手（ベルギー）、10　トルコ最初の切手（トルコ）、11　ブルガリア最初の切手（ブルガリア）、12　ルーマニアの宇宙切手（ハンガリー）、13　フランス最初の切手、14　日本竜銭切手（以上、チャド）

切手を描いた切手

1　子どもと切手（ベルギー）、2　切手の原画を描く切手（アルゼンチン）、3　ルーペで切手を見る子ども（ギリシア）、4　カストロ切手（キューバ）、5　インドネシアの各種切手（インドネシア）、6　切手を切る様を描く切手（ルーマニア）、7　コレクターを描く切手（ドイツ）、8　子どもと切手（イエメン王国）、9　切手の原版を彫る（オーストリア）、10　切手アルバム（ドミニカ共和国）、11　アメリカ最初の切手（アメリカ）、12〜14　風景切手（13）と、それを描く切手（14）と、またそれを描く切手（12）（以上、チェコスロバキア）

珍切手

1、3　1の裏にファッション説明（3）のついた切手（ニカラグア）、2　鳥の形をした切手（シエラレオネ）、4　台形型の切手（モナコ）、5　五角形の切手（マルタ）、6　万国博マーク切手（シエラレオネ）、7　立体印刷　小田急はこね号とSLの２つの絵柄を１枚の切手に（マナーマ）、8　台形型切手、9　菱形の切手、10　円形切手（以上、マレーシア）、11　全UPU加盟国を細かい字で入れた切手（トンガ）、12　国の形をかたどった切手（ジブラルタル）、13　ダイヤモンド形の切手（シエラレオネ）

珍切手

1　時計形の切手（トンガ）、2、8　レコード形の切手　ブータンの国家、歴史、ブータン語が吹きこんである（ブータン）、3　怪獣の絵（ギニア）、4　バイセクトカバー　半裁切手（マカオ）、5　原水爆に骸骨の絵（ガーナ）、6　プラスチック製の立体切手、7　シルクでできた切手（以上、ブータン）、9　麻薬制圧メッセージの切手（オーストリア）

日本テーマの切手

1、3　大統領訪日切手（パラグアイ）、2　メキシコオリンピックの中山彰規（モンゴル）、4　ワールド・ボーイスカウト・ジャンボリー大会（リベリア）、5　メキシコオリンピックの加藤沢男、9　ちょっと変な新幹線（以上、チャド）、6　鉄道100年記念切手（リベリア）、7　雪舟（ソ連）、8　孫基禎選手（ドミニカ共和国）、10　横山大観（チェコスロバキア）

日本テーマの切手

1　札幌オリンピックポスターを切手に（イエメン・アラブ共和国）、2　メルボルンオリンピックの勝者、笹原正三（ドミニカ共和国）、3　芸者ガールとマリ美人（マリ）、4　万国博記念　三波春夫と農協マーク（リベリア）、5　鳥居と日本のお面、6　芸者とガボンのドラマー（以上、ガボン）、7　円が大きすぎる日の丸（リヒテンシュタイン）、8　チャンバラ姿（キューバ）、9　マダム・バタフライ（ラス・アル・ハイマ）、10　鎌倉の大仏とゼウスの神様（カイチ）、11　二重橋（イエメン王国）、12　札幌オリンピック　これが日本の子どもとは（マリ）

切手を描いた切手vol.2

1　1964年東京オリンピック大会の10円切手、2　アムステルダムオリンピック大会切手（以上、ハイチ）、3　モーリシャスのポスト・オフィス切手（ウム・アル・カイワイン）、4　スポーツ切手（イタリア）、5　ペニー・ブラック（イギリス）、6　ポーランドの古切手（ポーランド）、7　10円観音菩薩（ニジェール）、8　アメリカ独立200年記念切手（リベリア）、9　最初の切手の初日カバー切手（ジャージー）

切手の歴史

岡田芳朗

講談社学術文庫

目次

切手の歴史

第一章　切手の誕生

一　郵便切手という言葉

料金渡し済みの証書

今日では切手・キッテといえば、まず郵便切手と相場がきまっている。たいがい郵便切手といわずに、切手といって用をすましている。

ところで、もともと切手という言葉は、切符と手形と両方の意味をもったもので、古くから有価証票を指す用語としてひろく用いられたものである。現在でも、この本来の用法が「小切手」としてのこっている。ところが、郵便切手のほうがあまりにも通行してしまったために、小切手の呼称のほうが、「切手でもないのに小切手とはへんだ」と感じられるようになっているから妙《みょう》なものである。

明治四年（一八七一）に郵便を創業するにあたって、日本郵便の父・前島密《ひそか》は、料金前払いの証票をいったいなんと名づけたらよいものかと苦心したあげく、一般に料金渡《わた》し済《ず》みの証書として交換されている切手の語を用いることにしたのである。そのとき「印紙」という案もあったが、大衆に親しみのある切手に軍配があがったわけである。

もっとも印紙という言葉は、郵便以外でひろく用いられるようになり、収入印紙などを郵便局で取り扱うところから、切手のことを印紙と呼ぶ人も稀《まれ》に存在する。

前島密

切手のほうもはじめは「賃銭切手」「書信賃銭切手」「書状切手」などと呼ばれており、「郵便切手」に落ち着くまでには多少日時がかかったようである。

明治時代には、切手はまだ一般には有価証券の意味で使われることがあり、切手屋といえば、ノミ行為をしない証券の売買業者のことであったし、鉄道の切符や劇場の入場券などを、切手と呼ぶことさえあった。

前島密のグッド・センス

切手はこのように料金前払い証票を指す言葉だが、通行切手や関所切手のように、通行を保証する証票を指す言葉として、手形とおなじ意味に用いられることがあった。江戸城大奥への出入り口に切手御門・切手番所があったのは、この例である。

前島密が、有価証票と通行手形の両方の意味をもつ「切手」という言葉を採用したのは、まったくの好打であったといえよう。前島はかな文字論者で、幕末に漢字を廃止してかな文字を使用するようにという建白書をだしたことがあるだけに、言葉に対する鋭い感覚を身につけていた。郵便切手の命名などは、そういう前島のグッド・センスの現れだといってよいだろう。

郵便切手の郵便も前島の命名で、これは当時では少々見馴《みな》れない難解な用語だったらしい。というのは、江戸時代には飛脚《ひきゃく》とか飛脚便というのがふつうで、ごく稀に郵便という言葉が用いられることがあったにすぎない。郵便の語源は、きわめて古いもので、中国古代では宿場や駅のことを郵といい、手紙を郵書、渡し船を郵船と呼んだ例がある。前島は民営の飛脚便と区別するために、あえて古めかしい郵便という言葉を使用したのである。

スタンプと消印の分離

英語では郵便切手のことをポスティジ・スタンプ（postage stamp）という。ポスティジは郵便を意味する語であるが、スタンプはもともと押印《おういん》を指す言葉である。観光地などにある風景スタンプとか記念スタンプとか呼んでいるものがスタンプである。

英語では切手のことを単にスタンプと呼ぶことが多い。アメリカには「スタンプス」という名の切手週刊誌があるぐらいである〔注・のちに合併により、「MEKEEL'S & Stamps」

という名称に〕。切手もスタンプ、消印もスタンプではまぎらわしくてしかたがない。なぜこんなことになったのかというと、切手が誕生する以前には、料金収納済みの証拠として、封書の上にスタンプを押したのである。この習慣から、切手のこともスタンプと呼ぶようになったものと考えられる。

もっとも、最初の切手が発行されたとき、この小紙片をなんと呼んだらよいのか、判断に苦しんだイギリス郵政当局は、とりあえず「ラベル」と呼ぶことにした。世界最初の切手の二四〇枚からなるシートの四囲の耳紙《みみがみ》には、「価格、ラベル一枚につき一ペニー……」と記されていたのである。

フランス語では郵便切手のことをタンブル・ポスト (timbre poste) と呼んでいるが、このタンブルも消印を押すという意味があって、英語のスタンプと同様である。ドイツ語ではブリーフ・マルケン (Briefmarken) という。ブリーフは手紙のことで、マルケ (ン) は合《あい》札《ふだ》・割符の意味で、わが国の切手の本来の意味に近いものである。

ところで、英語では切手も押印もスタンプでまぎらわしいと書いたが、切手以前には料金収納印はスタンプであった。そして切手がスタンプとひろく呼ばれる頃になると、切手の使用済みを示すための押印は、はっきり消印=キャンセレーション (cancellation) と呼ばれるようになった。キャンセレーションは、「ホテルの予約をキャンセルした」というようなときによく用いられるキャンセル (cancel) という語からでた言葉で、無効にする、解除するなどという意味である。たしかに切手に消印を押すことによって、切手の効力はこれかぎりとなり、以後無効となるわけである。

切手を愛するフィラテリー

切手収集家のことを俗に切手マニアなどといい、切手狂などと馬鹿にする。切手収集家は英語では通常スタンプ・コレクター（stamp collector）、フランス語ではタンブロマニアとかタンブロフィル（timbromanie, timbrophile）という言葉がある。前者は切手収集狂、後者は切手収集家という意味である。

いくら熱心な収集家でも切手マニアなどと呼ばれると、いささかいやな気がする。どうもマニアというのは低俗な印象を与える言葉である。そのうえ、国ごとに切手収集とか切手収集家とかを指す言葉がちがうのも不便であるというので、切手収集を表す学術的名称がつくられている。フィラテリー（philately）というのがそれである。

このフィラテリーという語を発明したのは、フランスの初期の収集家グレゴール・エルパンで、一八六四年に「切手収集」誌上で発表されたのである。フィラテリーの語源はギリシア語のフィロス（愛する）、アテレイア（税の受け取り）で、この二語を接続してフィラテリー、フィラテリスト（切手収集家）という語ができあがった。

フィラテリーは、その名のように切手を愛することが前提である。ただがむしゃらに切手を掻《か》き集めるだけでは、その名に値しない。また利潤を追求するために切手を買い集めるような行為も、この名に該当しないことはいうまでもない。

二　世界最初の切手「ペニー・ブラック」

切手が誕生した年

世界最初の郵便切手が誕生したのは一八四〇年五月一日のことであった。場所は英国ロンドンである。この日一日で数十万枚の切手が売り出された。このとき発行された切手は黒色の一ペニー切手と、青色の二ペンス切手であった。切手は五月六日まで使用を禁じられていたにもかかわらず、発売初日のこのような爆発的な売り上げは、その後の切手と郵便制度の発展を予告し祝福するものであった。とにかく五月一日一日だけの切手類の売り上げは二五〇〇ポンドに達し、その大半が黒色の一ペニー切手（ペニー・ブラック）であった。

世界中でいちばんよく知られている切手、たいがいの切手収集家が「せめて一枚はほしい」と考える切手、それはもちろん世界最初の切手「ペニー・ブラック」である。以下この切手について簡単に紹介することにしよう。

この切手の誕生した一八四〇年は、日本では天保一一年に当たっており、天保改革の最中で水野忠邦や鳥居耀蔵《ようぞう》が、贅沢《ぜいたく》取り締まりと蘭学弾圧に躍起になっていた時代である。一方、海防の必要にせまられて、水戸斉昭《なりあき》などがあわてて大砲を鋳造したり、高島秋帆《しゅうはん》が徳丸原で洋式操練を公開したりした時代でもあった。

また、この一八四〇年にはイギリスと中国との間に阿片戦争がはじまっていた。すでにイギリスは、大英帝国の基礎がさだまって、その領土は全世界にまたがっており、世界最大の帝国を形成していた。国内での産業革命の成功は、国力の充実と近代社会の発展を促進した。八年前の一八三二年に第一次選挙法改正が行われたが、普通選挙法の実現を要求するチャーチスト運動が展開されていた。

王立郵便の古い体質

切手の誕生より一〇年前の一八三〇年には、マンチェスター——リバプール間に鉄道が開通し、以後、急速に英国内に鉄道が網の目のように張り巡《めぐ》らされていた。また二年前の一八三八年には、大西洋に蒸気船がはじめて就航して、帆船《はんせん》の時代から蒸気船の時代へとかわろうとしていた。

すでに産業革命の勃発《ぼっぱつ》以来、イギリスをはじめとして国内と海外の植民地、そしてヨーロッパ諸国間での通信量・交通量は急激に増加していた。それまで公用便をのぞいて民間の飛脚屋、駅馬車屋、あるいは特権貴族などにまかされていた郵便事業は、しだいに国王の手に回収されていった。イギリスでは一六三七年以来郵便事業は国王の独占事業とされており、全国に郵便網が張り巡らされていた。

しかし、この王立郵便には、さまざまな古い体質がのこっていた。政府は郵便料金を不当に高くして、そこからの収入をあてこんでいたため、郵便料金は予想外に高いものであった。にもかかわらず、慣例によって郵便料金免除の特権を所有する者が多く、そのために経営状態は必ずしも良好ではなかった。

一ペニー郵便料金法案

ここにローランド・ヒルという人物がいた。この人物は一七九五年一二月三日に、イングランドのキッダーミンスターという町に生まれた。この町はカーペットの産地として有名なところで、ここで彼は父の経営する学校の先生をしていた。ヒルは数学と統計学が得意で、一八三五年からイギリスの税制の研究をはじめたが、そこで郵便料金が馬鹿高いことに気がついた。彼の計算によると、ロンドンからスコットランドのエジンバラまで四〇〇マイル(六四〇キロ)を、一通の手紙を運ぶ実費はわずか三六分の一ペニーにすぎないにもかかわらず、郵便料金はその五〇〇倍も徴収されているということになる。

そこで、彼は一八三七年に「郵便制度の改革——その重要性と実用性」というパンフレットを出版した。このなかで彼はまず第一に、イギリスとアイルランド内では一通の手紙が二分の一オンス(一四グラム)あたり一ペニーの均一料金にして、それまでのように距離によって料金を加算する制度を廃止すること、第二に郵便料金を前納とすること、第三に、料金が前納されていることを表す「切手」の印刷されている封筒を売り出すこと。そして私製の封筒を使う人のために、「消印を押すのに充分な大きさの小さな紙片をつくり、できれば裏に糊《のり》を引いて、手紙に貼《は》りつけられるようにする」こと、などが述べられている。

このパンフレットは、高い郵便料金になやまされていた人々に歓迎され、熱心に支持されることになった。ちょうど第一次チャーチスト運動の最中で、大衆の要求と合致したことも好都合《こうつごう》であったわけで、議会の支持をえて、一八三九年八月一七日に、この「一ペニー郵便料金法案」は勅許をえ、法律として施行されることになった。

ローランド・ヒル

料金前納を示す四案

当時郵便は大蔵省の管轄だったので、大蔵省は料金を前納したことを明瞭に示すための具体的な案を公募することとなり、最優秀案には二〇〇ポンド、次席には一〇〇ポンドの賞金が与えられることにさだめられ、このことを九月六日の「タイムズ」紙に掲載した。一方、郵便の改革を監督するために、提案者のヒルが大蔵省の役人に任命された。

公募の総数は、三六〇〇点に達したが、最優秀賞に該当するものがなく、ヒルの助手になっていたヘンリー・コールのものをふくむ四点が佳作に選ばれ、それぞれ一〇〇ポンドの賞金を与えられた。

結局、大蔵省として最終的な方法をきめかねて、次の四通りの方法を実行して、利用者に判定を委ねることにした。

(1) 切手に相当する印面つきカバー――一枚のレターペーパーに、印面を印刷したもので、当時カバー、もしくは帯紙（ラッパー）と呼ばれた。このペーパーに手紙を書いて、折りたたんで封印をして差し出すのである。

(2) 印面つき封筒――これは封筒に切手に当たる印面を印刷したもので、菱形の紙に印刷されており、上下左右を折りたたんで封筒にした。

(3) 切手――小さな紙片に印面を刷ったもので、裏に糊が引いてあって、シートから一枚一枚切りはなして封筒に貼る。

(4) 印面を私製用紙に刷りこむ――(1)と(2)は官製の用紙を用いるが、私製の便箋や封筒を差し出したものに、印面を印刷する。

著名人の肖像画の採用

無料郵便の大幅廃止と国内均一料金による新しい郵便制度は、一八四〇年一月一〇日から実施された。ところが、切手の製造に手間どったため、この期日には間に合わなかった。

公募で佳作をとった四人のうちの一人シバートンは、もともと印刷の専門家でもあった人で、数多くの試作品をそえて切手の原案を提出していた。彼はニセ切手の出現を防止するために、切手の図案にはよく知られた人物の肖像がいちばんよいことを主張していた。この考え方は、切手だけでなく、紙幣などの有価証券にも当てはまる。人間の目は抽象的な図形よりも、見なれた人物の肖像画などのほうが、ほんのわずかな変化にもすぐ気がつくものである。

ヒルは公募の結果を待たずに、切手の図案の検討を開始したが、結果的にはシバートンの考えとおなじく、著名な人物の肖像画を採用することになった。ヒルは、三年前に王位を継《つ》いだばかりのビクトリア女王の横顔を切手の図案とさだめたのである。この肖像の原画は、一八三七年一一月九日に、ロンドン市長の就任式に、市庁舎への女王の最初の訪問を記念してつくられたメダルであって、作者の名からワイオン・メダルと呼ばれているもので、若々しい新女王の美貌と英明さをあますところなく表現している。

ビクトリア女王の横顔を描いたワイオン・メダル（1837）

ワイオン・メダルの原画作者は、著名な水彩画家ヘンリー・コーボールドであったが、大蔵省はコーボールドにふたたび切手の原画を依頼し、できあがった作品を、フレデリック・ヒースが凹版に彫り上げ、肖像の周囲には機械をつかって複雑な紋様が彫り込まれた。

二四〇のチェック・レター

この切手にはニセ物防止の方法として、さらにチェック・レターというたいへんおもしろい方法が採用されている。これは切手の下の左右の隅《すみ》に、AAからTLまでの二四〇通りのアルファベットの組み合わせを入れたことである。

チェック・レターは、シートの左上端の切手をAAとし、右どなりをAB、そのとなりをAC……としていちばん上の列の右端はALとなる。第二段目の左端はBA、右端はBLとなる。つまり、切手の左下のチェック・レターは、その切手がシートの上から何段目にあるかを示し、右下のチェック・レターは、その切手が左から何列目に位置しているかを指している。たとえば、BCというチェック・レターのある切手は上から二段目で、左から三列目の切手ということになる。

イギリスではこのチェック・レターがだいぶお気に入りだったらしく、一八八四年発行の切手まで、四〇年以上もこの方法を使用していた。

ところで、この世界最初の切手のシートは横一列が各一二枚、縦一段が各二〇枚で、計二四〇枚という長大なものであった。なぜこんな大きなシートになったかというと、一シートがちょうど一ポンドになるようにしたためである。イギリスの貨幣単位は最近までまことに複雑なものであった。つまり、一二ペンスが一シリングで、二〇シリングが一ポンドとなる。したがって一ポンドは二四〇ペンスである。

ヒルは、郵便局員が切手の代金を計算しやすいように、横一列を一二枚、つまり一シリングになるように、一シート全体を二四〇枚として、ちょうど一ポンドになるように構成したのである。したがって、チェック・レターは左側はAからTまで、右側はAからLまでとなる。ANとかZAとかいった組み合わせは、絶対に存在しないわけである。

ペニー・ブラックを貼った封筒

パーキンズ法による印刷

一シート二四〇枚の切手は、チェック・レターの組み合わせをのぞいては、原則としてまったく同一の図案である。これは後で述べる日本の初期の切手のように、一シートの切手が原則として全部すこしずつ変化しているのと、まったく事情がちがっている。というのは、ペニー・ブラックの製版にあたっては、パーキンズ法という新しい方法が採用されたためである。

大ざっぱな話であるが、コーボールドの水彩画をもとにしてヒースが彫った原版を、機械的に忠実に転写して、二四〇枚ものまったく同一の複製を作成して、一シート分の実用版(実際に印刷に使う版)ができあがるわけだ。パーキンズ法というのは、ヤコブ・パーキンズというアメリカ人が発明した工法で、鋼版を使って正確・鮮明で耐久性のある実用版をつくることができるのである。ペニー・ブラックの誕生には大量印刷を可能にしたパーキンズ法の存在が不可欠な要素だったわけである。

すでに裏糊が使用されていた世界最初の切手ペニー・ブラック

切手は一ペニーは黒色で、二ペンスは青色に印刷された。この二種の切手は同時に発行されたのだが、一ペニー切手が基本料金で、二ペニーは、二分の一オンスを超えた郵便物に用いられた補助的なもので、発行枚数もはるかにすくなかったから、世界最初の切手という名誉ある地位は、つねに一ペニー黒色切手、つまりわがペニー・ブラックに独占されてしまうのである。

裏糊のあるラベル

この一ペニー切手のシートの上下左右の耳紙には、「価値、ラベル一枚につき一ペニー、一二枚の一行につき一シリング、一シートにつき一ポンド。ラベルは宛名の上方から手紙の右側に貼ること。裏面を湿《ぬ》らす際には接着剤を取り除いてしまわないよう注意すること」と記載されている。

この注意書きが「スタンプ」でなしに、「ラベル」となっていることがおもしろい。また切手そのものにも「ポスティジ（郵便）」とあるだけで、「スタンプ」の文字はない。まだ「スタンプ」という用語が、押印と誤用されるおそれがあったために、わかりやすい「ラベル」という言葉を使ったのだろうが、後になって切手収集家の間で、切手のような体裁はしていてもまったく切手ではない、商店の包装用のシールだとか、あやしげなニセ切手類を、「ラベル切手」として軽蔑《けいべつ》していることを思い出すと、世界最初の切手が「ラベル」と公式に命名されていたことが、まことに皮肉《ひにく》でならない。

また、この切手にはすでに裏糊《うらのり》が使用されていた。この裏糊の原料はアラビアゴムとジャガイモなどの澱粉を混ぜたものである。現在では普通、糊（ガム gum）として通用するところを、接着剤（セメント cement）と記されているのがおもしろい。とにかく、世界最初の切手には、すでに糊がついていたわけで、以後、切手に糊は当然の付きものとなったのである。ペニー・ブラックには、切手を一枚一枚切りはなすための目打《めうち》（ミシン穴）がついていなかった。一方、一枚一枚に小型の王冠の透《す》かしが入っている。

目打の特許は四〇〇〇ポンド

新式郵便はすでに一月に発足していたが、切手はようやく四月下旬にできあがったので、五月一日が発行日とさだめられた。実際の使用開始は五月六日であったが、発売の初日からたいへんな人気であった。初日だけで、ロンドンの郵便局は四一〇万枚ものペニー・ブラックが買い取られた。ペニー・ブラックは一年足らずのうちに七〇〇〇万枚も製造され販売されたのである。

ブラック・ペニーの消印にはマルタ十字と呼ばれる十字形のものが用いられた。切手が黒色であるため、消印の色には赤が効果的であった。しかし黒色の切手は消印には不便な点が多いため、ペニー・ブラックの製造は一八四〇年末で打ち切られ、翌年二月には赤茶色のものが売り出された。この切手には目打《めうち》がほどこされている。切手の目打は、アイルランド人ヘンリー・アーチャーの発明するところで、彼は四〇〇〇ポンドで特許権を政府にゆずった。四〇〇〇ポンドは当時としては大金で、ペニー・ブラック八六万枚分の金額である。しかし、目打が切手にとってなくてはならない存在であることを思えば、四〇〇〇ポンドの買い物はまさに「グッド・バーゲン」というべきだろう。

ペニー・ブラックにつづくもの

ペニー・ブラックは気品のある切手である。目打こそついていなかったが、その後の切手に必要な条件をほとんど備えていた。芸術的にも傑作の一つに数えられる切手である。したがって、その後のイギリス切手のお手本になった。

すでにお気付きのことと思うが、ペニー・ブラックには国名が入っていない。国名が入っていなくても、切手はイギリスだけにしかなかったのだし、それに若くて美しいビクトリア女王の肖像が入っているから、だれにでもイギリス政府の発行したものであることがわかるはずである――というのがジョンブルの誇りある言い分である。

ジョージ６世戴冠式記念切手（上）とシェイクスピア生誕400年記念切手「ロミオとジュリエット」（下）　イギリス

イギリスでは、その後もながい間切手には国王の肖像しか登場させなかった。その伝統を破ったのは、なんと一九三七年にエリザベス女王の父君にあたるジョージ六世の戴冠式の記念切手に、母君にあたるエリザベス王后が夫君とならんで登場したときであった。王族以外ではシェイクスピアが最初で、彼の生誕四〇〇年の記念切手五種のうちには、ロミオとジュリエットやハムレットが描かれている。これは一九六四年のことであった。

ペニー・ブラックは、イギリス本国やイギリスの諸植民地の切手の原型になったばかりでなく、大半の国の初期の切手の手本になっている。切手の図案に国王や首長の肖像を描くことは、ギリシア・ローマ以来、コインに皇帝や支配者の肖像を彫り刻んだながい習慣からの影響かと思われる。

切手が有価証券として強く認識されていた初期の切手に、国王や首長の肖像切手が多いのは、コインからの影響もそうだが、たしかにペニー・ブラックの模倣《もほう》によるものが多い。

三　二番目の発行国と最初のエラー切手

相つぐ発行

ペニー・ブラックの発行は、イギリス以外の国々に大きな刺激を与えた。二年後にはアメリカのニューヨーク市で、ワシントンの肖像を描く市内のローカル切手が発行されたが、これは西半球における最初の切手となった。

西半球ではブラジルがこれにつづいた。「牛の目」というニックネームで呼ばれているブラジル最初の切手は、一八四三年八月一日に発行された。額面は三〇、六〇、九〇レイスで、三種とも黒色であった。装飾つきの数字はなかなかのできばえであったが、この切手を製造するときに、ペニー・ブラックをお手本にしたのが大まちがいであった。お手本にしたのは図柄ではなく、シート構成だったからである。ペニー・ブラックの一二×二〇という構成は、イギリスの独自な貨幣単位からきたものであったが、それをそっくり、十進法の国で真似てしまったから、計算がやたらに混乱したのである。

スイスでは連邦全体の切手が発行される以前に、いくつかの州（カントン）で独自の地方切手が発行されたのである。ブラジルとおなじ一八四三年にはチューリッヒとジュネーブで、四五年にはバーゼルで発行された。いずれも発行数が僅少で、珍品中の珍品とされるが、それだけに早くからニセ物がつくられている危険なシロモノでもある。

カントンで発行した関係から、その地方で使用されている言語が切手に登場している。チ

ニューヨーク市のローカル切手

ブラジルの切手「牛の目」

ユーリッヒとバーゼルではドイツ語で、ジュネーブではフランス語で表記されている。

フランクリンとワシントンの図案

アメリカでは、一八四五年に三〇〇マイル以内五セントという均一料金制が採用されて以来、全国統一の切手が発行された四七年七月までの間に、ニューヨーク、バージニア州アレキサンドリア、ボルチモア、コネチカット州ニューヘブン、セントルイスなどの諸都市で「郵便局長臨時切手」(ポストマスターズ・プロビッショナル)と呼ばれる暫定《ざんてい》切手が発行された。これらの切手は、アメリカの収集家には人気がある。

アメリカ合衆国政府が発行した最初の切手は、フランクリンを描く赤茶色の五セント切手と、ワシントンを図案とした一〇セントの黒色切手であった。国父ワシントンとならんでフランクリンが切手の図案に選ばれた理由は、フランクリンが合衆国初代郵政長官であったからである。以後アメリカの普通切手の図柄のなかで最も数多く登場してくるのが、ワシントンとフランクリンである。

この二種の切手には目打がついていなかったが、印刷のできばえはなかなか立派なものであった。切手の肖像の原画作者は、フランクリンのほうはJ・B・ロンガクル、ワシントンのほうはギルバート・スチュアートであった。

アメリカとおなじ年にモーリシャス(当時は英国植民地)が有名な「ポスト・オフィス切

手」を発行している。その次はフランスとドイツとベルギーが仲よく一八四九年に、その翌年にはオーストリアとスペインが切手発行国の仲間入りをしている。ペニー・ブラックが発行されてから最初の一〇年間に、切手発行国の数は、ちょうど一〇ヵ国となったのである。

総督夫人のアイデア

各国における郵便切手の誕生は、必ずしもイギリスにおけるペニー・ブラックのように、充分な準備のもとに行われたわけではなかった。その最も顕著な例は、モーリシャス島における切手誕生物語である。

モーリシャス島はインド洋西部に浮かぶ、わが国の東京都ほどの大きさの島で、サトウキビの栽培などを主要な産業としている。この島は無人島としてポルトガル人によって発見され、オランダ人によって植民が行われ、フランス領となり、一八一四年以来イギリスの植民地となったという複雑な変遷をたどっている。人口は約八七万人〔注・一二六万一〇〇〇人／二〇二三年〕で、首都はポート・ルイスである。

インド洋上のなんの変哲《へんてつ》もない孤島モーリシャスが、欧米の先進諸国の先を越して、また数ある英領諸植民地のなかで、一番目の切手発行国の栄冠を獲《か》ちえた理由について、次のようなエピソードが伝えられている。

一八四七年の春、モーリシャス島の総督夫人は、近日に官邸で開かれるダンスパーティーの招待状に、数年前英国で発行されたばかりの切手というものを貼ってみようと考えついた。これは確かにおもしろい思い付きであった。島の紳士淑女各位をアッといわせるにたりる趣向であったし、郵便切手というものを知らぬ田舎者に対しては、「あーら、ご存じありませんの。これが目下本国で流行の郵便切手ざあますの。奥様、たまにはロンドンにお出かけになりましたら」といったぐあいに、総督夫人の優位を誇示するのに充分なシロモノであった。

総督自身にしてから、奥様のアイデアはまんざら捨てたものではなかった。こんな孤島の総督にすぎなくても、大英帝国植民地第一号の切手を発行することは、まことに名誉ある行為であって、彼の総督として記録にのこる唯一の歴史的大事件になるはずであった。

モーリシャスのポスト・オフィス切手

とにかく、切手のお手本は本国のビクトリア女王の肖像を描いたもので、町の貴金属商J・バーナード氏に原版の製作を依頼した。バーナード氏は、あまりこういう仕事にはなれていなかったが、とにかく一生懸命努力をして、一ペニーと二ペンスの切手の原版を彫りあげた。

この二種の切手は、だいぶ不細工《ぶさいく》なものであったが、ともかく、ブラック・ペニーやその後に出たレッド・ペニーの図案を模倣したことぐらいは理解できるほどではあった。大きなちがいは、右側にモーリシャスと地名が入っていることと、左側にポスト・オフィスPOST OFFICEの文字が入っていることだ。本当はポスト・ペイドPOST PAID（郵便料金支払い済み）と入れるところをまちがえて、郵便局と入れてしまった。

この最初からのエラー切手は、五〇〇枚印刷され、そのまま大半は総督夫人の舞踏会の案内状に使われてしまった。そこで、この切手の存在が知られたのは、発行されてから十数年たってからである。当初はこの切手の稀少《きしょう》性が理解されず、たかだか数百円の価で売却されたという。

ところで、この切手の全売上額は六ポンド少々であるのに対し、印刷費はその倍近くもかかったのだといわれている。さすがにポスト・オフィスの誤りには気がひけたと見えて、翌年にはポスト・ペイドに改めて発行しなおした。

大英帝国植民地第１号のモーリシャスの切手　左側はPOST PAIDになるはずが、間違えてPOST OFFICEに

モーリシャスのポスト・オフィス切手は、その稀少性から、つねに世界一流の収集家の関心を集めている〔注・現存枚数は一ペニー切手一五枚、二ペンス切手一二

枚、計二七枚といわれる」。オークション（競売）に出品されるたびに、落札値を更新するのである。

四　ドイツとイタリアの場合

ドイツ最初のババリア切手

切手の発行国順位で、ドイツは七番目、イタリアは二一番目とされているが、この順位には疑問がある。だいいち当時ドイツとかイタリアという名の統一された国家が存在していなかった。どちらも数多くの小領邦がひしめきあっていた頃で、切手もそれぞれの小領邦で勝手に発行していたころである。

まずドイツの場合を見てみよう。ドイツはナポレオン戦争でさんざんな目にあった後、一八一五年に開かれたウィーン会議の結果、三五の領邦国と、四つの自由市からなるドイツ連邦となった。連邦とは名ばかりで、各領邦はほとんど独立国のようなもので、貨幣単位もちがっていた。

しかし、ドイツ連邦内で、新たにライン地方を領土に加えたプロシア（プロイセン）が、いちはやく産業の近代化に移行しようとしており、そのためには、ドイツ連邦内で、各領邦が税関を設けることをやめて、大同団結した「ドイツ関税同盟」を結成することが必要であった。プロシアの提唱によって一八三四年に締結されたドイツ関税同盟からは、オーストリアが除外された。その結果、プロシアは、ライバル抜きの関税同盟の機構をフルに利用することができた。

すなわち、外に対しては関税障壁によって保護され、内には国内市場を確保されたプロシアを中心とするドイツ資本主義は、急激な発展を遂げたのである。関税同盟が結成された翌年には、ドイツ最初の鉄道が開通した。そして、それから四年後の一八四九年に領邦の一つであるババリア（バイエルン）大公国で、ドイツ最初の郵便切手が発行されたのである。

ドイツではババリアを皮切りに、翌年にはサクソニー（ザクセン）、プロシア、シュレスウィヒ・ホルスタイン、ハノーバーが、翌々年にはバーデン、ヴュルテンベルクというように、各領邦が相ついで切手の発行に踏み切った。その翌年にはさらに、ブラウンシュバイクとオルデンブルクが切手発行国に加わった。

ドイツ最初の切手（1849）

プロシアの覇権と北ドイツ連邦の結成

ところで、近世初頭以来、ドイツ帝国内ではツルン・ウント・タキシス（タッシス）家が、帝国郵便の総官の職に任命されて、郵便に対する独占勅許をえて、北イタリアからブラッセルにいたる郵便事業を支配していた。タキシス郵便は、

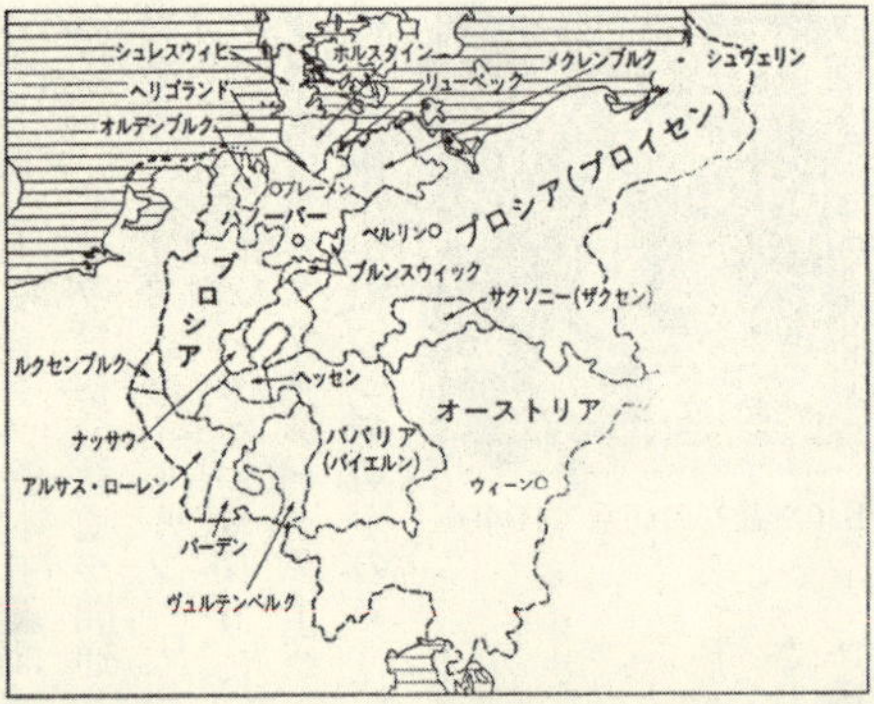

統一前のドイツ

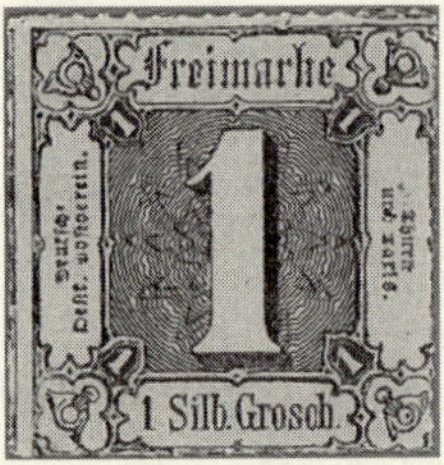

ツルン・ウント・タキシス切手

もともとは公用便を対象としていたが、一六世紀初頭からは民間業務に手をそめ、ヨーロッパにおける最大の郵便業者となっていた。

一八五二年には、ツルン・ウント・タキシス家もついに郵便切手発行に踏み切った。このツルン・ウント・タキシス切手は、ドイツ連邦内の複雑な貨幣制度を反映して、北ドイツ地区のグロシェン貨幣単位のものと、南ドイツ地区のクロイツェル貨幣単位のものの二系列の切手を準備しなければならなかった。

この間にも、ドイツ統一の気運は高まりつつあった。ツルン・ウント・タキシス切手発行とおなじ年に、鉄血宰相ビスマルクがプロシア（プロイセン帝国）宰相として登場して、この気運はいっそう高まった。そして一八六六年にプロシアとオーストリアの間に普墺《ふおう》戦争が勃発し、オーストリアの敗北によって、北ドイツにおけるプロシアの覇権《はけん》が確立した。

翌年、北ドイツ連邦が誕生して、オーストリアは完全にドイツから排除された。北ドイツ連邦の軍事・外交権はプロシアがにぎることになり、連邦加盟諸領邦の独立性はいちじるしく縮小された。プロシア政府は三〇〇万ターレルの大金でツルン・ウント・タキシス公爵家の郵便業務を買収し、北ドイツ連邦国家の郵便業務を統合して、連邦の切手を発行するにいたった。一八六八年一月一日に発行されたこの北ドイツ連邦の切手は、ドイツ統一の第一歩を物語るものであった。

普仏戦争の占領切手

北ドイツ連邦の切手

ドイツ再統一と帝国郵便

連邦結成後三年をへて勃発した普仏戦争は、ドイツ統一の総仕上げの機会となった。フランス皇帝ナポレオン三世は、光輝ある叔父皇帝の名を名乗ったにもかかわらず、あわれにもセダンでドイツ側の捕虜となり、皇帝の椅子からも転げ落ちてしまった。かくして、パリを包囲したドイツ諸領邦軍は、ベルサイユ宮殿において、ドイツ帝国の再統一を宣言

ジャン・バプティスト・タキシスを描く記念切手　ベルギー

フランツ・フォン・タキシスの死後450年記念切手　ドイツ

し、プロシア王ヴィルヘルム一世を、その皇帝に戴《いただ》くことになった。北ドイツ連邦に加盟していなかったババリアやヴュルテンベルクなどもドイツ帝国に加わった。北ドイツ連邦軍は、この戦争の最中にアルサス・ローレン（エルザス・ロートリンゲン）地方で七種の占領切手を発行している。この切手が歴史的な連邦切手の最後をかざるものとなった。

ドイツの切手は、かくして帝国郵便（ライヒスポスト Reichs post）の名のもとに統一された。しかし、ババリアとヴュルテンベルクの二大公国は、第二次世界大戦の終末にドイツ共和国が成立するまで、独自の切手の発行を認められていた。

一九五二年にブラッセルで万国郵便連合の会議が開催されたとき、ベルギー政府は歴代のタキシス家の当主と、居城とを描いた一二種類の記念切手を発行した。また一九六七年に初代フランツ・フォン・タキシスの死後四五〇年を記念した切手が西ドイツで発行されている。

サルデーニャ王家のイタリア統一

近世初頭以来、イタリア半島には群小の国家が混在していた。そのなかで、ローマ市を中心としてイタリア中央部を占め、最大の版図を有していたのは、皮肉にもローマ教皇領であった。そして北イタリアにはロンバルディア、サルデーニャ、サヴォイ、パルマ、モデナ、トスカーナ、ロマーニアなどの諸国がひしめき合い、南イタリアにはナポリとシシリアとを統合した両シシリア王国が君臨していた。

これらのなかで、いちばん早く切手を発行したのはサルデーニャ王国と、トスカーナ大公国であった。トスカーナの切手はライオンが描かれたが、サルデーニャの切手には、当時の国王ビクトール・エマヌエル二世の肖像が用いられた。この王の肖像は、やがて統一イタリ

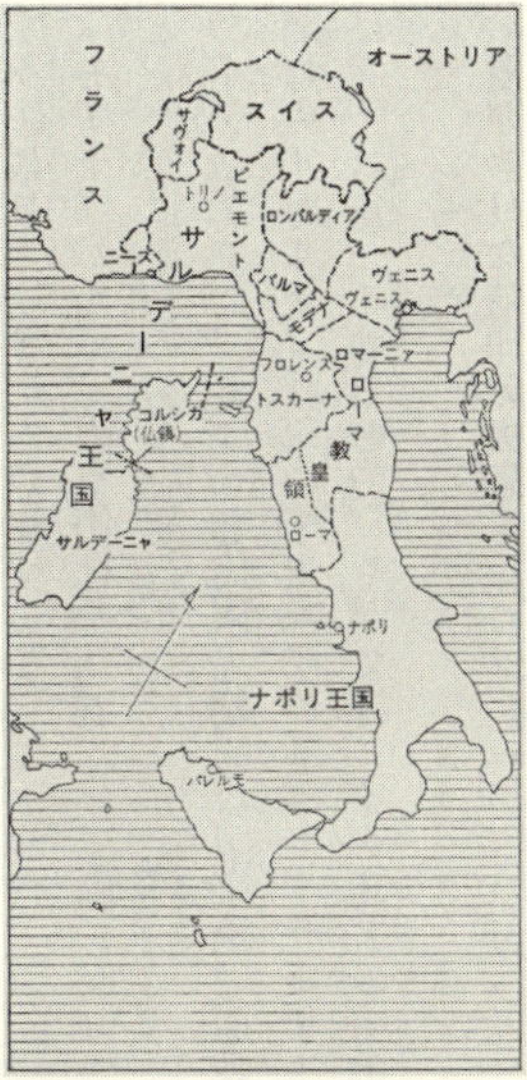

19世紀後半の分裂しているイタリア

イタリア国王ビクトール・エマヌエル2世を描いた切手　イタリア

ア王国最初の切手にも登場することになった。

モデナ、パルマ、教皇領は一八五二年、両シシリアとロマーニァはちょっと遅く、五八年と五九年に最初の切手を発行した。

イタリアでは、ちょうど民族主義的な国家統一運動がすすめられていた最中であった。有名なガルバルディ将軍の千人部隊の活躍で、サルデーニャ王家がイタリア統一を実現したのは、一八六一年のことで、やがて統一イタリアの切手が使用されるようになった。

風がわりな消印の由来

統一前のイタリア切手のなかで、話題となるものは、両シシリア王国のうち、シシリア地区で発行されたフェルディナンド二世の横顔を描いたものである。ブルボン王家出身の同王は、自分の顔の上に消印を押すことを禁じたため、金網のような形をした風がわりな消印が準備されたが、この珍消印を押された切手を見た人々は、牢獄にでもつながれているようなフェルディナンド二世の姿に唖然《あぜん》とし、同国の前途になにか不吉なものを感じたのである。

しかしながら、この風がわりな消印は同王の発明によるものではなく、すでにそれより数年以前にスペインで使用されていた。美貌の女王イサベラは、自分の尊顔を消印で汚す臣下の存在をゆるすわけにはいかなかったから、まるでキリストが冠《かぶ》らされたいばらの冠《かんむり》のような形をした消印を特別につくらせた。この消印を正確に押印《おういん》するならば、このブルボン王家の高貴な血を継ぐ女王の顔は汚されることなく、いつまでも美しいままであったはずである。

スペインでは、女王様の気まぐれの消印はやがて廃止されて、通常のものが使用されるようになったから、ご尊顔に対する特別な配慮ははらわれなくなった。ところが、シシリアでは、このブルボン王家の尊貴な方のお顔に対する配慮は完遂されたのである。というのは、翌年シシリアはサルデーニャ王国に併合され、シシリアの切手は廃止されたからである。

イタリアの統一には、ドイツの統一のような劇的な幕切れがなかった。イタリアの大半は、一八五九年から六〇年にかけてサルデーニャ王家のもとに統合されたが、最後まで併合されることを拒《こば》んでいた教皇領も、一八七〇年にいたってようやくイタリア王国の一部となったのである。

五　江戸時代の郵便業務

飛脚便のサービス

欧米先進諸国における新式郵便制度の採用と、それにともなう郵便切手の誕生は、産業革命によってもたらされた近代社会の結実であった。しかし、日本におけるそれは、欧米とはだいぶ様子《ようす》がちがっていた。それは近代社会の結実ではなく、その黎明《れいめい》を告げるものであった。

江戸時代に京坂―江戸間をむすぶ通信は、主として飛脚屋によって行われていた。幕府や諸藩は独自の通信制度を保持していたが、一般庶民は、日をさだめて月に三度往復する三度飛脚（定飛脚）を利用していた。飛脚屋は三度飛脚のほかに、急用のときの特別仕立ての飛脚便を出発させることもあった。

この飛脚便の賃銭はけっして安いものではなかったが、すでに江戸・京都・大坂の三都市内では、配達のサービスも行われていたし、官憲による特別な保護によるものではないが、商業道徳に立脚した確実な信用上の保証があったのである。

江戸―京坂間は通常六日かかったが、早飛脚はこれを四日に短縮していた。当時、旅行者は東海道を一五、六日かかって上下していたから、飛脚便の速度は一応満足すべきものであった。

在日外国局の役割

幕末に欧米諸国との間に締結された安政の不平等条約に基づいて、イギリス・アメリカ・フランスの三国は横浜・神戸（兵庫）・長崎・函（箱）館の四港に自国の郵便局を開設した。これらの在日外国局（表1）は、イギリス横浜局のほかは、独立の局舎を設けないで、領事館の一隅において郵便業務を行ったのである。

とにかく、これによって日本から海外に郵便が差し出せるようになった。アメリカ局とフランス局は本国の郵便切手を使用したが、イギリス局は香港の切手を使用した。

わが国で郵便制度が開設されて、四年後の明治八年（一八七五）一月に日米郵便交換条約が実施され、明治一〇年にわが国が万国郵便連合（ＵＰＵ）に加盟することにより、海外との郵便が開けた後もイギリス局とフランス局は、条約を楯《たて》にとってなかなか在日局を撤収しなかった。この二国局が閉鎖されて、わが国の郵便が完全に「独立」したのは、ようやく明治一三年のことであった。

この間、日本の国内から海外に郵便を発送するときは、これらの在日外国局へ直接出向いて、外国切手を購入して投函するか、外国郵便料金を封入して外国局まで国内便で送り、海外への発送を依頼するしか方法がなかった。もっとも、親切であった当時の日本郵便局は、この面倒《めんどう》な仕事を代行してくれたこともあった。

これら在日外国局は、日本の港から本国宛の郵便事業を行っただけで、わが国内の郵便事業に手をそめることはな

国名	所在地	開設	廃止
イギリス	横浜	1860. 7. 1	1879. 9.30
	長崎	1860	〃 〃 〃
	神戸	1869	〃 11.30
アメリカ	横浜	1867. 7.27	1874.12.31
	長崎	1867.11	〃 〃 〃
	神戸	1868以降	〃 〃 〃
	函館	1871	〃 〃 〃
フランス	横浜	1865. 6	1880. 3.31
	長崎	1863. 8	1879.11.30
	神戸	1868以降	〃 〃 〃

表１　在日外国局の開設期間

かったから、外国からの郵便物は在日外国局に留め置かれたので、受取人は在日局まで出向いて郵便物を受け取ることになっていた。

サザーランド切手

サザーランド切手の図案

しかし、横浜居留地の外国人のなかには、国内の郵便事業を開設する者がいた。それは、馬車会社を経営していたサザーランドという人物であった。彼は横浜—東京間に馬車の定期便を開設していたので、これを利用して両都市間の郵便事業を開始したのである。このサザーランド馬車郵便に使用されたのが「サザーランド切手」と呼ばれるものであると信じられている。

サザーランド切手は現在までに一一枚発見されている。この切手の図案は馬を駆って疾走するポストマン（郵便夫）である。ポストマンの図柄は各国の初期の切手にしばしば登場している。サザーランド切手によく似たものは、アメリカのボルチモア市のローカル切手や、イタリアのサルデーニャ王国で一八二〇年に発行されたレターシートの印面などである。あるいはこれらのうちの一枚をお手本にしたのかもしれない。

また、当時横浜で発行されていた英字紙の競馬欄《らん》の見出しに使われていたカットが、だいぶよく似ている。いずれサザーランド切手の原図は日本でつくられたものだろうから、作者は同一人物であった可能性がある。切手には騎馬の人物が描かれているが、実際は馬車が用いられたはずである。もし、切手の図柄のように馬を馳せたのなら、当時の人々の関心を集めたであろうから、風俗画の題材になるか、文明開化を紹介した文章のいずれかにのこっていてよいはずである。しかし、今のところ、そのような好史料は発見されていない。

消えてゆく馬車便

この切手の額面は一Ｂｏｏとなっており、一分のことと思われる。これが横浜—東京間の郵送料であったと推定される。なかに四分の一Ｂｏｏとしたものと、一Ｂｏｏを改定して四分の一Ｂｏｏにしたものがある。郵送料が値下げされたのか、なにか補助的な料金を示すものなのか、はっきりとはわからない。

当時、京浜間に馬車便を運行していたのはサザーランド商会だけではなかったし、なかには「エド・メイル」と名乗って、明らかに郵便業務を開設していた業者もあったが、これらがなんらかの「切手」を発行していた記録は、まったくのこっていない。

サザーランド商会は一八七二年二月に、もっと資本の大きいコブ商会に合併吸収され、サザーランド氏自身はコブ商会の支配人になった。コブ商会の名のもとに馬車便はつづけられたが、郵便業務は廃止されたものと思われる。それは、明治四年三月に日本の郵便事業が開始されたことと、翌年に新橋―横浜（桜木町）間に鉄道が開通したために、馬車便による郵便事業が成り立たなくなったためである。

六　新式郵便の発足と日本最初の切手

「新式郵便」の建議

明治三年（一八七〇）六月、租税権正《ごんのかみ》兼駅逓権正《えきていごんのかみ》であった前島密《ひそか》は、新式郵便の案を民部省と大蔵省の合同省議に提出した。この新式郵便というのは、郵便料金の前納のために「賃銭切手」を発行し、各地に集信箱（郵便ポスト）を設けて書状を集め、東京―大阪間に官営郵便事業を開設しようというものである。

この建議提出直後、前島は鉄道建設資金起債の用務で、アメリカを経由してイギリスに渡ることになり、駅逓権正の兼任を解かれた。彼の後任者となったのは、旧藩臣の杉浦譲《ゆずる》であった。建議は三ヵ月後太政官の承認を受け、いよいよ杉浦の指揮のもとに新式郵便開設の準備がすすめられることになった。

前島は欧米への出発にあたって、かなり詳細な計画案を立てて杉浦に託《たく》してあったので、杉浦はほぼ前島案にしたがって実施計画をすすめたのであるが、その後の変化や飛脚屋との関係から、変更を余儀なくされた点もあった。

この新式郵便は、まだ廃藩置県が断行されていない時期に実施されたこと、また交通機関としては、東京—横浜間に馬車便が運行していたが、これを利用せず、鉄道も開通していなかったことを考えると、かなり思いきった計画であったといえよう。欧米において、新式郵便への切り換えは、鉄道の発達、産業革命の成功と通信量の増大によって、必然的に変革が要求された結果であるのに対して、わが国のそれは、交通機関の近代化の先駆けであり、産業革命への狼煙《のろし》を上げるものであった。

もともと、前島が新式郵便開設を思い立ったきっかけになったのは、駅逓権正になった当初、帳簿を調べていたら、官用通信を委託されている飛脚屋への支払いが、月々一五〇〇両にも上っていたことによる。この意外に莫大な支出は、すでに長崎で外国局における郵便事業の概要を聞きおよんでいた前島の進取の精神をくすぐって、新式郵便の計画を立案させることになったのである。

杉浦譲

海底ケーブルの陸揚げ

ところで、ここに意外な事実が存在した。それは、明治維新に先立つ慶応三年（一八六七）に、シベリアを横断してウラジオストックまで、ヨーロッパから電信線が到達していたことである。この電信線は、前年すでに大西洋の海底ケーブルを経由

当時の通信事業（「東海名所改正道中記」より）を描いた電信創業100年記念切手（1970年）

してアメリカに接続されていた。日本はアメリカ・ヨーロッパ・アジアをむすぶ一大通信線の終点、あるいはさらに海底ケーブルを通じて中国へ接続するための中継地と目されるようになっていた。

すでに一八六七年以来、ロシアはウラジオストックからの海底ケーブルの陸揚げの承認をわが国にもとめてきていたが、海底ケーブル工事について技術経験に乏しいところから、デンマークの大北電信公社に特許を与えていた。その関係上、デンマーク公使がこの問題についてわが国と交渉に当たることになった。

明治三年五月、つまり前島が新式郵便の建議を提出する前の月に、日本・デンマーク間の交渉は開始されているのである。約三ヵ月後、横浜・長崎両港に海底ケーブルの陸揚げを認めること、横浜―長崎間は四国・九州の南方を経由すること、陸上の通信権は認めないことなどで交渉は妥結した。そしてその結果、明治四年六月には中国上海から、四ヵ月後にはウラジオストックからの海底ケーブルが長崎に陸揚げされたのである。

一足先の電信事業

国際電信網はかくのごとく急速に地球上に拡大されていった。ひとりわが国が、通信事業をのんびりと飛脚屋の足に頼ってばかりはいられない時代になっていたのである。すでに電信は国家枢要の事業として認識されていた。そのために、電信事業の開始は郵便の近代化より一足早かったのである。

電信は当初から政府の武器として官営とされていた。明治二年八月に横浜の燈明台役所（のちの燈台寮）と裁判所（のちの県庁）との間、八〇〇メートルに電信が開設されたのを皮切りとして、同年一二月二五日には東京築地の伝信局と横浜伝信局との間に電信が開通し、公衆電報も取り扱われることになった。

一方、大阪と神戸間の電信が開通したのは、明治三年八月のことであり、四年八月からは東京—長崎間の電信工事が開始され、困難と妨害を排除して六年二月には開通にこぎつけた。かくして、日本の首都は、いまや世界をむすぶ一大通信網の一端に位置することになったのである。

図案のモデルは太政官札の竜

太政官《だじょうかん》は明治四年一月二四日に新式郵便の開設を布告した。そして三月一日を期して、東京・京都・大阪の三都市をむすぶ郵便が開始された。この新式郵便の料金は従来の飛脚便の半額程度で、目的地別に料金と所要時間がさだめられていた。

フランスの不足税切手（左）と日本最初の竜切手（右）　仏不足税切手の正方形を手本に、太政官札の下半分、竜の図案を転用して竜切手は作成された

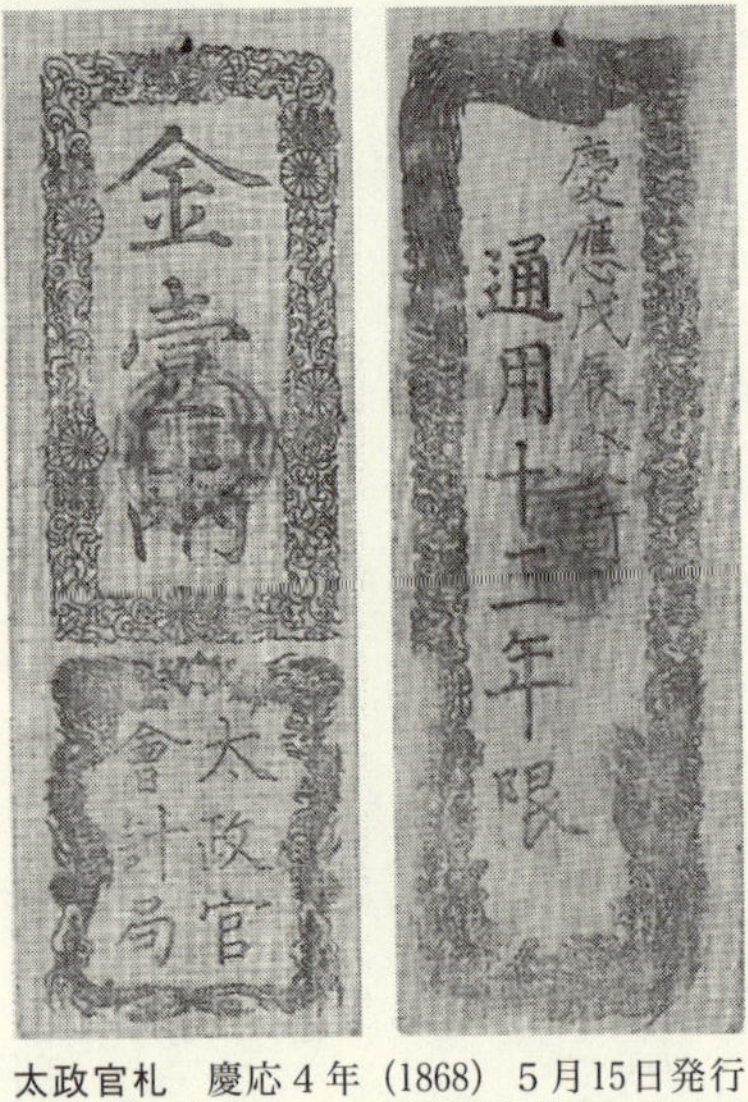

太政官札　慶応４年（1868）５月15日発行
明治８年（1875）５月31日通用禁止

この新式郵便では、料金前納の証票として「賃銭切手」を発行した。これがわが国における郵便切手の誕生であった。

日本最初の切手のモデルになったのは、当時フランスで使用されていた不足税切手であったと伝えられている。このお手本は通常の切手と区別しやすいように正方形につくられていた。そこでわが国最初の切手も正方形となったのである。前島は切手の図案に梅花紋様を考えていたが、いざとなってみると、とても新規に図案を考えている時間がなくて、当時通用の太政官札（政府紙幣）の下半分に描かれていた竜の図案を、そのまま転用することになった。

この太政官札は、銅版画家として幕末から活躍していた玄々堂松田敦朝（緑山）の作品であった。切手の製造も政府直営の工場がなかったから、原画作者松田玄々堂の工房に委託することになった。玄々堂は銅版画家ではあったが、こんな手のこんだ小さい原版の作製には熟達していなかったから、だいぶ閉口したもののようである。

エラーを生んだ転写と印刷

ところで、竜切手は四〇枚を一シートとして印刷された。当時の日本には転写の方法が知られていなかったので、おなじ図案を四〇回手で彫って四〇枚のシートをつくった。まさに名人芸である。いくら名人芸でそっくりおなじ図案を彫ったつもりでいても、拡大鏡で比較してみると微妙な相違が発見されるものである。

しかも、一枚の原版からは、そう数多くの切手を印刷できるものではないから、磨滅すれば、またべつの版をつくらなければならない。

「銭五百文」逆刷りエラー

そこで、竜切手の専門家は、一枚一枚切手の相違点（バラエティー）を研究し、その切手が、何回目の原版の何番目の切手であるかをピタリと当てることができるのである。また、とんでもないエラー切手も発見されている。なかでも竜の片手の落ちたものとか、すこし後で、おなじような工法で外国向けの鳥切手が発行されたときに、料金を書き落としたものとか、桜の図案の切手で「半銭」と彫るところをうっかり「キ銭」としてしまったものなどが有名である。

日本最初の切手は、和紙に印刷され、裏糊も目打《めうち》も、透《す》かしもなかった。印刷は精巧な凹版印刷で、額面と図案がべつに刷られた。つまり図案の部分は四種とも同一だから、色をかえれば共通に使用でき、額面だけ黒でべつに刷れば、四通りの原版をつくる必要はなく、しかも二色刷りに仕上がるわけである。この図案と額面をわけて刷る方法はグッドアイデアであったが、その結果、五百文の切手のなかに額面をうっかり天地逆向きに印刷してしまったいわゆる「逆刷り五百文」の大珍品を生んでしまうことにもなった。

四八文切手の銭勘定

さて、最初の切手の額面は四八文、一〇〇文、二〇〇文、五〇〇文の四種であった。日本切手のナンバーワンとされる四八文切手の金額については、だれでも一度はふしぎに感じるものである。というのは、四八文の上の切手は一〇〇文、二〇〇文というように四八の倍数でないからである。しかし、実際には四八文の切手を二枚貼って一〇〇文に通用させていた。翌年、銭単位に切り換えのとき、四八文が半銭、一〇〇文が一銭になったのをみると、四八文は五〇文と同じに取り扱われていて、どうもこの銭勘定はふしぎなシロモノなのである。

これは江戸時代に「九六勘定」「九六銭」あるいは「省百」といわれた慣習によるもので、九六文をもって一〇〇文とするものである。当時通用した四文銭なら一二箇、つまり四八文で五〇文となり、倍の二四箇で一〇〇文となる。二四という数は、二、四、六、八、一二で割り切れる便利な数である。

だいたい江戸時代には銭勘定には一両は四分、一分は四朱という四進法が用いられていた。四八文という半端な額面の切手がつくられたのは、そのためである。竜切手が四〇枚シートで刷られたのも、四進法の影響からと考えられる。

お粗末な目打と裏糊

四種の文単位の竜切手を竜文《もん》切手と呼んでいるが、それは、この切手が発行されてまもなく円・銭という十進法に基づく新貨幣単位が実施されて、翌年銭単位の竜切手が発行されたので、両者を区別するためである。新しい竜銭切手は、半銭、一銭、二銭、五銭で、額面の単位がちがうだけで図案も刷色も竜文切手とまったく同一であった。

竜銭切手の登場は、近代日本のシンボルとなった円・銭貨幣の出現を祝福するものであった。この切手からお粗末ながら目打と裏糊とがついたのである。この切手の目打は、金属のクシを使って製作された。このクシは短いもので、まさに手仕事であったから、目打というよりも、みっともない不規則の穴が無理やり開けられているといったほうがよかった。切手をシートから切り取るときには、たいがい、切手の一部分をきずつけてしまった。それは目打が不完全であったためと、用紙が切手に不向きであったためである。

竜銭切手の裏糊も、切手の糊といえるほどのものではなかった。目打とおなじく、欧米の技術を充分研究して施されたものではなかったので、まったく手探りでつくりあげたものである。竜文切手が発行されてまもない頃、ひとりの外国人が郵便局にやってきて、切手をもとめ、封筒に貼りつけようとしたが裏糊がついていないため、糊つぼから糊を取り出したが、びっくりして逃げ出した。それもそのはずで、防腐剤の入っていない備えつけの糊は、腐《くさ》って猛烈な悪臭をはなっていたのである。この話を聞いて、前島は無理を承知で、竜銭切手に裏糊をつけさせたのであった。

女王の在位50年記念切手

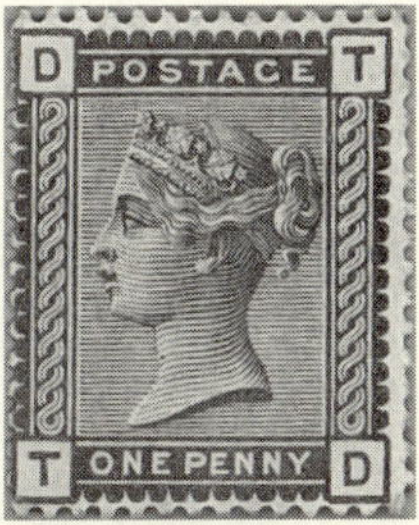

初期の女王切手

第二章　切手のデザイン

一　初期の切手の図案

元首の肖像画タイプ

世界最初の切手が、美貌のビクトリア女王のメダルをもとした例を見てもわかるように、切手と芸術との関係には最初から切っても切れないものがある。ペニー・ブラックにつづくイギリスやその植民地の切手は、英国国王の肖像を主題としたものが多かった。イギリスでは著名な画家による歴代国王の肖像画が切手の原画として選ばれている。

ビクトリア女王は、イギリス本国においては終生容色衰《おとろ》えず、年をとらなかった——すくなくとも切手の上では

——のである。というのは、ペニー・ブラック以来、すべてのイギリス切手は、おなじ肖像が用いられていた。特に傑作なのは、女王在位五〇年を記念したシリーズにも、彼女が一八歳のときの肖像がそのまま使われていたのである。そのとき、彼女はすでに七〇歳に近い高齢であったにもかかわらずである。

ヨーロッパ諸国をはじめとして、各国とも初期の切手のなかには、ペニー・ブラックの前例にならって、元首の肖像を描いたものが多い。それらの多くは、既成の肖像画から取ったものと考えられる。元来、欧米には元首の肖像をコインにしたり、紙幣の図案に用いる習慣があったから、切手の有価証券としての性格から、ごく自然に用いられたものであろう。

初期の切手には、これと並んで国家や王室の紋章を描いたものが多い。また、郵便ラッパやベルトのような郵便事業を象徴する図案が使用されている例もすくなくない。ギリシア神話のヘルメスによって通信を寓意的に表現したものも好まれた。

セレス＝ナポレオン三世型

フランス最初の切手はローマの豊饒《ほうじょう》の神セレス（ケレス）の横顔を示すものであるが、基本的にはペニー・ブラックとおなじ元首肖像タイプのものである。ただ肖像が円形の内に収められているところが大きな相違点で、メダル的色彩を濃くしているが、図案的には成功している。間もなくナポレオン三世が帝制を復活させると、セレスは皇帝の肖像に入れ替えられた。そしてナポレオン三世の派手な外交政策のおかげで、この肖像切手を模倣する国が出現した。

ルーマニア王国は最初からフランス切手にたいへんよく似た切手を採用していたが、一八七二年には、セレス＝ナポレオン三世型とまったく瓜《うり》二つともいうべき図案が登場した。これはフランス政府の印刷局製だから、両者の類似は当然であるが、ナポレオン三世が退場した後のことで、当時フランス切手には、セレスが再登場していたのである。

フランス最初の切手　豊饒の神セレス

セレスがナポレオン３世の肖像に入れ替わる

ギリシアで最初の切手が発行されたとき、それはセレスではなく、ヘルメスが描かれているだけのちがいであった。フランス切手とまったく同一図案といってもいいほどであった。これもフランス製であったが、フランス切手といえばセレス＝ナポレオン三世型と相場がきまっており、またその図案こそ、切手の図案として最高のものであると信じられていたのであろう。そうでなければ、無神経ともいえる、この同一性は実現しなかったであろう。

このタイプはスペインにも出現している。ただし、スペインではセレスでもナポレオン三世でもなく、当時の女王

セレスまで流用した、アルゼンチン・コリエンテス州の切手

イサベラ二世の、肉づきのよい横顔であった。セレスまでそっくりそのまま流用したのは、アルゼンチンのコリエンテス州の地方切手である。残念ながらあまりにも粗末な模倣ぶりは、原作のフランス切手の芸術性をまったく思い出させることのできないものである。

エクアドルとボリビアの最初の切手も、このセレス=ナポレオン三世型であったが、描かれたのは肖像でなく紋章であった。中米ではメキシコが、かつて帝制であった時代に発行したナポレオン三世の弟マキシミリアン皇帝の肖像入り切手だけが、このタイプであった。

長期間使用の記録

通常切手の図案は比較的長期間使用されるもので、一〇年、二〇年にもわたるものもけっしてめずらしいものではない。わが国ではお雇《やと》い外国人、エドアルド・キヨソネのデザインによる小判切手が明治一〇年代から三〇年代の中頃までの二十五、六年間、次に菊の御紋章を主題とした菊切手が明治中期から大正初年までの十四、五年間、田沢昌言氏の作品に基づく田沢切手が大正から昭和一けたまでの二十四、五年間というぐあいに、通常切手の図案が使用されてきた。

昭和切手以後は、長短さまざまだが、戦犯切手の追放などがあって、一般に寿命は長くなかった。そのなかでは、一円前島密が多少変化はあったが最も長くて、昭和二二年以来、約三〇年間使用されていた。もっとも、近年の郵便料金の大幅値上げで、ほとんど利用する機会がなくなった。

小判切手

菊切手

田沢切手

弥勒菩薩図版切手

実際によく使われていたものでは、中宮寺弥勒菩薩《みろくぼさつ》を図案とした五〇円切手で、昭和二六年に銭単位付きで登場して以来、何度か刷色をかえられながら、とうとう四分の一世紀を超えた。

三スキリングの赤色切手

日本の記録はせいぜいこんなところだが、一般に北欧諸国では、通常切手の図案はめったに変更されない。デンマークでは波と紋章と数字を主題とした低額用のものは一九〇五年以来、高額用の三匹のライオンの紋章切手は一九四六年以来、継続して使用されている。同一の図案の切手を何十年間もあきずに使用しているのは、地味で辛抱《しんぼう》強い国民性にもよるが、もともとデザインがよいからであって、波と紋章と数字のほうは、七〇年というながい年月をへてもなお、斬新な印象を保っている。この七〇年という記録も、お隣のノルウェーに目を移すとたちまち色褪《あ》せてしまう。

わが国で最初の竜切手が発行された翌年、つまり一八七二年一月一七日に郵便ラッパと王冠と数字をあしらった三スキリングの赤色切手が登場した。その後、このタイプは種類が増加され、一九二〇年代の初めまで約五〇年間は、ノルウェーの通常切手はこの図案に統一されていた。一九二二年からライオンの紋章切手が通常切手のデザインとして登場してからは、低額用専用となったが、一〇〇年以上も使用がつづけられている稀有《けう》の例である。

不注意な盗用の結果

ところで、この切手のデザインは、一〇〇年をへてしまうと多少古めかしい感じがしなくもないが、しかし一方紋章風の重みがあり、王国の郵便切手としては、けっして時代おくれというわけではない。したがって、この切手が発行された頃には、かなり進んだ図案と考えられたことであったろう。この切手のデザインは一九〇一年に、クレタ島の不足税切手に盗用されている。両者を比較してみると、ラッパも王冠も、四隅に配された翼のある車輪にいたるまで、まったくおなじである。

この切手はイギリスのブラズベリー印刷会社製であるが、盗用者はよほどノルウェーのこの切手の図案が気にいったとみえて、そっくりそのまま転用したのはよかったのだが、当時王制が敷かれていなかったクレタ島の切手に王冠を描いてしまったのである。これには総督のゲオルギオス公も苦笑したことであろう。

クレタ島はトルコの宗主権の下に、外交権を仏伊英露などの大国に委ねた形でギリシア系住民の自治が行われていた。クレタがギリシア王国に併合されたのは一九〇八年以後のことであって、一九〇一年発行の不足税切手に王冠が描かれているのは、まったく根拠のないことで、不注意な盗用の結果生じたものであった。

デンマークの低額用切手（1905～）

ノルウェーの切手

ノルウェー切手を真似たクレタ島の不足税切手

二　オムニバス切手

イギリスのオムニバス

同一図案の切手を数ヵ国で同時に発行することがある。もちろん、国名や額面や刷色、ときには郵便切手や記念を表す文字などの用語がちがう場合もあるが、全体としてはほぼ同一のものをオムニバスという。

従来オムニバス切手のチャンピオンはイギリスとフランスであった。イギリスは大英帝国と呼ばれていた頃は植民地の数も多く、それらの切手の大半は英本国で製造していたところから、統一した図案の切手を発行することが可能であった。自治領や後に英連邦になってからの独立した加盟国のなかには、独自のデザインを用いるものもあるが、収集家は、同一事件を記念して発行されたものとして、オムニバスの内にふくんでいる。

イギリスで最初にオムニバスとして発行されたのは一九三五年のジョージ五世在位二五周年の記念切手で、一般に「シルバー・ジュビリー」と呼ばれる。植民地用は正装のジョージ五世の肖像とウィンザー城を描いたものである。この切手は合計二四六種類にのぼっている。イギリスでは、ジョージ六世の戴冠式（一九三七年）、第二次世界大戦戦勝（一九四六年）、ジョージ六世銀婚式（一九四八～四九年）、万国郵便連合七五周年（一九四九年）、エリザベス女王戴冠式（一九五三年）、チャーチル追悼（一九六六年）、エリザベス女王銀婚式（一九七二年）など十数次にわたってオムニバス切手を発行しているが、そのうち万国郵便連合七五周年記念は二五四種におよび、ジョージ六世戴冠式は二〇二種、チャーチル追悼《ついとう》は一三二種に達している。最近ではアン王女とマーク・フィリップス氏との結婚式記念（一九七三年）のオムニバスが話題を呼んだ。

ビクトリア共通型（右がモントセラト、左がバルバドス）　いずれもカリブ海の島

クラウンエイジェンツの活躍

イギリスでは、国家的記念行事に際会した折ごとにオムニバス切手を発行するのが恒例になっているが、これにはもともとそうなるべき基礎があった。すでにビクトリア女王時代から、植民地用切手のための基本図案がつくられ、地名と金額を差し替えるだけで、何ヵ所もの切手が製造できる能率的な方策が立てられていた。これはジョージ五世の治世下にも継続して行われていた。

同一の型を使って、数十ヵ国もの切手を容易に製造するのが、オムニバスの利点である。オムニバスになると、コレクターは普段は収集の対象になっていない植民地のものも一括して購入するようになる。イギリスの場合は、オムニバス切手の販売は、クラウンエイジェンツ（三一六頁参照）の大活躍の場となる。切手商たちはなんとかしてオムニバスの完全セットをコレクターに販売しようとするが、そのためには、いちいち各植民地の郵政当局と交渉していては手間ばかりかかってどうにもラチがあかない。どうしてもクラウンエイジェンツの手を借りなければならない。クラウンエイジェンツだけが、オムニバスの完全セットを提供できる唯一の組織といっても差し支えないであろう。

フランスの人気シリーズ

フランスでは、イギリス同様に数多くの植民地を所有していたので、早くからいくつかの植民地共通の図案が採用されていた。一九世紀末から二〇世紀初頭にかけては、フランス本国で使用されていた切手の国名と額面を変更しただけのものが、かなり幅ひろく用いられたが、一九〇六年にアフリカの植民地で共通の図案のシリーズが発行された。一九三一年のパリ植民地博覧会開催記念一〇三種を皮切りにいよいよ本格的なオムニバスがほとんど毎年のように発行されるようになった。

フランスのオムニバスのうち、戦前のものではパリ万国博（一九三七年、計一五〇種）、キュリー夫妻（一九三八年、二一種）、フランス革命一五〇年（一九三九年、一二八種）などが人気のあるシリーズである。

フランス植民地共通型　国名と額面を変更して使用

一九四〇年六月、フランスはナチ・ドイツ軍に降伏し、パリをはじめ国土の三分の二を占領下におかれるにいたった。ペタン元帥を国家元首とするフランス国家政府は、南仏の観光地ヴィシーに遷《うつ》って、ここで中立を宣言した。しかし、フランスの中立政策はドイツ側からも、また連合国側からも尊重されなかった。そのうえ、ド・ゴールの亡命政権は、フランスの海外植民地をつぎつぎに自己の支配下に組み入れていった。

ヴィシー政府の二つのオムニバス

一九四一年に、ヴィシー政府は政府の威信を示すために、二つのオムニバスを用意した。その一つは「帝国防衛」シリーズで、各植民地の先住民兵などを描く寄付金切手である。これはテーマが統一されているだけで、兵士の服装をはじめ図柄は全部ちがうものであった。もう一つは、ペタン元帥と各植民地の風景を紹介したシリーズであった。この二つのシリーズは、フランスの海外植民地すべての分が準備されたが、実際に発売された植民地はほんのわずかであった。それは、フランス植民地の大半がすでにド・ゴール側に忠誠を誓うようになっていたか

帝国防衛シリーズ　仏領イニニ

らである。

この二つのシリーズは、実際に発送されて発行を差し止められた植民地もあるであろうし、最初から情勢を察知して発送されなかったものもあるだろう。とにかく、この切手の大半は実際に発行されもせず、使用もされなかった。そして、ただいたずらにヴィシー政府の郵趣収入を増加させたものなのである。ヴィシー政府は結局五回にわたってオムニバスを発行し、その合計は二八三種にのぼった。

戦後、フランス植民地はつぎつぎに独立したが、フランス共同体という絆《きずな》でなんとかまだ一つの集団を形成している。フランス共同体の切手は、たいがいフランス政府印刷工場製である。したがって、フランス切手に感じがよく似てしまう。そのうえ、あいかわらず年に一〜三回のオムニバスを発行している。

三　欧州切手・国連協賛切手

「ヨーロッパ切手」のデザイン

本国と植民地との関係からスタートしたオムニバス切手とはちがうが、毎年何ヵ国かが共通のテーマや図柄で切手を発行している例がいくつかある。

　その一つはいわゆる「ヨーロッパ切手」である。この切手は、当初六ヵ国でスタートしたヨーロッパの鉄と石炭の共同組織の連帯を強化する目的で、一九五六年に発行されたことにはじまる。

　この最初のヨーロッパ切手は、六ヵ国を象徴するＥＵＲＯＰＡの巨大な六文字の建設を表現したものである。これから毎年発行されることになったが、言語・風俗・宗教・国情のそれぞれすこしずつちがった国々で共通した図柄を使用するところから、どうしても抽象的・グラフィカルなデザインになってしまう。デザイナーにとっては、ヨーロッパ切手のコンペに入賞し、切手化されることは名誉でもあり、将来の成功を約束するものとなる。また、オ

ヨーロッパ切手　連帯強化を目的に発行。各国のデザイン競演が楽しい。（上）フランス、（中）スイス、（下）西ドイツ

ムニバスとちがって、切手の印刷製造は各国政府に任せられるから、印刷会社の腕の見せどころともなる。

ヨーロッパ切手のデザインは、切手のデザインとしても優秀なものが多いが、グラフィック・デザインの秀品を毎年採用しているのだから、現代グラフィック・デザイン展の観がある。これを加盟一三ヵ国のほか、サンマリノのように「切手加盟国」が参加して、それぞれの国の切手水準を越えた美しい切手をつくり上げるのだから、楽しいものである。

国連協賛切手のテーマ

国連では世界平和と人類の幸福を増進させる目的をもって、問題を解決するために努力する特別年や、特別の行事を設け、加盟各国に特殊切手を発行して、主旨の周知徹底をはかるよう要請することがある。

今までに、これに応じて世界人権宣言一〇年（一九五八年）、飢餓救済運動（一九六三年）、国際協力年（一九六五年）、国際観光年（一九六七年）、国際婦人年（一九七五年）などには、加盟各国から数多くの特殊切手が発行されてきた。

国連協賛切手は、テーマだけ共通である。あるいは国連で決定した記念行事のシンボル・マークが図案の内に挿入されることがあるぐらいで、デザインも種類も大きさも、まったく加盟国の自由である。それだけに、決められたテーマをもとにした国際切手コンクールということにもなる。

ところが残念ながら、わが国の国連協賛切手のできばえは、いずれもあまり芳《かんば》しいものではない。国際的なテーマだから、きわめて観念的なものとなる。この観念的テーマを表現することが、日本の切手デザイナーのいちばん苦手な分野である。もっとも、これは切手デザインの分野だけではないのだろうが……。

人権の赤い炎は盗用か

国際協力年は平和のハトと、国連できめたシンボル・マークでお茶を濁《にご》し、国際婦人年は婦人の「首」と太陽とシンボル・マークという、有名な本のコマーシャルのようなお粗末なアイデアである。しかし、このお粗末日本の国連協賛切手が盗作に遭っているのだから、下には下があるものである。

国際婦人年切手

盗まれたデザインは、昭和三三年（一九五八）一二月一〇日に発行された「世界人権宣言一〇年記念」の一〇円切手で、人権を表す赤い炎を描いたものである。原画は当時、郵政省だった技官の久野実氏のもの。ちょっと炎の勢いが弱すぎて、今にも消えそうな人権を擁護するのかと心細い感じがしなくもない。この切手が発行され

パラグアイの人権切手（右）と日本の世界人権宣言10年記念（左）

たのは、アジア競技大会から皇太子御成婚切手ブームにかけての乱発時代で、この人権宣言一〇年記念もその一つ。けっして上出来の切手ではない。

その凡作切手のデザインをそのまま失敬したのはパラグアイ政府で、ちょうど二年後にそっくりおなじスタイルのものを発行したのである。だが、この切手をはっきり盗作だときめつけることになると、ここに厄介な問題が必然的におきてくる。というのは、久野技官のデザインにかなり類似したものが、それ以前に国連から発行されており、人権宣言切手の一つのパターンができていたからである。久野技官のデザインは、定形的パターンに基づいたもので、盗用ではないがオリジナリティーはうすいといわざるをえない。国連協賛という事情からそうならざるをえなかったものであろう。

パラグアイ切手は、国連切手からのアレンジではなく、久野デザインからヒントをえたものである。国連協賛切手は、これからも続々と発行が予想されるものである。それだけに、世界に恥じぬ立派な切手を発行できるよう優秀なデザイナー陣を準備しておく必要があると思われる。

四　切手図案家の切手と花瓶事件

モーゼル教授の凸版切手

切手のデザインについては、一般に西ヨーロッパの国々がふかい注意を払っている。一九世紀末までは、有価証券としての切手の偽造を防止するために、精巧にして複雑なデザインの作成にその関心が向けられていたが、二〇世紀に入ると、間もなく芸術的な作品の制作によりふかい興味がもたれるようになった。

オーストリアで最初に切手図案家として活躍したのはコロマン・モーゼル教授であった。彼の作品の代表的なものは、オーストリア歴代皇帝の肖像を描いた、フランツ・ヨーゼフ皇帝在位六〇年記念シリーズである。アールヌーボーの影響のうかがえるこの作品は、当時のものとしてはかなり印象的なものであった。高額切手は凹版二色刷りで、きわめて芸術性の高いものであった。

切手図案家・モーゼル教授　功績を賛えられ、オーストリア切手になる（1968）

モーゼル教授は二年後に、この切手をもとにしたフランツ・ヨーゼフ皇帝誕生八〇年の記念切手を作製している。第一次世界大戦が勃発す

〈モーゼル教授デザインの切手〉

凹版風景切手の傑作、ボスニア・ヘルツェゴビナ地方の切手

フランツ・ヨーゼフシリーズ

戦後のオーストリア切手

戦争の切手

ると、飛行機・戦艦・臼砲《きゅうほう》・騎兵などの戦争ものを図案とした寄付金切手をデザインしている。彼の本領は凹版切手にあったらしく、この切手は凸版で印刷されていたので、多少見おとりするが、よく見るとなかなかのできばえである。当時飛行機や軍艦を図案とした切手はたいへんめずらしいものであった。

切手芸術の恩人、切手になる

モーゼル教授は、当時オーストリア領であったボスニア・ヘルツェゴビナ地方の切手のデザインを担当しているが、この風景切手の出来は、凹版風景切手の傑作の一つに数えられている。

モーゼル教授は一九一八年に死去したが、それから五〇年後の一九六八年に、オーストリアでは切手芸術の恩人に感謝するために、同教授を描いた切手を発行した。切手図案家が切手に登場することはめずらしいことである。

モーゼルの後任コスマンやユンクは、オーストリアの凹版切手を世界第一の芸術品につくり上げ、数々の名品を世にだした。この伝統はオーストリアがヒットラーによってドイツに併合されるまでつづき、戦後復活して以降もなお、オーストリアの記念切手は原則として凹版で印刷されていた。

優雅で繊細な芸術的作品でオーストリアの凹版切手は、つねに世界一の名声を保っている。モーゼル教授の努力は今日のオーストリア切手に結実しているといえよう。

ホイスラーの「母」と花瓶

つぎに、花瓶《かびん》事件などと書くと、いかにも物騒《ぶっそう》な感じを与えるが、実はきわめて芸術的な話をしよう。例によって、フランクリン・デラノ・ルーズベルトの発案であったはずだが、アメリカで「母の日」が始められてから二〇年を記念して、母の日のための切手を発行することになった。

そこで切手の図案には、アメリカの生んだ画家ホイスラーの「母」がよかろうということになった。ホイスラーのこの名画は、一八七二年に「黒と灰色の配色」という題で制作されたもので、通常は「ホイスラーの母」と呼ばれ、ルーブル美術館に所蔵されていた。いざ切

ホイスラーの切手

「母」の原作

ホイスラーの肖像切手

手の原画をつくってみると、切手の左下が妙に物足りない。これは、アメリカの記念切手のサイズが通常切手のちょうど二枚分の細長い形になっていたためであった。

そこで、左下にカーネーションを盛った花瓶が描き加えられた。切手の図案としては成功であった。ホイスラーが誕生してちょうど一〇〇年目に、そして「母」が描かれてから六二年目に、母国に栄誉をえたのである。ホイスラーは、海外で芸術的才能を認められた最初のアメリカ人の一人だったのである。そしてこの切手はアメリカで発行された最初の近代絵画を主題とした切手であった。

それだけに、この花瓶は問題となった。ある人は芸術の冒瀆《ぼうとく》だといって郵政省を非難した。またある人たちは、花瓶を消した切手を発行しなおせと要求した。結局はなんの手直しも行われなかった。

花瓶でなく、花の図案ならばよかっただろう。原作に似かよったタッチで、もとからあったかのように描き添えたから問題になったわけである。全体としての評価はたいへんよいものであった。この切手が母の日運動をおおいに奨励することになったことは事実であり、それが一一年後、占領軍によって日本に持ち込まれ、日本における母の日の行事として定着したわけである。そして毎年五月第二日曜日の直前に展開されるカーネーションの値上がり騒動の、遠い遠い発端がこの切手の花瓶にあるといっては、ちょっと考えすぎだろうか。

五　著作権と切手デザイン

「金蓉」が見送られた理由

毎年四月二〇日は郵政記念日で、この日を期して切手趣味週間の切手が発行される。昭和三〇年代には浮世絵や源氏物語絵巻などの古美術品が題材となっていたが、昭和四〇年からは上村松園の「序の舞」にはじまる近代の作品による美人画切手が発行されるようになった。

「金蓉」の原作

安井曾太郎画伯

藤島武二「蝶」（四一年）、黒田清輝「湖畔」（四二年）、土田麦僊「舞妓林泉」（四三年）、小林古径「髪」（四四年）、岡田三郎助「婦人像」（四五年）、鏑木《かぶらき》清方「築地明石町」（四六年）、中村岳陵「気球揚る」（四七年）、岸田劉生「住吉詣」（四八年）、伊東深水「指」（四九年）と一〇年間つづけられて、今後、だれの作品が登場するかが楽しみになっていた。ところが、「指」の後に突然「松浦屛風」が五〇年のものとして発表された。つづいて五一年は「彦根屛風」が題材となった。

近代絵画から近世初頭の屛風絵に変更になったことについては、次のようないきさつがあったのである。郵政省は昭和五〇年は日本芸術院会員だった安井曾太郎画伯の「金蓉」を候補として、画伯の遺族に切手図案化の承諾をもとめた。この切手趣味週間切手のそれまでの近代作品と同様に、無償ということであったが、作品そのものは東京国立近代美術館の館蔵品で国有財産であった。そこで、遺族は著作権上の問題もあるので、日本美術家連盟に相談したのである。

日本美術家連盟では著作権保護の精神から、作者の死後五〇年をへていない作品を切手に使用する場合は、当然著作権法に基づいて著作権使用料を支払うべきで、安井曾太郎画伯の場合だけでなく、従来無料で使用してきたものについても遡《さかのぼ》って支払うのが当然である旨を、文書をもって郵政省に要求した。

郵政省は、名作をひろく紹介する郵便切手の原画に著作権使用料を支払った前例がないと主張したため、ついに、この問題は両者間の見解が一致せず、「金蓉」切手の実現は見送りになった。問題は安井画伯の作品だけではなく、近代の作家全般にわたることであり、今後しばらくは日本切手に近代名画は登場してこないものと予想される〔注・その後「金蓉」は話し合いの末、昭和五四年（一九七九）に「近代美術シリーズ」の一枚として切手化された〕。

ディズニー事件

ウォルター・E・ディズニーは、漫画映画製作者として最大の成功を収めた人物である。今やディズニーの名は世界的に知れわたっているが、そのディズニーの名を知らない者でも、ミッキーマウスやドナルドダック、あるいはピノキオやバンビの絵を知らない人はいないだろう。

彼は映画製作者にとどまらず、ディズニーランドという現代における夢の世界を創造し、企業家としても大成功を収めたのである。まさに二〇世紀が生んだアメリカ的英雄であると

ディズニー切手　サンマリノ

いえよう。

彼の母国アメリカでは、一九六八年に彼を追悼《ついとう》して、子どもたちにとりかこまれた彼の肖像を描いた多色刷りの切手を発行している。これに二年おくれて、一九七〇年のクリスマスの三日前に、サンマリノ共和国では一〇種のディズニー切手を発行した。この切手はヨーロッパやアメリカの子どもたちに格好《かっこう》のクリスマス・プレゼントになったのである。この一〇種には、ミッキーマウス、ドナルドダック、プルートなど彼の作中の人気者たちがそれぞれ得意のポーズで描かれており、最高額の二二〇リラ切手には、ディズニー自身がジャングル・ブックとともに登場している。

いくら切手立国のサンマリノでも、一映画プロダクションの提燈《ちょうちん》持ちのような切手の発行は感心したものではない。たしかに、この切手は世界中の子どもたちの人気を集め、飛ぶように売れたが、サンマリノ郵政当局の常識を疑わせるものであった。

けれども世間には、上には上があるものである。これだけタダで宣伝してもらっているにもかかわらず、ディズニー・プロダクションは、これはディズニーの作品の盗用であると騒ぎ立てた。日本におけるディズニーの代理店は、この切手の販売に対しデザイン使用料を支払えと切手商の団体に申し入れた。切手商はこの前代未聞の難題に吃驚《びっくり》したが、結局は用意されたディズニー・シールを小売りセットごとに袋とか台紙とかに貼ることで妥結した。

この問題は本来、サンマリノ政府とディズニー側とで解決すべきことがらで、それをこの種の法律に明るくない切手商に持ち込むのは筋ちがいである。筋がちがうことを百も承知で弱い者いじめをしているとしか思えないが、これでは地下の大ディズニーが泣くだろう。

しかし、この一件は、切手デザインと著作権というむずかしい問題について、いろいろと考えさせてくれたのである。

ディズニー追悼切手　アメリカ

「海賊切手」の二番煎じ

切手の図案の選択はなかなかむずかしいものである。わが国の郵政省の技官たちは、なぜかグラフィックなものが不得意である。したがって、なにかというと切手の題材を古美術品にも

日本の「松浦屏風」

とめようとする。切手趣味週間や国際文通週間の切手は浮世絵か近世近代の絵画からだし、通常切手の高額のものは——これは方針がきまっているのだから仕方がないが——古文化財から題材をえらんでいる。

その他にも、手づまりになると浮世絵とか古美術品の複製切手をつくって間に合わせることがすくなくない。しかし近代美術は「金蓉」事件でわかるように、著作権問題があって面倒《めんどう》である。そこで、近世初頭の屏風に逆もどりしてみたものの、ここでもやはり問題があった。

屏風カムバック第一作の「松浦屏風」は、二種連刷という切手趣味週間のものとしては、新しいスタイルを採用したのだが、この様式はすでに国宝シリーズの尾形光琳《こうりん》の「紅白梅図屏風」で実験済みのものであった。

さて問題は、この「松浦屏風」はそれより四年前に、すでに切手化されていたことである。それはアラビアの土《ど》侯国《こうこく》・アジマン（現・アジューマン首長国）が日本の郵便一〇〇年記念の東京切手展「フィラトウキョウ」を祝って発行したセットであった。金屛風の人物を写したものだから、彼我両国の切手はきわめて似たものになっている。

アジマンをはじめとして、アラビアの土侯国は、多数の浮世絵切手を発行している。これらの「切手海賊」国家の切手には問題が多い。これらの土侯国はむやみやたらに、外国の名画を盗用して、海外のエージェントに無数の切手を「発行」されているので、それらの「海賊切手」の前例をあまり気にする必要はない。

しかし、この切手のように、日本で開催された——逓信総合博物館で郵政省後援のもとに——切手展を記念して発行された切手と、そっくりおなじ題材の切手を発行するのは、あまり感心したものではない。「海賊切手」の二番煎《せん》じはいただけない。

第三章　切手の犯罪予防

一　偽造防止の対策

切手偽造の二方向

郵便切手の誕生のときから、見えざる偽造犯との闘いが開始されていた。世界最初の切手の図案として、若くて美貌の持ち主であったビクトリア女王の肖像が選ばれた理由が、主として偽造を見破りやすいからという根拠からであったし、さらに念を入れて機械による複雑な紋様が加えられたのである。

切手は有価証券であるから、その偽造の目的が不当な経済的利得を目的とするものであることはいうまでもない。

ただし、紙幣などの偽造と異なって、切手の場合には、すこしちがった目的が加わってくる。それは郵政当局を敵とするのではなく、切手収集家の懐《ふところ》を目標とするものである。切手が収集の対象とされると同時に、収集しにくい稀少的存在の切手は、未使用・使用済みを問わず、しだいに天井知らずの値段で取り引きされるようになった。いうならば骨董《こっとう》的な価値が生じたわけである。したがって、単に切手の偽造といっても、ニセ切手を本物と同様に有価証券として使用する目的のものと、収集家の財布を目当てにしたものとに二分されるのである。前者は未使用切手の偽造でなければ目的を達することができないし、後者は未使用よりは収集家の目をゴマカシやすい使用済みに手を出すことが多い。

郵趣《ゆうしゅ》的偽造品のなかには、本物に手を加えた変造品もすくなくない。さまざまな珍切手は偽造犯罪の格好《かっこう》の目標となってきた。各国官憲は、有価証券としての未使用切手の偽造防止とその取り締まりには、多大の努力をかたむけてきた。しかし郵趣的偽造に対しては、それが有価証券の偽造であるから、当然犯罪として防止と取り締まりに手を貸してくれるが、実際には収集家自身の鑑識眼と努力にたよらなければならないのである。

印刷方法上の対策

なんといっても偽造しにくい切手を製造することがいちばんよい偽造防止策になる。印刷方法としては、凹版印刷がよい。なぜかというと、凹版印刷はすべてが線でできていて、すくなくとも原版は人間が手で彫るから、芸術的要素が多い印刷方法だといえる。芸術的要素が多いということは、同一のものを似せてつくることがむずかしいというわけである。

紙幣をはじめ、一般的に有価証券に凹版印刷が使用されるのは、精密な印刷が可能であるため、偽造しにくいからである。切手の場合も、これとおなじである。初期の切手がほとんど凹版印刷であったのは、主としてこのためであった。切手を大量に、そして安価に製造する必要から、凸版印刷やグラビア印刷が利用されるようになってからも、依然として高額の切手に凹版印刷が用いられていたことは、この特性をいかしたものである。

また、切手の刷色を一色でなく、多色にするのも効果のある方法であった。すこしでも手間をかけた切手を発行すれば、それだけ偽造しにくくなるのである。しかし、切手製造上の技術とコストには限界があるので、無限に高度の技術を駆使するわけにはいかないことはいうまでもない。

図案面の対策

切手の図案としては、よく知られた人物の肖像画が最良とされている。なるほど、紙幣などに用いられているのは、だれでも知っている人物の肖像である。イギリスでは切手にも紙幣にも歴代国王の肖像が使用されているが、国王の顔などはだれでもよく知っているから、ちょっとでもゆがんでいたり、間のびしていたら、早速へんだなと感づかれてしまう。人間の目は、人間の顔に対してはきわめて鋭敏な感覚をもっているものらしく、一〇〇頭のブタの顔を区別することはだれにも不可能だが、一〇〇人の顔を覚えられない人間は少ないだろう。

とにかく、どんな精密な機械でも測定できないような微細な相違でも気がつくのが人間の顔である。なにしろ、クレオパトラの鼻が一センチ高くても低くても、世界の歴史が変わったであろうと言われるのが、人間世界の実態なのだから。

しかし、肖像なら絶対安全というわけではない。肖像切手でも、もののみごとに偽造切手がつくられてきた。たとえば一八六七年にイギリスで発行された一シリングの切手は、電報料金に用いられることが多かったのだが、これの巧妙な偽造切手は、ロンドンの株式取引所で長期にわたって使用されていた。この偽造切手が発見されたのは、実に二六年もたってからのことで、しかもこれを発見したのは、かのスコットランド・ヤードではなく、一切手収集家であった。

この事件が示すように、精巧な肖像切手でも、偽造犯の熱意をくじくことはないのである。そこで、ペニー・ブラックで用いたように、複雑な幾何学紋様を切手の図案の内に取り

1867年の１シリング切手　イギリス

菊切手（上）と菊の御紋章

入れる方法が考えられた。これも多少の効果は考えられる。たとえば、わが国で明治時代の終わり頃採用されていた菊の御紋章を主題とした菊切手などは、複雑ではないが比較的正確に真似《まね》しにくいものであったらしく、この偽造品が横浜市内で使用されたとき、郵便局員の第六感でまず看破された。この偽造犯は、一六弁の花弁の間にわずかな隙間《すきま》があるのをじょうずに真似できなかったのである。その何分の一ミリという微小な差違が、意外に人間の目にはピンとくるものである。

秘符とその例

秘符《ひふ》というよりシークレット・マークといったほうがわかりやすいだろう。切手のなかに、通常肉眼では見つけられないような符号を記しておくのである。偽造犯がうっかり、これを見落としてくれれば、本物との区別は簡単である。

シークレット・マークの早い例としては、一八七三年に、それまでアメリカ郵政当局と切手製造の契約をむすんでいたコンチネンタル・バンクノート会社が、ナショナル・バンクノート会社に引き継ぐにあたって、それまでの切手の実用版に秘密の符号をつけた例がある。それはたとえば一セント切手の額面の数字のすぐ左側の小玉に、小さな曲線を加えたような方法がとられたのである。

シークレット・マークは切手以外の有価証券にもしばしば登場してくる。わが国では戦時中に使用された五〇銭札のものがよく知られている。

シークレット・マークは現在でもときどき用いられている。しかし、切手の印刷技術が向上し、偽造がしにくくなったことと、郵便切手の額面が相対的に低くなったため、切手の偽造が割の合わぬ仕事になったこともあって、シークレット・マークの必要性は昔ほどのものではなくなった。

カナダ郵政省は、シークレット・マークの信奉者と目されている。たしかにカナダ切手のシークレット・マークは、肉眼ではほとんど判読できないぐらい微小で、ときとしてその所在位置を見つけるのに手間どるほどである。しかし、それは西暦にかぎられており、その切手の発行年がシークレット・マークによってわかる仕組みになっている。

チェック・ナンバー、版番号

これはペニー・ブラック以来採用された方法である。もっとも、チェック・ナンバーの組み合わせ方は、一八五八年に二ペンス切手の図案の一部が改変されて、四隅にチェック・ナンバーを入れるようになってから変更された。上がA—Bならば、下はB—Aというように、上下で左右を逆に組み合わせることにしたのである。

イギリスの初期の切手のなかには、切手の版番号（プレート・ナンバー）を記入したものがある。なかでも、一八六四年の赤茶色一ペニー切手の実用版のプレート・ナンバーは、第

イギリスのチェック・ナンバー

日本の桜切手の片仮名（イ）入り

七七から第二二五におよび、この切手が長期にわたって大量に製造されたことを示している。

当時書状用料金の切手として使用されたものだから、この切手の使用済みはいくらでものこっている。たいがいは一枚五〇円ぐらいなものだが、切手の両脇に記されているプレート・ナンバーの如何《いかん》では、二〇〇万円以上に評価されているものもあるから、収集家にとってはなかなか魅力ある切手となっている。イギリスでは一八八〇年代まで、このプレート・ナンバーとチェック・ナンバーとが併用されていた。

やはり、これは偽造防止には役立ったものらしく、偽造事件としては前に紹介した株式取引所事件一件ぐらいのようである。この事件が明るみにでたきっかけは、不注意にも偽造犯が、ありえないチェック・レターの組み合わせを用いたところから、収集家の慧眼《けいがん》を逃れることができなかったからである。

わが国の初期の切手、桜切手や鳥切手にもプレート・ナンバーが用いられ、片仮名で「イ」とか「ロ」とか記入されている。ただし、確実な記録をのこすことにあまり得意でない日本人のことゆえ、この片仮名入り切手発行の正確な目的なり、版ごとの印刷枚数とか、使用期間とか、使用地域だとかいうものについて、まったく記録がない。この片仮名入り切手は明治七年（一八七四）から八年にかけて発行されたが、ちょうどイギリスのプレート・ナンバー盛行時期と一致しているのがおもしろい。

加刷、裏面印刷、サイン

スウェーデンの古い切手のなかには、裏面に青色で郵便ラッパを印刷したものがある。また旧王制・共和制時代のスペイン切手の裏面にも、管理番号の入ったものがある。これらはいずれも、偽造防止や盗難予防のためのものである。

また切手を使用するに先立って、郵便局長などがサインするというかわった偽造予防法が講じられたことがある。英領ギアナ〔注・現ガイアナ協同共和国〕初期のものがこれである。これは、切手そのものがお粗末きわまりないシロモノで、だれにでもニセ物がつくれそうな状態であったからであろう。世界中にたった一枚しか存在しない一八五六年の一セント切手もまたこのサイン入り切手なのである。

サイン入り切手は、すでに一八四八年の英領バーミューダの切手に登場している。またアメリカの正規の切手が発行される以前に各地で発行された臨時切手のなかにも、局長や局員のサインを必要としたものがある。しかし、一枚一枚の切手にサインをするというのは、あ

（裏）　（表）

スウェーデンのラッパを印刷した切手

（裏）　（表）

スペインの管理番号つき切手

まりにも非能率的な方法で、一日の取り扱い枚数にも限りがあり、大量に発行される切手の偽造防止には適合しない方法である。

紙や透かしのくふう

切手を印刷する用紙にさまざまな手を加えて本物と偽物との区別を容易にしようという努力は、ペニー・ブラック以来行われてきたものである。すなわち、ペニー・ブラックでは用紙を均一なものにし、特定の紙工場を指定して製造に当たらせる一方、一枚一枚の切手に一箇の王冠の透《す》かし紋様が入るようにした。

紙を漉《す》くときに当然できる微妙な紙の模様の特色と、さまざまにくふうされた透かしの形は、切手鑑定の重要な要素になるものである。イギリスでは王冠や、王冠と国王のイニシアルの組み合わせが透かし模様として用いられたが、その他にも王冠を透かしにして愛用した国はすくなくない。

とにかく、透かしの図形は何百種類にも達しており、幾何学的な模様からヘビだのライオンだののようなものまで、実にさまざまである。一枚一枚の切手の大きさにきちんと収まるものもあるし、シート全体に連続した図柄や文字の透かしが入っていて、どの部分に切手がかかろうとかまわない様式のものもある。またシート全体で一つのまとまった図形になるので、切手には、それぞれちがった部分が割り当てられることになるものもあり、なかにはまったく透かしの入っていない切手もでてくることになる、というズボラなものもある。

透かしの有無は偽造切手の発見に効果のある場合が多い。以前、韓国で大量の偽造切手を使用した犯人達が検挙された事件があった。これは偽造犯と郵便局員が共謀して偽造切手を

日本のニセ切手　左が本物

郵便局で取り扱ったという、あきれた事件であるが、この場合も本物とニセ物の区別は透かしの有無で見分けられた。

また、昭和二一～二三年頃使用されていた無目打の切手、一円富士山、二円清水寺などの偽造品が海外に出まわっている。実はこの偽造品は、日本の切手商が海外に安い袋入り切手（パケット）を大量に輸出する目的で製造したもので、郵趣的偽物である。そのためにニセの消印まで押してある。

海外に出したものが、ふたたび日本に入ってきて正体が暴露されたのである。これらの偽造品の特徴は、第一に本物より紙もインクも良質であること、第二に消印がニセ物であること、そして最後に透かしが入っていないことである。当時の切手には、昭和波型透かしという型の透かしが入っていなければならないのだが、偽造品にはそれが入っていなかったのである。

しかし、透かしを入れると印刷効果を悪くするし、膨大な切手用紙の生産に追いつけなくなったため、しだいに透かしは用いられなくなってきている。

着色繊維その他の対策例

切手印刷の用紙全体を染色してしまう方法もひろく用いられた。イギリスやその植民地では、特に偽造防止の必要度の高い高額面の切手を、青・緑、あるいは薄赤などに染めることが流行した。アメリカや日本の記念切手のなかにも、黄色に染めたものがあるが、これは偽造防止のためではなく、印刷効果をあげるためのものである。

紙全体を染めるのではなく、紙のなかに着色した繊維をまぜる方法は、毛紙《けがみ》と称して今日でもひろく行われている。わが国では大正から昭和初年にかけて用いられたので、「旧大正毛紙切手」とか「新大正毛紙切手」とか呼ばれている。スイスの毛紙は着色も美しく、切手の印刷効果に悪い影響を与えるようなことはないが、一般的には毛紙を使うと切手のできが地味になる。

しかし毛紙は偽造が困難であるから、毛紙切手の偽造をするとすれば、政府の用紙でも盗むしか手がないだろう。偽造予防手段としては最上のものの一つである。

ドイツのババリア大公国では、切手中央に縦に絹糸を一本漉《す》き込《こ》んだことがあった。これはなかなか手の込んだ方法ではあったが、手間と費用の点から、初期の二〇年間程で中止してしまった。

フランスでは、一八九二年からしばらくの間、カドリール紙を使用したことがある。この紙は方眼の模様が印刷してあるもので、当時いちばん多く使用されていた一五サンチームの

毛紙切手　大正毛紙

ニス線入りの切手　オーストリア

切手の偽造防止のためであった。しかし、カドリール紙の方眼は、芸術的なこの切手の図案をメチャメチャにするものであったから、やがて消え去る運命にあったのである。

これと似たケースがベネズエラにあった。一九三二年に一二種の普通切手と、二四種の航空切手が、ウィンチエスター・セキュリティー・ペーパーに印刷されて売り出された。この青色模様が一面についた証券用紙は、切手の図案をまったく殺してしまった。とにかく、なにがなんだかわからないような切手である。なかでも五センタボから二〇ボリバーまである航空切手では、額面を確かめる手間だけでもたいへんであった。角をためて牛を殺すの好例というべきであろう。

オーストリアでは、切手の上にニスの線を引いたものを使ったことがある。当然のことながら、切手のできばえはまったくひどいものになってしまったし、顔の上に斜線を引かれたフランツ・ヨーゼフ皇帝の威厳はいちじるしく傷つけられてしまったのである。

浮き出し切手　日本

浮き出し切手　ドイツ

風格を添える浮き出し

切手の一部を浮き出す方法は、たしかに偽造予防に役立つと考えられたし、また切手の再使用の予防にも適切であった。浮き出し（エンボス）の部分はたいがい無色であったし、その上に消印が押されると、容易に前の状態にはもどらなかった。

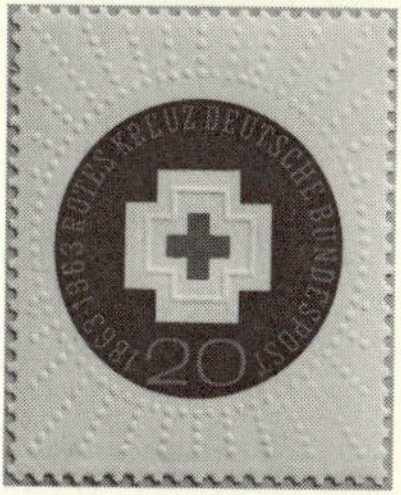

ドイツの浮き出し切手

浮き出しは、技術と費用をともなうから、切手のできばえには、なかなかの風格を添えるものである。ドイツ帝国初期の切手の鷲《わし》の紋章や、明治時代の菊の御紋章の高額切手、ポルトガルの初期の切手などが、印象的なものである。

浮き出し切手は、切手に立体感と豪華さとを与えるものであるから、現代でもしばしばデラックスな企画として登場することがある。一九五三年以来、西ドイツが記念切手にこの手法を用いているのが好例である。

二　再使用の予防

マルタ十字の消印が最初

各国の郵政当局にとっては、偽造切手の防止よりは、一度使用された切手を再度使用される危険性のほうが、より切実な問題なのである。偽造切手が当局の脅威《きょうい》となるのは、大量に使用される場合である。しかし、偽造切手を大量に使用するためには、どうしても確実なルートを開発する必要がある。これは郵便局員を抱き込む大掛かりな組織をつくることになり、どうしても犯罪が発覚しやすくなる。

ところが、郵便切手の再使用は、別段組織も、大掛かりな道具も必要としないで、だれでもがひとり秘かに利益を追求することができ、郵政当局が受けるその損害総額は膨大なものとなるのである。そこで、郵便切手の誕生以来、再使用をいかに防止するかが重要な課題であった。

ローランド・ヒルはペニー・ブラックの発行にあたって、鮮明なマルタ十字の消印を押印することで、この問題を解決した。ヒルの方法は、切手には消印を押し、日付印は別に押すやり方であった。この方法は、ひろく初期の消印の方法として用いられ、ベンジンなどで洗い落とされにくいスタンプ・インクを使うことによって、充分目的をはたした。そしてしだいに、切手の消印と日付印とをいっしょにして、二度の手間を省略することがくふうされた。

ところで、切手に消印という至極当然のことを知らなかった前島密は、日本最初の切手発行を立案するにあたって、どうやったら切手の再使用を防止できるのか、随分と考えたらしい。そして、きわめて薄い紙に印刷すれば、それを剝がすときに破損してしまうから、再使用の防止が可能だとも考えたことが自叙伝に記されている。彼が消印というものを知ったのは、アメリカへ渡航中、船上局のようすを見物したときであったという。

アバタ面の肖像と水で剝げ落ちる印刷

とにかく、どの国でも初期の郵政当局は、消印を洗い落とされて再使用されることを極度におそれたようである。そのために、洗い落とすことのできないように、インクを改良するとともに、墨黒々と消印を押すことに努力した。そして一方、消印が落ちにくいように切手の表面にくふうを加えたのである。

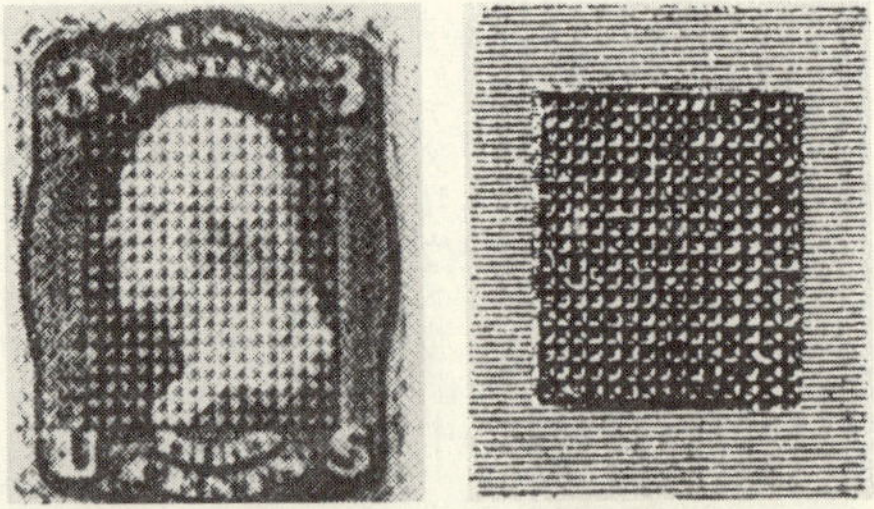

グリル切手　アメリカ　右はアミの部分

浮き出し（エンボス）は偽造防止にも役立つが、再使用防止にも効果的であった。一度消印を押されて、おしつぶされた浮き出しをもとどおりにすることはほとんど不可能である。

浮き出しに近いものにグリルという方法がある。これは一八六〇年代のアメリカ切手に用いられた方法で、切手の表面に小さい大根オロシのギザギザのような四角いアミ目をつくるのである。消印が一度グリルの上に押されれば、インキが紙の繊維の中にしみ込んで、容易にこれを洗い落とすことができなくなる。

まことに念の入った細工ではあるけれども、切手の印刷面の破壊にほかならないことはもちろんである。とにかく、この時代のアメリカ切手は、フランクリンも、ワシントンも、ダニエル・ウェブスターも、みなアバタ面にされてしまったのである。

再使用予防のために用紙の表面にチョークを塗る方法がイギリスの植民地で採用されていた。チョーク紙は水に入れたり、消印を洗い落とそうとすると、印刷そのものが剝げ落ちてしまうのである。これでは手の施しようがない。

似たような方法としては、水やベンジンなどに、簡単に溶けるインキを使用して切手を印刷するのである。この方法によるものにオランダ領東インドの切手がある。切手をしばらく水に入れておくと、図案が不鮮明になり、さらになんだかわけのわからないものになってしまう。しかし、この方法は切手をうっかり水中に落としてしまったり、ぬらしたりしてしまった人々に対して、きわめて不当な損害を与えることになるばかりでなく、世界中の切手収集家、とくに使用済み切手の収集家を落胆させるものである。

切手犯罪でつかまった切手屋

使用済み切手の再使用のもっとも簡単で、意外に成功しやすいのは、消印つきの二枚の切手をじょうずに張り合わせて、一見新品の切手をつくりあげることである。注意ぶかく見れば、だれにでも見破れる原始的な犯罪行為であるが、一日に何百何千という切手に消印を押さなければならない多忙な郵便局員氏の目をゴマカスことのできる確率は高い。

もちろん法規上は、印面にすこしでも破損のある切手は無効とされている。しかし、郵便局で買ったばかりの切手をうっかり半分に破いてしまうことはめずらしくない。そういうときに、たいがいの人は二片になった切手を、じょうずに張り合わせて、何事もなかったように所定の場所に貼って、投函してしまうのである。そして、こういう切手が「無効」として差し戻されたり、「料金未納」として相手方が二倍の料金を徴収されるようなことは、まずめったにないのである。

以前、使用済み切手の張り合わせで、郵便料金を長期にわたってごまかして、多額の不当な利益をあげていた犯人が捕えられた。なんでも、切手の通信販売業者だったとのことである。切手屋さんが切手の犯罪でつかまるなどという話は、なんとも皮肉な感じがしないでもない。

三　切手の複製・贋造と郵趣的偽造

リプリントに模刻

本物でない切手はすなわちニセ物かというと、必ずしもそうはっきりいえないものがある。切手にはさまざまな「ニセ物」的存在があるが、その一つにリプリントというものがある。これは再版というものともちがって、ある切手が一度製造を中止された後に郵便切手として使用することを目的としてではなく、参考品として、あるいは郵趣目的のために発行されたものである。本物とおなじ実用版を使って、たいがいは郵政当局の手で行われるものである。

リプリントは郵趣的な目的の場合だけでなく、政府の記念事業として、あるいは学術的な目的で行われる場合もある。

これに対して、切手の模刻は、本物の版を使うのでなく、本物同様の模造品をつくるのである。これも、参考品や郵趣目的のためにつくられるのであるが、たいがいは本物でないことを示す文字とか、なんらかの特徴を表示している。模刻は、容易に本物を手に入れることのできない珍切手などについては、きわめて有効な参考資料となる。

ところで、模刻が本物に似ているところから、これを本物だとだまして、不当な金銭を詐《さ》取《しゅ》する者がいる。また模刻切手のなかには模刻であることを明示していないものがあって、犯罪に利用されやすいものがある。

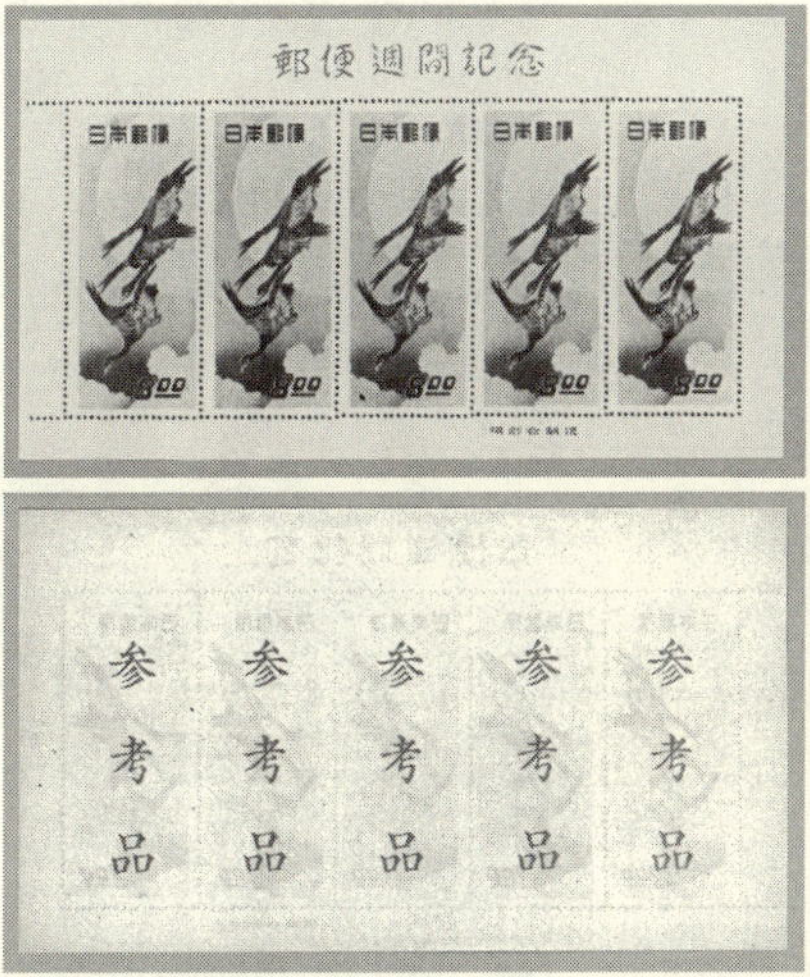

模刻文字入り切手　裏には「参考品」の薄い文字が

人気よぶ模刻切手

模刻はしばしば郵趣展や郵便事業の一〇〇年記念などの行事に関連して行われる。模刻切手も郵趣家にとっては当然収集の対象になる。人気のある切手の模刻は、たいがいは人気のでるものである。模刻切手の対

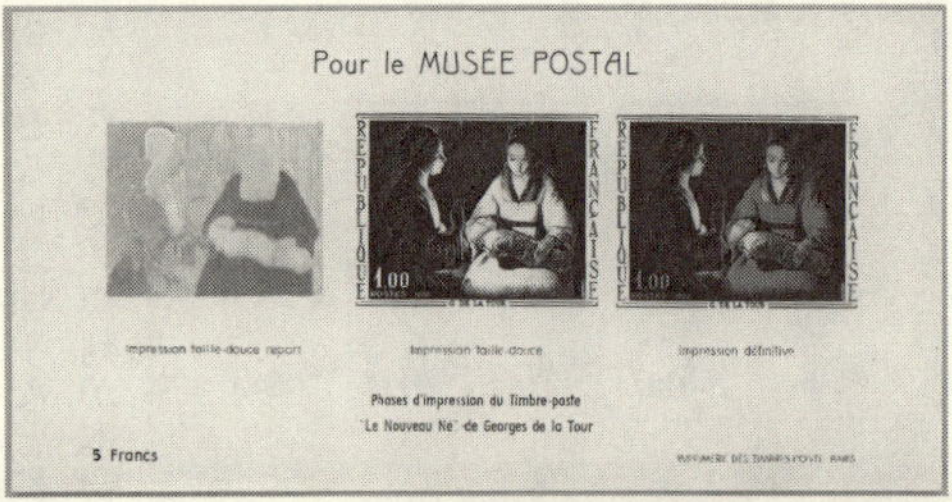

模刻切手のなかでも有名なフランスの「新生」　右下が一般に売り出された切手

象になる切手でいちばん多いのは各国の最初の切手である。わが国では四枚の竜文切手の模刻は、すでに何回か行われており、官製模刻のなかには本物とおなじくらいの市場価格を示しているものさえあるほどである。

アメリカでは、数年来、模刻記念シートがたいへんな人気を呼んでいる。大きな郵趣展や郵趣大会を記念して、過去にアメリカが発行した切手のうち一種あるいは二、三種を模刻した小型シートがつくられた。初期には無償で配布されたが、しだいに高い市場価格を生むようになり、その後、一枚一ドルぐらいで販売されるようになったのである。

模刻切手のなかで最も興味深いものの一つは、一九六六年にフランスで売り出されたものである。これは、美術品シリーズの一種、ジョルジュ・ドゥ・ラ・ツールの「新生」を描いたもので、この切手の製造過程を三段階に分けて表してある。一般に郵便局から発売された「新生」は、目打も裏糊もついているが、模刻切手には両方ともついていない。

模刻切手は、三枚を一枚の厚手の紙に印刷してあるが、三枚のうちの一枚目は黒と白で、二枚目は一枚目にかさねる色だけで、三枚目は両者を合わせた「完成品」である。実際にはこの模刻切手は切手としての効力はなく、単なる参考資料でしかなかった。この小型シートは一枚五フランで発売され、売上金はパリの郵便博物館の資金として寄付されたのである。

ボストン・ギャングの偽造

切手収集家を対象とする偽造には二種類ある。その一つは、実存する切手を偽造することであって、この場合は高級コレクターの懐をねらった、世界的珍品の精巧な贋作《がんさく》から、小学生の小遣いを捲《ま》き上げるための、数百円ぐらいの幼稚なニセ物にいたるまで、その種類はきわめて多い。

もう一つは、実在しない架空の切手を、あたかも本物のごとく偽って、これを売り込もうとするものである。郵趣情報が正確かつ迅速に伝達されなかった時代には、この詐術《さじゅつ》にひっかかる人が多かったが、現在では、知識のまだ充分でない初歩のコレクターがもっぱらその被害者となっている。

高価な珍切手の偽造には高度の技術が必要であるから、だれにでもできるわけではない。

偽造切手の名人、ボストン・ギャングのつくったニセ切手

しかし、そのニセ物を本物と偽って売りつけた場合には、利益は莫大なものになる。最初の切手が発行されて幾年もたたないうちに、この種の切手犯罪は誕生していた。

偽造切手の名人といわれる人物としては、まず「ボストン・ギャング」と呼ばれるサミエル・タイラー一味があげられる。彼等はアメリカ初期のローカル切手を、つぎつぎに偽造していったが、それだけでは満足しないで、架空切手の製造で巨利をえようとしたのである。

彼等の手口は、ざっと次のようなものであった。たとえば、グァテマラやドミニカ共和国やパラグアイで、まだ切手が発行されていないことに目をつけて、それらの国々の「最初の切手」を発行したのである。そして、これらの架空ナンバーワン切手を権威づけるために、官憲の布告類まで偽造するという念の入れようであった。

他の偽造犯たちがよくやるように、タイラーは切手雑誌を刊行して、これを隠れ蓑《みの》にしていた。この雑誌はしかしながら、アメリカはもちろん、西半球における最初の郵趣雑誌の名誉あるものであった。

タイラーたちはしだいに手の込んだ手段を用いるようになり、一八七二年にプリンス・エドワード諸島で六種の切手が発行されたときに、二種の架空の切手を加えて、これをヨーロッパの切手商達に売り込んだのである。

偽造名人の芸術的参考品

ボストン・ギャングの連中は、結局は捕まった。同じ頃やはり「ロンドン・ギャング」の一味も官憲に捕まっている。彼等もさかんに珍品を製造して、金持ちのコレクターから大金を掠《かす》めていたのである。被害者の中には、大フェラリー伯（二二七頁参照）もふくまれている。しかしフェラリーは、たいがいは偽物と知って「金を恵んでやっていた」ものらしい。

ジュネーブに住んでいたフランセーズ・フォルニュとか、ハンブルクのスピロ兄弟の精力的な努力によって、初期の切手の大半は偽造されてしまった。彼等は、ふつうの切手はもちろん、エラー切手やめずらしいカバーなど、ありとあらゆる分野で、最高の技術とあらゆる想像力とを駆使して、切手の偽造に精励した。

「名人」のなかでも話題の多いのがジャン・デ・スペラーティというイタリア人である。彼はフランスのエクス・ル・バンに住んで、数多くの世界的名作をのこした。彼は偽造犯とはいえないかもしれない。というのは、彼は偽造切手の裏側に、鉛筆で「芸術的参考品」と記し、自分のフルネームを書き込んでいたからである。そして堂々と新聞広告をだしてこの「参考品」を「適正」なる価格で販売していたからである。

あるとき、彼の「参考品」の代金として送られてきた一〇〇〇フラン紙幣が贋札であるこ

「飛行試行」加刷切手

とを、さすがに商売柄見破った。早速彼はフランス銀行にこれを通報したので、この贋札はすべて回収することができたという。彼はなかなか良心的な市民だったのである。

一九四四年のこと、デ・スペラーティは七五〇〇ドル相当の切手をアメリカに送ったが、有価証券の不法輸出という嫌《けん》疑《ぎ》で、フランス官憲に逮捕された。彼は、この切手はすべて偽造切手で自分の作品であることを主張したが、鑑定の結果は、すべて本物と判定され、彼は有罪となった。自縄自《じじょうじ》縛《ばく》とはまさにこのことで、本人が偽造品だといっているのに、だれも認めてくれないとは、まことに皮肉な事件であった。

日本の偽造切手

わが国の切手のなかでは、竜切手をはじめとして、初期の切手にはすべて偽造品が存在している。エラー切手はいうまでもなく、封筒ごとのニセ物もあるし、切手は本物だが消印だけニセ物というものもある。偽造切手は石版刷りのものが多いが、なかにはかなり精巧なものがある。偽造切手のなかには、本物の切手の一部を切り取ったり、破損をたくみに補修したものもある。

大正一〇年に発行された「青島軍事」だとか、同八年の「飛行試行」加刷《かさつ》切手などは、もっとも偽造しやすい切手である。もちろん切手そのものは本物で、加刷だけがまっ赤なニセ物なのである。

日本切手の場合でも、偽造は高級品を対象としているとはかぎらない。戦後の混乱期に発行された駄物の無目打切手の偽造品もあるし、戦後の記念切手や小型シートの幼稚な偽造品が市場に流されている。

空想切手の是非

ありもしない架空の切手を製造することは、ごく初期から行われた切手犯罪の一つである。「ありもしない」ことをだれもが認めているようなものは、ファンタジア（空想）であって、これは犯罪とはいえないだろう。たとえば「おとぎの国」の切手であるとか、「三途《さんず》の川」への速達切手であるとかいった類である。

こういう楽しい空想切手については、専門の本やらパンフレットがあるぐらいで、世界中でいろいろと盛りだくさんに発行されている。切手といっても、現実に使えるものではないから、切手に似せたラベルで、広告やらシールやらと同類ということになり、その種類と隣接範囲はべらぼうに広いものである。

しかし、いかにも切手らしくでっちあげ、切手でないものを切手と称して売りつけるとすれば、これは完全な詐欺行為であり、その切手は詐欺切手である。外国でボーグと呼ばれているのがこれに当たっている。一九世紀末に、ある冒険好きのフランス人が、セダン王国なる国家の元首となり、紋章入りの切手を発行したことがある。またある男爵がリオデジャネイロ沖の岩礁を王国に見立てて、プリンス・ジェイムス二世と称して、この「トリニダッド公国」の切手を発注したことがある。いずれも空想上の国家で、その切手はまったく空想上の産物である。

他にも類似のものがある。たとえば「南モルッカ」の切手は、さまざまな動物や植物を描いたもので、子どもたちが二〇年来カモにされているし、クロアチアやブルガリア王国の亡命政府は、思い出したように「記念切手」を売り出している。インド東辺のナガランドはインドからの分離独立を主張する亡命政府があるそうだが、すくなくともこの切手を使用できる土地は世界中どこにもないはずである。

亡命政府が発行した切手は、必ずしも架空のものとはいえないし、亡命政府が本国に復帰した後に切手として有効になる例もあって、なかなかむずかしい問題である。

四　盗難・盗用の防止

州名と管理番号

一九二九年に、カンザス州とネブラスカ州では、郵便局手持ちの一セントから一〇セントまでの切手に、それぞれ Kans. Nebr. と州名を加刷することにした。切手に州名を加刷したことはアメリカでは前代未聞のことであった。なぜこの二州だけこのような州名加刷切手が発行されたかというと、この頃この二州では郵便局で切手の盗難が頻発していたためである。

アメリカ州名加刷切手　カンザス（左）とネブラスカ州

州名の加刷のある切手は、他州に持ち出して処分すれば犯人《ホシ》にアシがつきやすく、結果的に切手の盗難を予防できるものと考えられた。いかにも物騒《ぶっそう》なアメリカらしい話である。

一般に切手の盗難予防には、切手の裏面に管理番号をつける方法が適切であるとされている。スペインでは旧王制時代

表に管理番号のある切手　エクアドル

からこれを採用している。裏面の管理番号は切手の偽造防止にも効果的であるといえよう。

管理番号は裏面ばかりでなく、切手の表側につけられていることがある。南米エクアドルのものなどがその好例で、これは元来収入印紙として製造されたものが、切手不足のために転用されたものである。

高額切手は使用目的が限定され、たいがいは郵便局の窓口を通す航空郵便や小包郵便、あるいは料金別納とか電信電話料金の納付などに使用される。したがって大量の盗品は処分しにくく、またアシがつきやすい。ところが、低額のものは一般に需要も多く、処分しやすいから、かえって盗難にあいやすく、盗品を回収することが困難なのである。

中南米の小国のなかには、毎年のように普通切手をすっかり取り換えるところがある。これは、新シリーズの発行で、郵趣上の収益を目当てにしたものだが、同時に盗難予防にも役立つわけである。

裏側を集める穿孔切手

盗難よりはむしろ私用に使用されるのを防ぎ、あわせて企業の広告を兼ねたものが穿孔《せんこう》切手である。これは、あらかじめ郵政当局の許可を受け、差出局を登録したうえで用いられるもので、企業の商号や略号などを切手に穴あけするものである。

切手の印面には穴があいてしまうから、キズ切手同様に、これをきらう人もあるが、当然稀少《きしょう》性が発生するから、逆にこれを専門に集めて喜ぶ人もある。アメリカやイギリスの切手には比較的穿孔切手が多いので、一般的にはこれのないものより価値が低い。しかし、日本のように、穿孔切手の数量が比較的すくない国では、穿孔のあるもののほうが値打ちがある。

わが国では穿孔切手は明治時代に始まり、昭和三六年まで用いられた。穿孔切手の図案はさまざまで、企業だけでなく陸・海軍や特許庁などの官庁でも用いられ、また個人で用いた例もある。穿孔切手収集の専門家もいるし、専門のカタログもある。

三井物産のような海外に支店や出張所のある企業では、海外でも穿孔切手の制度のある国ではこれを用いたから、穿孔切手のコレクターは外国切手にまで手をひろげなければならない。

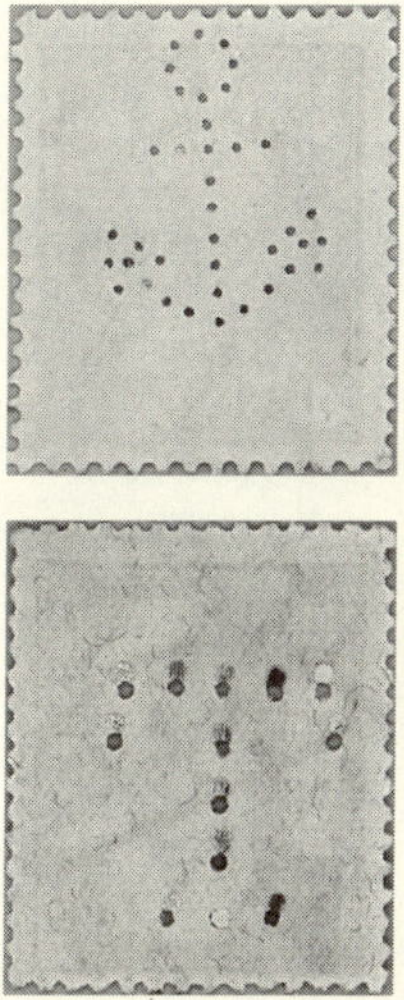

穿孔切手（上）海軍、（下）タキイ（瀧井）種苗

穿孔切手は、切手の表側は図案が切手の図柄のためにはっきりしないことが多いので、どうしても裏側ばかり見るようになる。穿孔切手の収集家は「切手の裏側を集める」ふしぎな存在となるのである。

穿孔切手は企業が各自機械を備えつけて自社の穿孔をほどこすわ

盗用防止と消印の手間を省いた、プリキャンセル切手

けで、この機械があまり普及しなかった時期には、別途の予防策が講じられた。わが国の郵政当局が、切手印面に簡単な記号等の押印をすることに寛容であった時代には、穿孔のかわりに、ゴム印で種々の記号が押印された時代があった。この押印切手は、外国商社で用いられることが多かった。押印のかわりに、エンボス、つまり浮き出しがほどこされたこともあった。しかし、押印やエンボスは、切手印面を不鮮明にし、未使用切手か使用済み切手かがはっきりしないため、穿孔切手に統一されたのである。

再使用のおそれがないプリキャンセル

盗用防止策としてアメリカで一般的に用いられているのは、プリキャンセルである。これは、郵便局であらかじめ局名を印刷してある切手を企業に売り渡すのである。企業はこの切手を貼付して登録してある郵便局に一括して差し出すが、局ではあらためて消印を押さないから、郵便局では消印の手間が省けるわけである。プリキャンセルは、企業内で私用に盗用されることを防止するだけでなく、郵便局での省力化に役立ち、二重の効用がある。

アメリカでは、郵便の能率向上にプリキャンセルがさかんに用いられており、クリスマス郵便のような、短期間に大量の郵便物が投函されるものについては、企業だけでなく個人に対してもプリキャンセル切手を発売している。これは、再使用の危険性がほとんど存在しないためである。わが国の年賀葉書も昭和三七年のものから、一定期日までに投函されたものは消印を押さないようになったが、これも一種のプリキャンセルと考えられる。これは、年賀葉書の再使用が、まず考えられないからである。

第四章　切手と国家

一　切手小国家列伝

商売じょうずなバチカン市国

ヨーロッパには郵便切手による収入を主要な財源の一つにしている小国が五つほどある。そのなかでも、最も小さい「国家」はバチカン市国である。バチカンはカトリックの総本山ローマ教皇庁の所在地であり、古代ローマのバチカノ丘に建てられた聖ペテロ教会を基とした建物群と、庭園とからなる街区とでもいうべき地域である。

バチカンは面積わずかに〇・四四平方キロメートルで、これは日比谷公園の三倍足らずの広さであり、人口は約一〇〇〇人〔注・八二〇人（国籍保有者六一五人、保有しない居住者二〇五人／二〇一八年一〇月）〕にすぎない。もともとは、ローマ教皇領（教会国家）が、イタリア統一の際全面的にイタリア王国に編入され、教会はいっさいの領土をうしなった。後、ムッソリーニは教会との協調関係を樹立するために、一九二九年にラテラン条約をむす

（右上）バチカンの切手　（左上）バチカン市国／バチカンが発行した切手各種　（右下）堂本印象画伯の万国博切手　（左下）日本風にキリスト降誕を描いた小関きみ子さん作の切手

んで、バチカン市国の独立を承認した。

　バチカンは国といっても、ローマ市内にあり、聖ペテロ広場まではだれでも自由に出入りできるし、聖ペテロ教会や博物館にはパスポートも許可証も必要としない。その他の建物には許可が必要で、出入り口にはミケランジェロのデザインによる軍服を着用し、剣と槍《やり》とで武装したスイス人の衛兵《えいへい》が警護している。

　バチカン市国は独自の切手を発行している。バチカンの郵便局ではイタリアと同じ通貨が通用しているが、バチカンの切手はこの郵便局でしか通用しない。気のきいたローマのペンフレンドは、わざわざバチカンの切手を貼って、ここから投函してくれる。おなじイタリア政府印刷局で製造された切手でも、バチカンのものは数がすくないから、使用済みでも未使用とおなじくらいの値打ちがあって、受取人から喜ばれるからである。

バチカンの郵政当局は――当然責任者は僧職にある――さすがに坊さんだけあって商売がじょうずである。切手の図案は主として宗教的なものである。宗教的なテーマによるミケランジェロやダ・ヴィンチやラファエロなどの作品を描いた芸術切手もすくなくない。気品のある記念切手を年に何セットか発売して、その後にけっして発行枚数を公表しない。駄作を乱発しないのが人気を維持する最もよい方策であることを知っている。

バチカンは、世界各国の切手収集家の関心を集めるために、いろいろな国のカトリック教徒の作品を切手の図案として採用している。たとえば、一九六四年のクリスマスには、日本人の女流作家小関きみ子さんの、日本風俗によるキリストの降誕図を採用したし、大阪万国博にあたっては、堂本印象画伯の作品を登場させている。

子ども向きが多いサンマリノ

世界で最も古く、そして最も小さな共和国であるサンマリノは、イタリアのアペニン山脈にある観光地である。この小国家にも国境らしい国境はなく、イタリア国内とまったくおなじように出入りができ、イタリアの通貨が使用されている。この国の面積は六一・二平方キロメートルで、これは東京都の世田谷区より少し広い程度である。人口は約三万人〔注・三万三八八一人／二〇二三年七月〕で、わが国のマンモス大学の学生数や、大企業の従業員にもおよばない。

サンマリノは、バチカンとちがって、いろいろな話題性のあるトピカル切手を発行して、おおいに国家財政を潤《うるお》している。この国は観光収入と切手の売り上げとが主要な財源だから、少々品位を落としても、売れる切手を発行する必要があるからだ。少々乱発気味のサンマリノ切手は、発行後しばらくしてもあまり値上がりすることがない。

この国の切手は舟とか動物とか怪獣など、主として子ども向きのものが多い。そして低額面のセットは、チョコレート一枚か二枚の値段で、世界中の切手商のショーウインドゥに美しく飾られている。

サンマリノの風景

サンマリノの切手

結婚記念切手が売れたモナコ

モナコはカジノと切手で名の知れた小王国である。正式には王国ではなく、大公国である。ヨーロッパには、モナコのほかにリヒテンシュタインとルクセンブルクという大公国がある。いずれも近代

モナコ切手（上）
レーニエ３世とグレース・ケリー（下）

の複雑な国際関係の結果、隣接の大国に吸収されることなく、独立が認められている小国である。このうちルクセンブルクは、もともと中部ヨーロッパにある程度勢力をふるった時代があり、その名残が隣のオランダに、同名の州として残されている。国内には鉄鉱山があって、経済的にも恵まれている。

　モナコはごく近年まで交通不便な土地で、どちらかといえばイタリアとの便がよかった。モナコが海をのぞくフランス領に三方を囲まれるようになったのは、イタリア統一の際サボイア王国がフランス領に併合されてからのことである。フランスは、国内にイボかホクロのように取りのこされた小国家をなんとか吸収しようと、モナコに圧力を加えたことがある。その結果結ばれた協約によって、もしモナコ王室に男子の後継者が誕生しなければ、現国王をもってモナコの独立は消滅するというのである。

　レーニエ三世が、一九五六年にハリウッドのスターのグレース・ケリーを王妃として選んだ理由は、彼女の美貌《びぼう》にもよるであろうが、彼女が多分男子を産んでくれるだろうという大きな期待のほうが主だったのではあるまいか。この結婚によって、アメリカ人はフランスの横暴を憎んで、小国モナコに同情するようになった。二人を描いた結婚式の記念切手は、アメリカ国内と、ハリウッド映画のファンの存在する多数の国々で、飛ぶように売れたのである。

結婚式の費用にも困っていたレーニエ三世の懐は、たちまちふくれ上がって、華麗な式典の出費を賄《まかな》ってあまりがでたという。

当時モナコの財政に占めるカジノのあがりや切手の収入は、全体の一割にも満たないという。モナコの最大の財源は、年間を通じて客足のおちない観光収入である。多数のホテルが新築され、国際会議が開催され、立派な競技場が建設されている。

とはいうものの、モナコ切手の人気は依然として高く、慎重な発行計画のもとに、フランス製の優雅な切手を年間数回発行している。以前はサンマリノと同様に、お子様向けの低額セットを主体としていたが、のちに航空料金用などの高額切手の販売に切り換えたようである。少数精鋭主義でも収入は増えているはずである。

数を自制しているリヒテンシュタイン

名前のように、ここではドイツ語が使われている。スイスのザンクト・ガレン州の東側に位置し、西はオーストリア領に接している。スイス側からはフリーパスで入国できる。面積は一六〇平方キロメートルで、人口は二万二〇〇〇人〔注・三万九〇六二人／二〇二〇年一二月」である。近年は、この夢のような小国を訪れる観光客が多くなっている。

リヒテンシュタインは、一九一一年まではオーストリアの郵便に依存していた。独自の切手を発行するようになってからも、はじめはオーストリア製のオーストリア切手と見まちがえるような切手を発行していた。一九二一年にスイスと郵便に関する条約を結び、スイス郵便に依存するようになってからは、スイス製の美しい切手に人気が集まった。リヒテンシュタインの切手はその上品な美しさだけでなく、発行枚数や適数を極度に自制しているところに、人気を持続させている秘訣がある。

リヒテンシュタインの住民は主として農業に従事しているが、この国の財源は後年とみにかわってきた。それは、リヒテンシュタインの法人税が極度に安いところから、大企業のなかに本社の所在地を同国内に移すものが増加していることである。同国人のだれかが重役になっていることが条件になっているが、名義を貸すだけのことでかなりの収入になっているらしい。リヒテンシュタインの郵趣事務所には、世界各国からの通信販売の申し込みが集まってくる。その一つ一つに大公国郵政省の封筒でていねいに返信が発送されている。

あなたまかせのアンドラ

アンドラ公国の名は、ヨーロッパ以外ではあまり知られていない。フランス人やスペイン人にとっては、免税の物品を購入できる土地としてお馴染《なじみ》の名前である。

ピレネー山脈はスペインとフランスをわけているが、この山中にポツンと忘れられたようにこの小公国が存在している。どちらからもバスが通じているだけの、人口二万五〇〇〇人〔注・八万八〇〇人／二〇二三年〕の山の中の牧童たちの国である。この国には独自の郵便局も切手も通貨もない。

スペイン発行のアンドラ局切手

フランス発行のアンドラ局切手

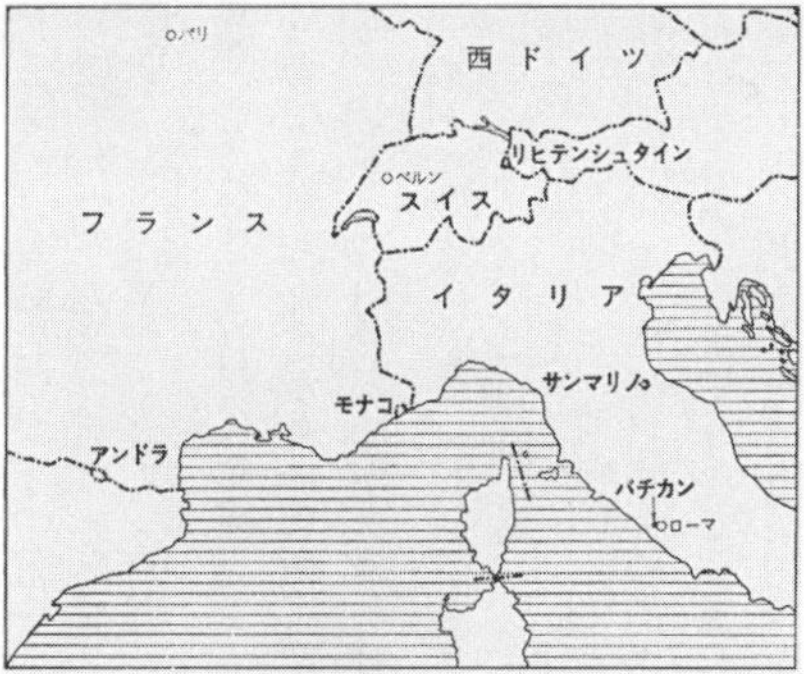

西ヨーロッパの５つの小国

郵便局はフランスの在アンドラ局とスペインの在アンドラ局があって、どちらもアンドラ用の切手を売っている。アンドラの切手というのは、実はアンドラが発行しているものではなくて、フランスのアンドラ局の切手であり、スペインのアンドラ局の切手である。したがって、フランスのほうはフランス通貨が、スペインのほうにはスペイン通貨が記載されている。

まことにへんな国もあればあるもので、あなたまかせの郵便事業というわけである。こういう事情だから、切手発行の傾向もアンドラ独自のものがあるわけはなく、フランスとスペインの傾向をそのまま反映しているだけである。

その他の英領小国

ヨーロッパ以外にも小国はすくなくない。とくにイギリスの植民地や植民地から独立した国家には、こんな小さな国で、こんな小人数の土地で、なぜ独自の切手の発行が必要なのだろうか、と首を傾げたくなるようなケースもよくみかける。切手を発行することによって、独立国家であることを内外に表明する場合もあるし、またある領土の占領や植民地化を宣言することになる。それにもまして、経済的利益をともなうことが多いから、切手を出さねばソンということになるのだ〔注・以下人口は一九七六年当時〕。

アイツタキ島（南太平洋）

面積　一七・二平方キロメートル　人口　二八六四人　切手発行は一九三二年から。

アセンション（大西洋）

面積　八三平方キロメートル　人口　一二三二人　切手発行は一九二二年から。

英領インド洋諸島（インド洋）

面積　五八・三平方キロメートル　人口　五五八人　切手発行は一九六八年から。

ココス（キーリング）諸島（南太平洋）

面積　一二・三平方キロメートル　人口　六三七人　切手発行は一八九二年から。

フォークランド（南アメリカ南端）

面積　一一・三平方キロメートル　人口　一九五七人　切手発行は一八七八年から。

ジブラルタル（スペイン）

面積　六・一平方キロメートル　人口　三万人　切手発行は一八八六年から。

地中海の出入り口に当たる重要な要塞《ようさい》である。面積は千代田区の半分ぐらいだが、人口は稠密《ちゅうみつ》なため、かならずしも超小国ではない。

ナウル共和国（太平洋）

面積　二一平方キロメートル　人口　六五〇〇人　切手発行は一九一六年から。

リン鉱石の産地として有名である。国民の大半は公務員となっており、税金のない天国。わが国との経済上のむすびつきは強く、鹿児島と那覇からナウル行きのナウル航空定期便が就航していたほどである。

ノーフォーク島（南太平洋）

面積　三三平方キロメートル　人口　一六八三人　切手発行は一九四七年から。

ペンリン諸島（南太平洋）

面積　七・四平方キロメートル　人口　六一二人　切手発行は一九〇二年から。

ピトケアン島（南太平洋）

面積　四・三平方キロメートル　人口　八四人

有名なイギリス戦艦バウンティー号の叛乱によって脱走した人たちがたどりついた孤島であった。彼等はここに定住し、子孫をふやした。教会を建て、学校をつくって、小さいながらも文明社会を形成したが、この島が再発見されて世界に知られるようになったのは一八年後のことであった。

現在この島にはわずか八〇人ばかりが住んでいる〔注・五〇人／二〇二〇年七月〕。切手発行は一九四〇年からとされている。けっこう、この数奇の運命を担ったピトケアンの歴史や島の風物を描いたピトケアンの切手は人気があり、島の郵便局と英領切手の大口販売を取り扱っているクラウンエイジェンツの懐を肥《こ》やしている。

一九五七年に発行されたシリーズのなかには、きわめて幼稚な図案上のミスによって話題となった切手がある。この四ペンス切手には、「ピトケアンの学校」と説明されているが、実はこれは教師の住宅である。いくらなんでも、学校にしては狭すぎると同情していた人々は、ホッとしたであろう。さっそく説明文を訂正した切手が発行されたが、このミス事件で、島の郵便局は思わぬ増収をえたわけである。

サウス・ジョージア諸島（南極）

面積　三五〇〇平方キロメートル　人口　二二人　切手発行は一九六三年から。

広大な面積とわずか二二人の住民とのアンバランスに驚かされる。

トケラウ諸島（南太平洋）

面積　九・八平方キロメートル　人口　一六八七人　切手発行は一九四八年から。

トリスタン・ダ・クーニャ（南大西洋）

面積　九八平方キロメートル　人口　二七一人　切手発行は一九五二年から。

一九六一年に火山の爆発により、住民は一時全員が離島し、翌年再入植した。

領有を主張し合う南極地方

北極には南極とちがって大陸はない。あるのは氷塊だけである。したがって、北極の領有を主張して北極地方の切手を発行する国はない。

これに反して南極は大陸であり、いくつかの国が、これの領有を主張するために南極領の切手を発行している。南極の領土を主張してはいるが、そこに住民はいない。住民はいなく

南極領有を主張するために発行された南極切手
(右) フランス
(左) オーストラリア

ても切手だけは発行している。まことにふしぎな話である。もっとも、近年は各国が探検隊を常駐させているから、切手発行のための口実にはなる。探検隊を派遣しているが切手を発行していない国に日本がある。それは、サンフランシスコ講和条約で、南極の領有を放棄しているからである。

南極領土での切手を発行しているのは、オーストラリア、ニュージーランド、イギリス、フランスである。

二　国連切手と両国共用の切手

国内で使えない国連切手

郵便切手を発行する母体はかならずしも国家だけではない。現在ではいくつかの国際機構が切手を発行している。その代表的なものが国際連合である。

国連の本部はニューヨークにある。本来アメリカの切手を使用すべきであるが、国際的な中立性と自立性を確保するために、国連独自の切手を発行している。とはいうものの、国連ビルを一歩でれば米国の領土であるから、国連の切手は国連ビル内の郵便局でしか使用できない。国連と米国政府の協定によって、国連の郵便物は米国郵政当局が取り扱うことになっている。

国連切手は、国連ビル内の郵便局でだれでも自由に購入することができ、だれでも国連切手を貼った郵便物を発送することができる。国連は国連の活動を周知普及するために、毎年数種の記念切手や特殊切手を発行するが、これらの切手は国連郵便局だけでなく、加盟諸国内の外郭団体などを通じて、本部郵便局と同時に発売している。もちろん、その場合は郵趣的目的で発売されるもので、購入者は国内では使用することはできない。国連切手は国連の郵便物を発送するためのもので、かならずしも国際的に共通に使用する性格をもっているものではない。もっとも、そういう性格の切手がいずれは発行されることであろう。

国連のヨーロッパ本部はジュネーブのパレ・デ・ナシオンにある。この建物はかつて国際連盟本部がおかれていたところである。一九六九年以来、スイス政府との間に交わされた協定によって、スイスフランをもって額面を表示した国連切手が発行されている。ヨーロッパ本部の切手は、国連本部とおなじ図案のもので、額面の単位と刷色がちがうだけである。

デザインと「聯合國」という記載

また、スイスには万国郵便連合（ＵＰＵ）、世界気象機関、国際労働機関（ＩＬＯ）、国際電気通信連合（ＩＴＵ）などの国際機関があり、いずれも国連の専門機関となっている。これらの専門機関も、それぞれ独自の郵便切手を使用している。

国連切手は、あらかじめ登録された四〇〇人ほどのデザイナーから公募した図案に対して、本部内に組織されている一二人からなる図案委員会によって検討される。国連切手の図案は、ありとあらゆる加盟国のデザイナーから寄せられる。特定の国家のシンボルや宗教などを表すものは除外され、あらゆる国家・民族・宗教に共通のデザインが使用されている。したがって、どうしても抽象的なデザインが採用になる。その結果、抽象的なグラフィック・デザインを特技とする北欧系のデザイナーが入賞し、すぐれた国連切手として評価される場合が多い。抽象的デザインが比較的不得意な日本人作家が入賞することはめずらしく、また切手となった後もあまり高い評価を受けることが多くない。

国連切手には、国連の公式用語である英語・フランス語・スペイン語・中国語・ロシア語をもって国際連合の名称が記載されている。そのうちおもしろいのは中国語で、国連創立以来「聯合國」（最近では聯合国）と記載されていることである。わが国では、第二次世界大戦中の枢軸国に対する米英ソなどを連合国と称していたので、たしかに国連は連合国を中核として形成されたものであるが、日本など旧連合国以外の諸国家が多数加盟した現在でも「聯合國」と記載されているのを見ると、奇異な感じをいだくのである。

その他の国際機関の切手

国連切手の売り上げは年間三〇〇万ドル前後に達しているが、これは国連の収入の約五〇分の一に相当し、ガイド等の雑収入の内では重要な割合を占めている。

オランダ政府は、ハーグにある国際司法裁判所の公用切手を一九三四年以来発行している。これは、オランダ政府が同裁判所の存在と活動とを高く評価して、特権郵便制度を設けているためである。切手にはオランダ語で国際司法裁判所と記されている。

フランスにはヨーロッパ統一機構（ＥＦ）の本部があり、またユネスコの本部がある。フランス政府はこれらの機関のための公用切手を発行している（左上図版参照）。

ユネスコの切手

両国共用の切手

ヨーロッパにはアンドラ公国のように、自国の切手を発行しないで、スペインとフランスで発行しているアンドラ地区切手を両方とも使用している国があるが（一二三〜一二四頁参照）、この話のように、ある切手を二国家のいずれでも使用できるというような例はめずらしい。

たとえば、一九六五年にユーゴスラビアとブルガリアで双方おなじ図案の切手が発行されている。両方の国名と双方の価格が表示されたこの切手は、ダニューブ河に鉄門ダムを建設して水力発電所をつくることを記念して発行されたものである。この場所には河中にアダ・ケラーという小島があるが、この小島は中世以来にアラブ勢力のドイツ帝国に対する前哨地点として重視されたところである。アダ・ケラー島の住民はアラブの後裔《こうえい》で、それを誇りにしていた。

鉄門ダムは、ユーゴ、ブルガリア両国にまたがるもので、これの建設は両国の友好協力関係を象徴するものとして歓迎された。そこでダムの光景を図案にしたこの記念切手は、両国で自由に使用できるという思い切った発想のもとに発行されたのである。

郵便史上にもめずらしいこの記念切手には、四枚組み合わせの小型シートが同時に発行された。小型シートの切手はユーゴの紋章を描いたもの二枚と、ブルガリアの紋章を描いたものの二枚から構成されているが、実のところ（実際にはまずないことだが）表された紋章の国でしか使用できなかった。つまりどちらか一方の国内では、小型シートの切手の半分だけが有効であったわけだ。二ヵ国の切手を組み合わせた小型シートという新例をも、つくったわけである。

鉄門ダムの完成によって、アダ・ケラー島は水没することになった。このめずらしい切手の発行によって全世界に名を知られるようになった同島の郵便局は、一九六九年一〇月一九日をもって永久にその活動を停止した。

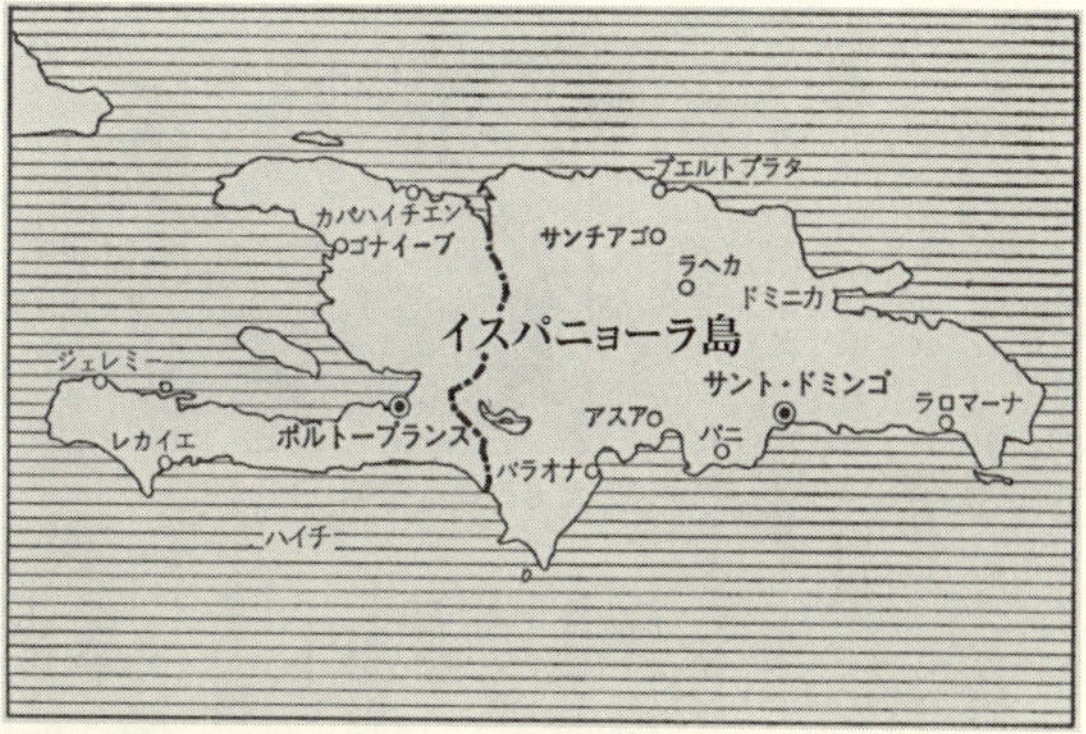

イスパニョーラ島

三　切手と国際紛争

ドミニカとハイチ

切手が国際紛争の原因になることがある。実際には、問題の切手が発行される以前に紛争の要因がすでに存在しており、切手はその火つけ役を演じることになるのである。

紛争切手の好例として、しばしば引き合いに出されるのは、一九二八年に発行されたドミニカの航空切手である。この切手には北アメリカのイスパニョーラ島の地図が示されている。この島は北海道よりちょっと小さいぐらいの大きさで、島の約三分の二弱がドミニカ共和国、のこりの三分の一強がハイチ共和国となっている。一つの島を二つの国で分割していれば、どうしても紛争が起きやすい。両国ともスペインやフランスの植民地と

ドミニカの航空切手　1928年

しての歴史を経験しているが、人種構成や言語がまるでちがっているのも、仲が悪い原因である。

ドミニカ共和国は白人二八パーセント、黒人一一パーセント、混血六〇パーセントの中南米タイプの人種構成で、言語はスペイン語で、スペイン文化の影響がつよいのに対し、ハイチ共和国は黒人共和国と呼ばれているように九〇パーセントが黒人で、のこりの一〇パーセントも黒人とのハーフである。言語はフランス語で、フランス統治時代の影響がのこっている。首都の名をみてもドミニカがサント・ドミンゴとスペイン風であるのに対し、ハイチはポルトープランスとフランス風である。

当然両国は建国以来紛争を繰り返している。ドミニカは、一八〇一年と一八二二年にハイチによって占領された経験をもっており、ハイチに対する怨念《おんねん》がふかい。両国とも強力な独裁者が存在しないときは政情が不安定であり、二〇世紀に入ってからは、アメリカの干渉を受け、ながくアメリカ海兵隊の占領下におかれていた。

さて、この航空切手はドミニカ領を実際よりもかなり拡大しており、そのためハイチは今にも海に突き落とされそうになっている。当然ハイチ人の敵愾《てきがい》心を駆りたて、両国国境ではいくども衝突が勃発した。一九三七年にはドミニカ側がハイチ領に侵入して大殺戮《さつりく》を行うような事件まで発生したのである。

その後アメリカの斡旋などによって、両者の友好関係が促進され、紛争は緩和された。ドミニカはサント・ドミンゴ発見四五〇年の記念切手（一九四六年）において、正常な国境を描いて、過去の不当な要求を訂正したのであった。

「独島」の切手

「独島」切手

竹島は島根県隠岐島の北西約一六〇キロメートルの沖合にある無人島である。付近が好漁場であるところから、古くから日韓両国間で領有について係争関係にあったが、明治三八年（一九〇五）に最終的に日本領となり、島根県隠岐郡に属したのである。

第二次世界大戦後、昭和二七年（一九五二）に韓国が主権を宣言し、同島を占領、日本側の調査船に発砲するなどの事件がおこった。韓国では同島を独島《トクト》と呼んでいる。そして対日強硬論をもって国内の統一を目論《もくろ》む李承晩大統領は、竹島問題を大きく採りあげ、世論を煽《あお》ったのである。

その一つのあらわれが、昭和二九年九月一五日に発行された三種の独島切手である。韓国国民の同島に対する関心を喚起するために発行された独島切手には、竹島の全景が描かれ、ハングル（諺文）によって「大韓民国郵票・独島」と記されていた。

この切手の発行は、竹島の領有を全世界に宣言したものであった。独島切手は宣伝用切手であったため、通常切手同様に大量に製造され、九月一五日以降、日本向け郵便物にも貼付されてきた。また、この切手の発売については、ＡＰ電などによっていちはやく新聞紙上で報道され、切手そのものは話題の切手として、切手商やデパートの切手売り場などでかなりの量が販売された。

これに対する政府の対応は、きわめておそくなってあらわれた。切手発行後二ヵ月もたった一一月一九日になってから、韓国に対する外交上の抗議と、万国郵便連合への異議申し入れと、この切手を貼付した郵便物の一括韓国返送などが決定されたが、具体策について検討がすすめられている間に吉田内閣は総辞職し、この切手に対する処置はなんら実行に移されなかった。

わが国は竹島の領有権問題に関して、国際司法裁判所に提訴を主張して来たが、韓国側に拒否されており、一九六五年調印の日韓基本条約でも、この問題は未解決のまま棚《たな》上げされている。

満州の建国と中国郵政の存続

昭和六年九月一八日に起きた柳条湖事件に端を発した満州事変は、日本軍の満州全域の占領によって一応終了し、翌年三月一日、清朝最後の皇帝溥儀《ふぎ》を執政とする満州国が建国された。満州地方は東三省、すなわち黒竜江、吉林、奉天と熱河省にまたがる地域である。

中華民国政府は事変勃発とともに、国際連盟に対して、日本の侵略行為を提訴したので、連盟はリットン調査団を派遣して実状を調査させた。その報告に基づいて、日本を非難する決議が採択された。そのため、ついにわが国は国際連盟を脱退するにいたり、爾来国際的に孤立するようになったのである。

さて、満州国建国後も引き続いて中国郵政が実施されていた。すでに日本軍の占領下に独立を宣言した新政権が樹立されていたにもかかわらず、中国郵政当局がそのまま活動を続けていたことをいぶかしく感じる人も多いことと思うが、これには中国郵政の特殊事情が存在する。

もともと中国では、鉄道や通信事業に外国資本が投下されていた関係から、軍閥間の抗争のような内紛にあたっては、中立的立場を堅持していたのである。たとえば、南満州鉄道つまり満鉄は、ロシアによって建設され、日本に移管され、沿線は治外法権によってわが関東軍によって警備されていたのである。

中国郵政には多数の外国人が雇用されており、満州地方の郵政責任者は奉天郵政管理局長のイタリア人ポリチーであった。中国は満州国の独立をあくまでも拒否していたから、政策上も中国郵政の存続をつよく主張する必要があった。

国名を付さない「通郵」切手

しかし、独立国家としての体面上からも、満州国独自の郵政を確立する必要があったから、一九三七年七月二四日をもって、中国郵政の撤廃と従業員の引き上げを要求した。ここについに中国郵便局は閉鎖されたが、満州国側にはただちに引き継ぐ準備ができていなかったから、当座まず在満日本局をもって業務を開始し、日本政府で準備した満州国切手を発行し、順次満州郵政の確立をはかったのである。

満州で使われた「通郵」切手

ところで、中国側は満州国を認めない立場から、当然の結果として満州国で発行された一切の郵便切手を認めないこととした。これでは満州地方住民の大半を占める中国系住民と中国本土との通信が断絶することになり、政策上の問題とは別個に、この問題を解決する必要が生じたわけである。

そこで、中国側との交渉の結果、満州国名を付さない郵便切手の発行によって、満州からの郵便物を受け付けることとなった。こうして誕生したのが「通郵」切手である。この切手は、国名のかわりに満州帝室の紋章である蘭花を配したものと、白頭山を描いたものに「郵郵切手を発行した。

政」の文字を記しただけのものである。満州国はその滅亡にいたるまでに、合計二四種の通

公然と入手できなかった中国切手

満州国は日本をはじめ、ドイツ・イタリアなどの枢軸国の承認をえたが、ついに中国・アメリカなどの自由諸国の承認を獲得できなかったため、万国郵便連合への加盟をはたすことができなかった。

中国は満州地方が自国の領土であることを世界に示すために、昭和一四年（一九三九）アメリカ憲法一五〇年を祝って四種の大型切手を発行した。この切手には中・米両国の国旗と、満州地方をふくむ中国の地図が描かれていた。この切手はアメリカン・バンクノート・カンパニーで印刷されたもので、多色刷りの当時としてはかなり派手な切手であった。製造会社がアメリカの会社であるところから中南米でよく見かける米国製の旗切手ときわめて感じの似ているものとなった。

日本政府はこの切手の登場に憤慨した。ただちにこの切手を公然と販売することを自粛《じしゅく》するように切手商に命じたようである。戦時中、米英はもちろんソ連の切手でさえも自由に売買できたが、この切手だけはひそかに入手しなければならなかったし、この切手をもっているコレクターは、官憲の目に触れないよう注意深く、筐底《きょうてい》に秘していなければならなかった

のである。

「日本之興即満洲之興」と書かれた切手

溥儀の切手

アジア号の切手

満州切手の人気凋落

戦時中、満州切手は人気のあるものの一つだった。満州国は数少ない盟邦の一つだったし、かなり戦局が悪化してからも、新切手の入手が可能であったからである。しかもアジア号であるとか、日満支鮮モンゴルの少女を描いたものなど変化に富み、日本切手には見られない比較的斬新なデザインがコレクターの興味をそそったのである。そして、その末期に、日満提携の強化を謳《うた》ったスローガン切手を発行した。この切手は、満州国国務総理の張景恵が「日本之興即満洲之興」、総務長官武部六蔵が「日本の興は満洲の興」と、日本語と中国語で同じ意味の標語を染筆し、二枚の切手を連刷にしたものである。

日本にはまだ連刷切手が発行されていなかった時代であるから、図柄としてはあまりおもしろいものではなかったが、えらく人気のあった切手であった。この切手が発行されて一〇ヵ月目に、ソ連の参戦と日本の降伏によって満州国は地上から抹殺されてしまった。標語の裏の意味である「日本の敗北は満州の滅亡」となったのである。

敗戦後、満州切手の人気は凋落《ちょうらく》した。大量の切手が掠奪《りゃくだつ》され、世界の切手市場に流出した。し、満州地方をソ連軍から引き継いだ中共軍が、さまざまな加刷を施して使用した。中共軍は押収したあらゆる種類の満州切手を再使用したが、それだけでなく関東州では売れのこりの古い日本切手にも加刷を施して使用した。あげくのはてに、昭和一五年に皇紀二六〇〇年を記念して発売されたシールの残品まで見つけて、これに「慶祝蘇聯建軍節卅周年紀念」という文字を加刷して、即席の郵便切手にしたのである。

四　万国郵便連合の誕生

UPUの恩恵

一九世紀の後半には、鉄道と電信の急速な発達によって、国際間の交通と通信が緊密なものになった。ヨーロッパ諸国や西半球の何ヵ国かでは、すでに近代的な郵便制度がスタートしていたが、郵便の国際化は、相互の条約によらなければならなかった。

ペニー・ブラックが誕生して一一年目の一八五一年には、第二回目の万国博がロンドンで開催され、郵便の国際化の必要性が認識されてきた。一八六三年には一五ヵ国の代表がパリに集まり、国際的郵便機構の設立というアメリカ郵政長官モントゴメリー・ブライアの熱心な主張に、原則的に意見が一致した。

さらに一一年後の一八七四年には、ドイツの郵政総監であったフォン・ステファンの努力によって、スイスのベルンで国際会議が開催され、ついに万国郵便連合の設立が決議され、ベルンに本部が置かれることになった。万国郵便連合は当初ジェネラル・ポスタル・ユニオン（正式にはフランス語）と呼ばれ、間もなく、ジェネラルはユニバーサルと置き換えられ、UPUと略称されるようになった。このUPUの略称は、フランス語でも英語でもおなじで好都合である。

万国郵便連合はまったく非政治的な国際組織である。加盟国相互間の郵便物は、発信国の郵便切手を貼ってあれば、自国の郵便切手を貼付してあるものとおなじに取り扱うことになっているし、自国内を通過する他国向けの郵便物を自由に通過させる義務を持っている。たとえばアメリカで投函された郵便物が、イギリスやフランスを経由してドイツへ郵送され配達される場合でも、アメリカでの外国向け郵便料金の切手を貼ってあれば、他に転送料も配達料も徴収されることがない。

加盟国相互間の郵便料金は低料金となり、国際間の郵便は簡便なものとなった。UPUは近代文明の最大の恩恵の一つと考えられるものである。

UPU日本加盟50周年記念切手に描かれた前島密（1927年）

日本が加入した記念日

わが国は、早くも明治一〇年（一八七七）にUPU第二八番目の加入国となった。昭和五二年はそのちょうど一〇〇周年に当たっている。UPUへの加盟によって、わが国は近代国際社会への仲間入りができたのである。明治三五年には加盟二五周年を祝って、わが国最初の記念絵葉書が発行された。五〇周年に当たる昭和二年には四種の大型記念切手が発行され、七五周年には二種の美しいグラビア切手が売り出された。

当然一〇〇周年には盛大な祝典と記念切手の発行とが予定されているが、ここで難問が発生した。すなわち、何日をもって加盟の記念日とするかということである。

万国郵便連合の規定によると、(1)加盟申請があった場合、(2)これを加盟諸国に回章して、異議の有無をたしかめ、(3)六週間以内に異議の申し立てがない場合に、(4)正式に加盟手続きをとることになる。

従来、わが国ではこのうち(3)の日付をもとにして、二月一九日をもって記念日としていた。しかし、これでは正式加盟の記念日とするには妥当でないと考え、一〇〇周年記念行事は(4)の六月一九日を採用することになったのである。このような国際機構への加入手続きは複雑で、その加入記念日の設定にあたっては、慎

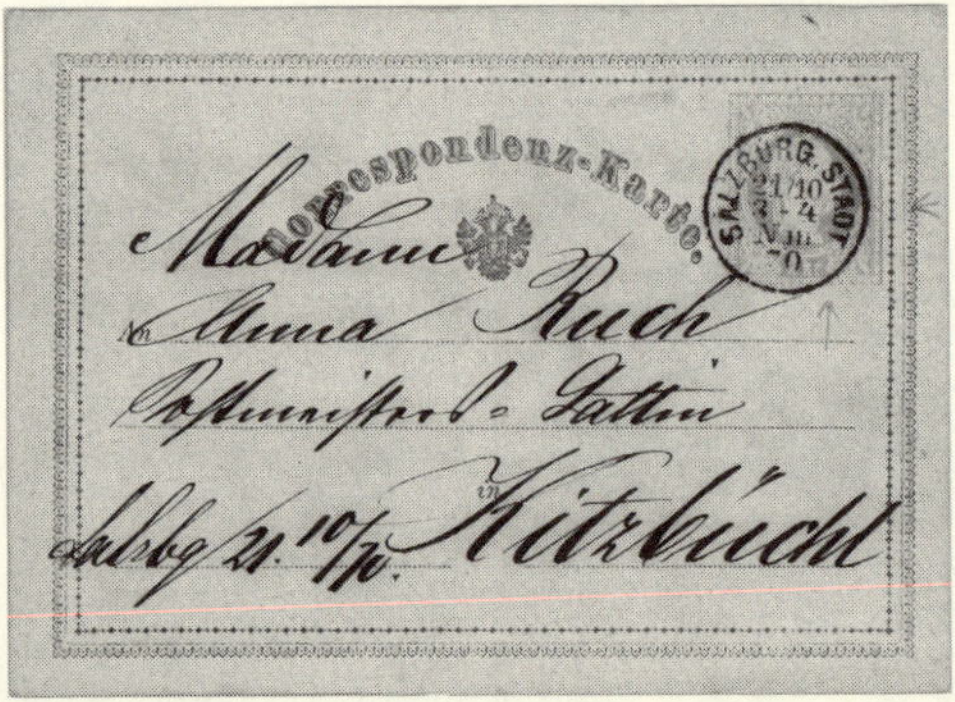

最初のはがき　オーストリア

重な考慮が必要なわけである。

とにかく、わが国は郵便創業六年にして、誕生の日まだ浅い万国郵便連合に加盟し、欧米先進諸国およびその植民地との間に、自由に郵便を交換できるようになった。これによって、在日外国郵便局残置の理由はなくなったわけである。すでにアメリカは好意的に日米郵便交換条約によって、明治七年末をもって在日局を閉鎖していたが、治外法権を楯にとって在日局の閉鎖を拒んできたイギリス局とフランス局も、明治一二、三年にあいついで引き上げるにいたり、わが国の郵便主権は確立したのである。

はがきの採用と色で料金を見わける切手

万国郵便連合の第二回大会議は明治一一年（一八七八）に、パリで開催された。会議にはわが国からも代表が出席した。この会議で国際郵便はがきの採用が可決され、わが国では翌一二年六月に早速これを発行した。

はがきの歴史はごく新しく、一八六九年にオーストリアで発行したものが最初であり、わが国では前島密の命名によって「郵便はがき」として、切手発行にわずかに四年おくれて二つ折りのものが発行された。はがきの名は古文書などの端書（はしがき）などを考慮して、ポスト・カードの訳語として考案されたものである。いちじ「端書」となったが、やがて「葉書」に安定した。

はがきは、内容を秘密にするほどでないものに便利であるところから、世界的に流行したが、とくにわが国では年賀状から各種挨拶状、商業広告や官公庁の通知にいたるまで、非常に幅広く利用されてきた。

万国郵便連合では、貼付された郵便切手が適切な料金であるか、否かを簡単に知るために、書信用料金の切手には青色、はがき用には赤色、印刷物用には緑色の切手を使用するようにさだめた。このルールはたいへん便利なものであった。国際郵便の受信国は、いちいち発信国の郵便料金表を確認するまでもなく、貼付切手が適正であるかどうかを知ることができ、不足の場合はⓉマークを押して金フランに換算した不足料金を受信者から徴収できたのである。

わが国では明治一六年に発行された三種の小判切手以来、この原則を昭和切手発行にいたるまで遵守してきた。

国際返信券の出現

万国郵便連合が結成され、加盟諸国は自国の郵便切手を貼れば、自由に郵便物を送ることができるようになったが、返信をもとめる場合は、相手国の郵便切手をあらかじめ何等かの方法で入手しておいて、往信に封入するか、別途送金する以外には、万国郵便連合条約によって認められていた往復葉書を利用するしか方法がなかった。

増大する国際間の郵便業務をより便利にするために、イギリス郵政当局は、一九〇六年にローマで開催された万国郵便連合の大会に、国際返信券制度の実施を提案したのである。この提案は大会で採択され、翌年一〇月から加盟諸国間で実用されることになった。

このクーポンは、あらかじめベルンにある万国郵便連合の国際事務局で印刷準備され、加盟諸国の要請によって交付された。

利用者は自国の郵便局でこのクーポンを購入して往信に封入する。このクーポンを受け取った者は、最寄《もよ》りの郵便局で返信用の切手を交付してもらえるという仕組みである。受取人が郵便局から交付される切手は、二五金サンチーム（一金フランの四分の一）、または返信用の書状料金相当の額面のものであった。

この国際返信券の出現によって、国際間の郵便の往復はきわめて合理的なものになり、安価な手数料を支払うだけで、だれでも簡単にクーポンを入手できるようになった。外貨の割り当てとか、通貨の交換レートの計算のようなものはいっさい存在しない。まさに万国郵便連合の偉大な存在価値の一つと考えられるものである。

ポンチ事件の教訓

しかし、この制度が実施された初期においては、多少の不備が存在していたために、それが不当な利潤追求の手段に悪用されたことがある。その著名な事件は、アメリカにおけるチャールス・ポンチの事件であった。ポンチはイタリア生まれの天才的詐欺師《さぎし》であったが、一九一九年に、たまたまスペインから送られてきたクーポンを手にして、たちまち大金獲得の方法が閃《ひらめ》いた。そのクーポンはアメリカの郵便局で、外国向け郵便料金の五セント切手と引き換えられるのであるが、スペインで発売された金額をアメリカの通貨に換算すると、わずかに一セントにすぎなかった。

1919～20年頃のアメリカの5セント切手

なぜこのようなことになっていたかというと、スペインの通貨ペセタの対ドル相場が低かったことと、スペインにおける対米郵便料金が低かったことによるのである。とにかく一セントが五倍の五セントの価値を生ずるわけであった。

これに目をつけたポンチは、スペインの国際返信券を大量に買い付けた。そして、その資金を集めるために、「四五日で五割増、九〇日で二倍の利殖法」というキャッチフレーズで、投資家から金を集めはじめた。集めた金でクーポンを買って、五倍の利益をあげたから、三ヵ月で一〇割の利息を払っても、なお莫大な利潤が残る。彼はみるみるうちに大金持ちになり、ボストンの名士にのし上がった。しかし、彼が資金集めに新規加入者がさらにまた新しい加入者を増加させてゆく鼠講《ねずみ》式会員拡大方式を採用したことが躓《つまず》きとなり、ついに官憲に逮捕されるにいたり、ポンチのボロイ商売は破産してしまった。

これ以後、国際返信券が不正行為に使用されることがないように、たとえば、使途が不審な場合は大量の購入を認めないなどの処置がとられるようになったのである。

第五章　切手のミス

一　図案全体や文字のミス

図案のとりちがえ

各国とも切手原画の作成にあたっては充分慎重を期している。しかし、数ある切手のなかには、許しがたい図案上のミスを犯《おか》してしまったものが、稀に存在している。ここでとりあげるのは、どこまでも図案上のミスであって、切手製造過程で発生した刷色の誤りや、多色刷り切手の一色落ちとか、逆刷りなどは第三節にゆずることとする。

図案上のミスのなかには、図案全体が誤っているものと、図案の一部がちがっているものとがある。

前者の代表的なものは、アメリカ統治時代にフィリピンで発行された一八センタボのパサニャン滝の切手である。この切手はアメリカで印刷製造されたものだが、うっかりアメリカのカリフォルニア州ヨセミテ国立公園のバーナルフォールの滝を原画に描いてしまった。これは原画作成の段階で、資料の滝の写真がまちがってデザイナーの手もとにとどいたためにひき起こされた大失敗であった。

一八九七年は、ニューファウンドランドがジャン・カボットによって発見されてから、ちょうど四〇〇年に当たっていた。またこの年は、英国ビクトリア女王の治世六〇年にも相当していたので、両者をあわせて一つのセットにした記念切手を発行した。そのうち二セントはジャン・カボットの肖像を写したもので、肖像の下にニューファウンドランドの発見者という意味の説明文まで付けられていた。

だが、このもっともらしいご老人はカボットその人ではなく、息子のセバスチャン・カボットであった。これも原画の選定にあたって、親と子とをまちがえたのである。そして思いもかけず、このホルベインの作品が切手に登場することとなった。

このような例は、それからちょうど五〇年後にオーストラリアで起きている。一九四七年は、ニュー・サウス・ウエルズ州ニュー・キャッスル市の建設一五〇年に当たっていた。英本国においてと同様、ニュー・キャッスルは石炭の産地である。この記念切手は、同地方の発見者ジョン・ショートランド中尉と、鉄鋼業と石炭の積み出し光景を描いた三種からなっているが、この中尉殿が実はニセ者であった。というのは、この肖像は彼の父親のものであったのだ。

逆写しのミス

全体としては誤りではないが、鏡写《かがみ》しになったものがある。ドイツのインフレーション時代初期の炭坑夫の切手は、描かれた二人ともに左利きであった。また一九四九年にインドで発行された独立後最初の通常切手シリーズの一アンナ切手は菩薩《ぼさつ》像を描いたものだが、菩薩の向きが逆であることが発売と同時に指摘された。インド政府は正常な向きのものに訂正した切手を翌年発行しなければならなかった。これは、多分裏返しに焼きつけられた資料の写真によって、原画が作成されたためであっただろう。

旧英領インドの独立にあたって、イギリスはそれをヒンドゥー教徒のインドと、回教徒のパキスタンとに分割してしまった。この二国はその後ながい間対立をつづけており、カシミール問題や東パキスタン（バングラデシュ）の独立問題などを惹起《じゃっき》した。しかしミス切手に関しては仲よく、それぞれ独立最初のシリーズにお目見得している。それも同じように逆写しのミスである。

パキスタンの場合には、星と新月の国章の向きが左向きになっていたため、この国章を主題とした低額切手や、国章を図案の一部に採用している切手が、翌年早速図案修正を加えられた。

タツノオトシゴの学名を間違えた、
バルバドスの切手

文字の誤り

図案の説明文や国名、額面などの文字の誤りは意外に多い。なかでもミスを起こしやすいのは、海外の印刷工場で切手が製造された場合で、原画作者や製版に当たる者が、見知らぬ異国の文字に対して、正確な表現をすることができない場合がある。香港の切手には、ミミズがのたうったような漢字が記載されていた。弍が戔となったり弌となっているのもあるし、壹は壺に近い形になっている。これは、イギリスの原画作家が漢字をまったく知らなかったために発生したミスである。これと同じケースは、パキスタンで一九六一年に発生した。新貨幣制度に切り換えのため多少急いでいたためであったかもしれないが、ベンガル語の国名表示をなんと「シヤキスタン」としてしまったのである。英語のRを裏返しにしたようなベンガル語のPとSはたいへんよく似ているための誤りである。

このような失敗はしばしば見かけるところである。たとえば、シリアでは一九六〇年に外国軍隊の撤退を要求して「われ等は完全なる独立を要求する」とアラビア語と英語で記した特殊切手を発行したが、この英語のNがすべてИとなっている。シリア切手のアルファベットのレタリングはなんとなく不確かで、大文字と小文字との区別が明瞭でなかったり、ちょっと読み取りにくいものなどがある。どうやらシリア郵政当局には、あまり英語やフランス語に明るい人物がいないのではないかと疑わせるものがある。

切手図案の説明文のミスのなかで起きやすいのは、植物や動物などを主題とした切手の難解な学名と、人物の名前である。英領バルバドスでは、一九六五年に魚や貝などを描いた多色刷りの美麗《びれい》な通常切手のシリーズを発行した。三セントはタツノオトシゴを図案としたものだが、この学名をHippocampusと綴ってしまった。翌年nをmと訂正したものが発行されている。

文字の誤りで忘れることができないのは、正確な国語の保存に神経質なまでの熱意を注いでいるフランスにおけるデカルトの「方法論序説」事件である。この切手は、この名著の刊行三〇〇年を記念して発行されたもので、デカルトと本書の内扉が描かれている。

ところが、肝心《かんじん》の名著の題名がまちがっていた。「方法論の序説」(de)とすべきところを、「方法論のための序説」(sur)としてしまったのである。わずか前置詞一つのことであるが、これは重大な誤りであった。

フランス郵政省は非難にこたえるために、正しい書名を記した切手を即刻発行しなければならなかったのである。

デカルトを描いた切手（右は書名まちがい）　フランス

ジャンニーニの肖像切手（名前の誤植を訂正したもの）　アメリカ

人名のミス

人名のミスもしばしば起きている。一九七三年、アメリカで二一セントの通常切手として、銀行家アマデオ・ジャンニーニの肖像切手の発行を準備した。発行に先立って新切手の図案を発表したところ、ジャンニーニの名前がアメデオになっていることがわかり、大さわぎになった。結局、すでに印刷された四〇〇〇万枚の切手は破棄され、改めてアマデオと訂正したものを発行した。

どこの国のデザイナーにとっても、外国人の人名はなかなか正確に把握しにくいものである。とくに、日本人の名前は親しみがないためか誤られることがある。

ドミニカ共和国で、メルボルン大会でのオリンピック・メダリストを顕彰するために発行された切手に、二〇〇メートル・ブレストで優勝した古川勝選手のローマ字が「マウル・フルカワ」になっている。「マウル」は明らかに「マサル」の誤りである。

二　図版の一部が誤っている切手

コロンブス切手の例

切手の図案の一部が誤っているものの例をあげるときりがないぐらいである。切手のデザイナーは切手原画の作成にあたって、必ずしも充分な資料を与えられるとはかぎらない。またデザイナーの芸術的才能の発揮《はっき》によって、郵政当局を当惑させることもおきることがある。

一八九三年にアメリカは画期的な記念切手を発行した。これは、コロンブスのアメリカ大陸発見四〇〇年を記念して、シカゴで開催された世界コロンビア大博覧会の開催に際して発行されたもので、一セントから五ドルまでの一六種類、当時の額面が合計一六ドル三四セント、今日〔注・一九七六年〕のカタログ価格が約三九〇〇ドル（約一一三万円）というシロモノである。

このアメリカ最初の記念切手は、いずれも歴史名画から図案をとっている。一セントはポーウェルの絵で艦上から新大陸を望見するコロンブスを描き、二セントは、その数時間後上陸するコロンブスを描いているバンデルリンの作品をもとにしている。ところが、一セントのコロンブスは、きれいに髭《ひげ》を剃《そ》っているのに、二セントの切手には立派な髭をたくわえている。どうやら切手のデザイナー氏が、原作に少し修正を加えて切手の原画にしたものらし

望遠鏡をのぞくコロンブス

コロンブスの記念切手　アメリカ

間違えて「マシュウ号」が描かれてしまった切手

い。

また、この記念切手セットの三セント切手は、コロンブスの旗艦「サンタ・マリア号」として描かれているが、これは実はカボットの乗艦「マシュウ号」であった。

コロンブスでは、いまだにコレクターの間で大きな関心を持たれているミス切手がある。それは、英領セントクリストファー・ネービスで発行されたものだ。この切手にはコロンブスが望遠鏡を手にして陸地を望んでいるところが描かれている。望遠鏡は通常ガリレオが発明したことになっているが、それ以前にも先駆的なものは存在していた。

それにしても、すくなくともコロンブスが新大陸を発見してから一〇〇年近くも後のことである。とにかく、コロンブスの時代にはまだ望遠鏡は存在していなかったわけである。時代錯誤もはなはだしいという、世界中の切手収集家の抗議にも同島の郵政当局は、いっこうに耳をかさない。そして、一九〇三年以来、繰り返しこの図案を切手に用いている。「これは紋章であるから、かるがるしく変更できない」というのがそのいい分なのである。

それにしても、ずいぶんといいかげんな紋章を公式に採用しているところもあるもので、この紋章の作製者も制定者も、相当歴史のほうの知識の足りない人たちばかりだったわけだ。

開通記念切手の例

ミス・ワールドといっても、美人コンテストでなく、デザイン・ミスのコンテストを開けば、まずトップを占めるのは、このイタリアで発行されたシンプロン・トンネル開通五〇周年記念切手であろう。

この切手では、もくもくと煙をあげてトンネルから出てくる蒸気機関車と、左端の道路に馬車が駆けているところが描かれている。汽車と馬車で、トンネルの開通によって新旧交通機関の交替があったことを表現しようとしている図案で、一見、記念の趣旨にふさわしい図案と思われるが、実はこれほどミスだらけの切手はめずらしいものである。

まず第一に、シンプロン・トンネルは全長一万九八〇〇メートルもあり、開通当初から電化されていたから、蒸気機関車はまったくのデタラメである。第二に、このトンネルは左側

シンプロン・トンネル開通記念
イタリア

北陸トンネル開通記念　日本

通行であったから、この切手の列車はトンネル内で当然正面衝突を避けられない。第三に、トンネルの脇には切手に描かれたような道路は存在していない。第四に、切手の馬車はなんと一七世紀にイギリスで用いられたものであって、二〇世紀初頭にアルプスで用いられたものではない。

おなじ年にスイスでも、シンプロン・トンネル開通五〇年を祝った切手を発行しているが、こちらのほうは、事実を忠実に表現している。どうもこのイタリア切手のデザイナー氏は、空想力のみで原画を作成したものらしい。

鉄道切手では、日本の郵政省もにがい思いをしたことがある。昭和三七年に北陸トンネル開通記念の一〇円切手が発行されるやいなや、囂々《ごうごう》たる非難が鉄道ファンの間からおきたのである。第一に、架線が全然ちがっていたし、特急「白鳥号」の構造が何ヵ所か誤っていた。相違点を全部で一〇以上も指摘した熱心な人さえいたほどである。

鉄道切手のファンには、とくに年少の人たちが多いから、教育的影響を考えて、図案を修正したうえで再発行すべきだという提案が出されたが、郵政省はとうとうそのまま八〇〇万枚を売ってしまった。

こういう開通記念の切手は、実際に列車が運行される以前に製作されなければならないから、不充分な資料や完成予想図をもとに原画を作成しなければならない。この切手は、そういうやり方が裏目に出たわけだが、鉄道に明るい人のアドバイスがあれば、これほど現実からかけ離れた図柄にはならなかっただろう。

会場の建物のミス

中南米の大統領にとって、アメリカ合衆国を公式訪問して、議会で演説をすることは、かなり名誉なことであるらしい。それはまた、国民に自己の政治力を顕示するのに非常に役に立つものであるようである。したがって、もしこの「歴史的事件」を郵便切手の図案としてひろく国民に使用させれば、国民は自国の大統領の権威をいやでも感じるわけである。

ニカラグアのソモザ大統領は、一九三九年にアメリカを訪問し、上下両院合同会議で演説の光栄をえたことを祝って、「アメリカ上院にて演説するソモザ大統領」の図と銘《めい》打った記念切手を発行した。切手には上院とあるが、実はこの会議場は下院で、説明文は明らかに誤っている。彼にとってみれば、上院のほうが下院より権威があると思ったのかもしれない。

ソモザはラテンアメリカきっての資産家であり、一九三六年にニカラグア大統領に就任すると、同国の軍と政府とを一手に握り、暗殺された一九五六年までの二〇年間、独裁的権力を一手におさめていた人物である。

第１インターナショナル100年記念　中国

外国の建築物に対しては、なかなか正確な知識を得にくいものである。一九六四年の東京オリンピック大会や一九七〇年の大阪万国博を記念して発行された数多くの切手のうちで、日本建築、とくに五重塔などを描いたもののなかには、ずいぶんとひどいものがある。

第一インターナショナル一〇〇年を記念して発行された中国の切手には、赤旗とマルクス・エンゲルスと第一回大会を開催した建物が図案とされていたが、これはデザイナーの研究不足で、切手に登場した建物は会場ではなかった。このことに気がついた中国郵政当局は、二ヵ月後、突然販売を中止した。

髪の分け目がちがった例

髪の分け目がちがって描かれたことによって非難をうけた切手があった。それは第二次世界大戦の開戦に近い頃フィリピンで発売されたホセ・リサールの肖像を主題とした二センタボの切手である。それまで、この独立の志士の切手は、すべて顔の左側に分け目がついていたし、一般の肖像画でもそうであった。

シューマンの肖像　背景にシューベルトの楽譜を誤掲載　右が修正後のもの

どういうわけか、エレーヌ・ロウランサンの描いたものだけが、その反対に右側で分けていたのである。しかしどうやら、これは異例の作品にとどまったようで、それ以後この型のものは出現しなかった。

戦後、同じ髪の分け目の問題がトーマス・マンに関して起こされたときは、事態はもう少し深刻であった。この著名な現代ドイツ文学の巨匠の死去一周年に当たって、西ドイツでは一九五六年八月一一日に左分けの切手を発行したが、その翌々日には東ドイツで右分けのほうを出した。そこで、はたして右か左か、西か東か、自由主義か社会主義かという大きな論争に発展してしまった。だいたいマンの写真はどれも顔の左側で髪を分けているから、当然西ドイツの切手が正しく、東ドイツのものは誤りとなる。東ドイツのマンは、写真を裏表に焼き付けたためにもたらされたものと推測されている。

東ドイツは、これで連続二回つづけて大きなミスをしでかしたことになって、面目まるつぶれであった。というのは、これより一ヵ月足らず前の七月二〇日に、シューマンの死去一〇〇年を記念して、シューマンの肖像に彼の自筆の楽譜「さすらい人の夜の歌」(ゲーテの作詩)を配した二種の切手を発行したが、この自筆の楽譜が、なんとシューベルトのものであったのだ。この大失態に驚愕《きょうがく》した東ドイツ政府は、三日後にいったん発売を中止したようなあわてぶりであったが、二ヵ月半後に今度は本当に「自筆」の楽譜を入れたものを再発行してケリがついた。

象とチョウの例

動植物など、本来専門的分野にわたる対象についても、切手デザイナーは図鑑や提供されたわずかな写真や写生などを頼りに切手の原画を作成しなければならない場合が多い。そこで、どうしてもありえないふしぎな切手が出現するのである。

セイロンでは一九三五年以来、何度かセイロン風景のなかに象をとり入れている。ところが、この象は耳の大きいアフリカ象である。インドやセイロンに生息しているのは耳の小さい大人しいインド象である。セイロンの切手はロンドンで製造されているので、こういうミスが繰り返されるのである。

一方、アフリカ象を図案としたガンビアの切手には、一九二二年以来、馬の脚をした象が登場している。しばしば子どもたちまで物笑いの種にするほど有名なものだが、頑固なジョンブルは、「馬脚」をけっして引っ込めようとしないのである。
アメリカ占領下の琉球郵政庁は、ブッソウゲやツノダシなど、南西諸島の生物を図案にした通常切手を発行したことがある。そのうち一三セントのコノハチョウは、ハネの裏側が木の葉に似ており、とまったとき保護色になるめずらしいチョウである。切手にはハネを広げた姿と、木の枝にとまったところを表している。しかしせっかくの多色刷り切手も、図案にミスがあり、修正を要求されたのである。それは、コノハチョウがとまるときに、頭を下にするという習性が表現されていなかったからである。

コノハチョウ　頭を下にしてとまる習性を見落とし。右が修正後

翌年、今度はきちんと頭を下にしたコノハチョウの切手が発行された。これ以後、琉球郵政庁は、動植物、昆虫、貝などの切手図案の作成には慎重になった。

鳥切手の例

日本で現在〔注・一九七六年〕使用されている五円切手は、皇居のお堀にいるコブハクチョウである。この鳥はユーラシア大陸の北部にすんでいて、日本に飛来することは

キジを図案とした航空切手

コブハクチョウ

ない。皇居のコブハクチョウは、西ドイツのハーゲンベック動物園から購入したものの子孫である。

この鳥切手は、鳥を白抜きに描き、なかなか簡素で明快な構成になっている。図案そのものには問題がないのだが、五円切手として採用したことに異議がある。それは、現行切手の発行方針として、低額切手は原則として日本特産の動植物類——秋田犬（二円）、ホトトギス（三円）、カモシカ（八円）、日本ジカ（一〇円）など、高額切手は文化財——はにわ（二〇〇円）、山田寺仏頭（三〇〇円）、吉祥天立像（一〇〇〇円）など、と一応統一されている。あいつぐ郵便料金の値上がりで、従来高額切手だった金色堂（三〇円）や弥勒菩薩（五〇円）などが、低額切手のグループの内に混じるようにはなったが、日本の動植物類と文化財という原則は守られている。したがって、ハーゲンベックから輸入されたコブハクチョウには、通常切手の市民権はないのである。これもひろい意味で図案ミスといえるだろう。

戦後最初に発売された航空切手には、国鳥キジが図案として選ばれた。航空郵便にキジでは、ちょっとシマラない感じであったが、切手そのものは、凹版印刷の割と上品なできのものであった。

それにしても、キジに元気がない。飛べないキジを放り出したという感じである。そのうち鳥にくわしい人から、このキジは飛んでいるキジではないと指摘された。なるほど元気がないわけである。デザイナーはキジの標本をもとにして原図を描いたのである。

三　製造過程でのエラー

「不便な切手」、実は珍切手

図案上のミスではなく、その後の印刷製造上の手落ちから、正常でない、いわゆるエラー切手ができることがある。なにしろすくなくとも数千、数万、多くなれば数億、数十億という枚数を製造するのであるから、その製造にあたって何段階ものチェックをし、また製品が郵便局の窓口から一般市民の手にわたるまでにも厳重な検査があったとしても、それは人間や機械のやることであるから、絶対ということは不可能であり、稀にエラー切手が発売されてしまうのである。

製品検査の厳重さにおいて世界一流といえる日本の大蔵省印刷局〔現・独立行政法人国立印刷局〕工場の場合でも、ごくごく稀にではあるが、エラー切手が検査漏《も》れされ、さらに郵便局の窓口でもあまり不審がられずに、外部に流れ出ることがある。

たとえば、宇治平等院の鳳凰《ほうおう》堂を図案にした三〇円切手の目打もれ（無目打）切手が、昭和三九年に千葉県の船橋局で気がつかずに売り出されていた。局員は目打のついていない「不便な切手」をハサミで切って利用者に売っていた。利用者も、はじめはだれひとり不審に思わず、これを封筒に貼って投函していた。たまたま、このエラー切手を貼った手紙を手にした切手収集家が、発信局をつきとめ、船橋局に駆け込んで、まだ売れ残っていたこのエラー切手を買い占めた。二シート（一〇〇枚）の切手の大半は、だれにもエラー切手だと気が付かれずに、普通の三〇円切手として実際に使用されていたのである。

目打もれした平等院鳳凰堂の30円切手

今どき目打のついていない切手などは、まずないのだから、郵便局員がハサミで切りはなすときに、ふしぎに思いそうなものであるが、そうでないことは、この三〇円切手の例だけではなく、まだいくらか証拠をあげることができる。三円（ホトトギス）、一〇〇円（鵜飼）、一〇円（桜）、一五円（菊）などに無目打切手があるのがそれである。

一般に、エラー切手のなかでよくあるのはこの目打のエラーである。あるべき目打がまっ

東郷元帥

乃木大将

たくついていない無目打エラーをはじめ、シートの一部に目打が欠けているもの、目打機が正常に運転されなかったために、切手の印面にかかったものとか、斜にかかったものなどが存在している。本来検査の段階で不合格品としてチェックされるはずのものである。

目打機械が切手シート全体を一回で目打をつける全型式になる以前には、しばしば横列だけ目打が欠けたものとか、縦列だけ無目打になったものが出現したが、全型式の場合にはオール・オア・ナッシングで、エラーの場合シート全体が無目打となる。

刷色エラーと逆刷りエラー

目打とともに印刷上のエラーも起きやすいものである。第一に刷色の誤り、正常でない色で印刷されたもので、スウェーデンの三スキリング・バンコのオレンジ・イエロー切手をはじめ、古今の珍切手のいくつかがこれに属している。刷色エラーも、それが大量に製造された場合は珍品ではなくなる。第二次世界大戦中、乃木大将の二銭赤色切手を誤って東郷元帥の七銭朱色切手のインキで刷ってしまった。灯火管制下の暗い照明がその原因であったと伝えられている。しかし、朱色二銭は大量につくられたから、珍切手の仲間入りはできない。

印刷段階でのエラーで、しばしば話題をよぶのは、二色またはそれ以上の刷色の切手で、刷色の一部が逆向きに刷られた、いわゆる逆刷りエラーである。初期の切手では、中央の人物や風景などと、周辺の装飾的な図案の部分とが別の色で印刷されるものが、一つの流行になっていた。この場合、シートの向きを逆にして印刷機にかけられると、中央部と周辺部が逆向きになったきわめて印象的なエラー切手が出現する。

アメリカ最初の二四セント航空切手の中央部分が逆さに印刷された、いわゆる「宙返り切手」などは、この顕著な例である。アメリカの印刷工場は、凹版二色刷りの手法を好んで切手に用いたので、初期のアメリカ切手やアメリカで印刷された中南米の切手などに、この逆刷りエラーを見ることができる。

大量生産されるエラー切手

比較的近年にもアメリカで逆刷りエラーで大騒ぎが起きたことがある。一九六二年のことであるが、前年アフリカで不幸な事故死をとげたハマーショルド国連事務総長に哀悼《あいとう》の意を表するために、氏の遺影と国連本部を表した黒と茶と黄色の三色刷りの四セント切手が発行された。

発売後間もなく、黄色だけ逆刷りのものが発見されたのである。印刷の際、まったく偶然何シートかが、背景の黄色の部分を上下逆に刷られてしまったのである。この手のエラーは、アメリカにとっては数十年来なかったことでもあったから、たちまち恐ろしいほどの高値がついたのである。

アメリカ郵政省はただちに対策を検討した結果、次のような英断を下したのである。このエラー切手を大量に製造して、希望者に何枚でももとめに応じて発売すると。この結果、大珍品は正常のものとまったく同じ市場価値しかなくなってしまった。エラー切手が人気があるのは、その稀少性によって市場価値が高いことによるので、いくらでも手に入れることができるエラー切手は、単なる不完全品にすぎないわけである。

ハマーショルド国連事務総長哀悼切手
エラー（上）と本来の色合い（下）

アメリカ郵政省がエラー切手の大量生産という馬鹿げたことを断行したのは、政府の不始末によって特定の人々が不当な利益を受けることを防止するためであった。なるほど、政府の発行したエラー切手をわずか数セントで購入した人が、あっという間に数千ドルもの利益をえたとす

ファーレー時代の代表的切手

るならば不公平にちがいない。このような不公平を防止するのが政府の義務だというのである。だが、アメリカでは目打漏れとか、多色刷り切手の一色印刷漏れエラーなどがあって、それらは数十ドルから一〇〇〇ドル以上で取り引きされているが、それらの不公平を是正するために何らの配慮もされたことはない。

やはり、ハマーショルド切手の場合は、いち早くセンセーショナルにマスコミによって報道され、馬鹿げた値段がつけられたことが、郵政省をして英断に踏み切らせたのであろう。

だがこれには前例があったのである。

ファーレー特別印刷事件

それは一九三五年のファーレー特別印刷事件である。FDR（フランクリン・デラノ・ルーズベルト）のお気に入りの古参の民主党員ファーレーは、FDRの大統領就任以来長らく郵政長官のポストにあった人物である。FDRは彼を通じて、さまざまな新趣向の切手を発行させたわけであるが、このファーレーが大変なスキャンダルをやってしまった。

それは彼が就任して以来、新しく発行された記念切手や特殊切手のいくつかについて、一般に売り出す切手の他に贈呈用の特別印刷のものを製作させたことである。あるものはシートの大きさを変え、あるものは無目打をつくり、また、あるものは糊《のり》無しのものを製造した。これらはルーズベルト大統領をはじめ政府高官連に贈呈されたものであるが、たまたまこれが切手商に持ち込まれたことが端緒になって、大きな騒ぎとなり、郵政長官の職権濫用に対しはげしい抗議が行われた。

結局、「一部の人々だけが不当な利益を享受することがないように」、この珍切手を大量に生産することになった。合計二〇種に達する「ファーレー切手」は、一定期間、申し込み者に対し何枚でも希望の枚数だけ提供されたのである。そのために、なかには正常のものより市場価格が低くなったものまで出現したのである。

つくり出されるテート・ベーシュ

エラー切手のなかには、とうてい起こりえないようなふしぎなものがあり、人間の能力の限界というものを知らせてくれるものがある。フランスで初めて切手が発売されたときに、この新しい小紙片を見ていた紳士の一人が、おやと思った。二枚つづきの切手の図柄が右と左とで上下が逆になっているのである。調べてみると、一シートのなかでたった一枚だけ上下が逆になっている切手がある。もちろんすべてのシートにこの逆向き切手があったわけではない。製版の段階で、一枚分だけ版を逆にしてしまったのである。

アメリカの２セントシートにまぎれた５セント切手

　このように二枚続きの切手が相互に向きがちがったものを逆連刷り（テート・ベーシュ）といって、各国の初期の切手に稀に発見されるものである。製版・印刷・発売の各段階で厳重な検査が何回も行われているのだから、こういうエラーは絶対に起きそうもないのだが、実例があるのだからふしぎなものである。

　テート・ベーシュが郵趣家の興味を引くことを知った各国郵政当局は、後になるとわざわざテート・ベーシュをつくって売り出すようになる。こうすれば、どんなシミッタレなコレクターでも、切手は一枚でなく二枚連続して買ってくれるからであるし、多少裕福なコレクターなら、テート・ベーシュ切手のシートごと集めてくれるからである。

赤色の五セント切手

万国郵便連合の規定により、長い間各国は外信用封書料金の切手は青、葉書用料金の切手は赤ときめていた。アメリカでは五セント青と二セント赤というのがそれであった。ところが赤色の五セントが見つかったので大さわぎとなった。しかもこれは単なる刷色のエラーではなく、二セント切手のシートのなかにどういうわけか五セント切手が二枚だけ紛《まぎ》れ込んで刷られていたのである。

これも製版上のミスであった。当時の二セント切手も五セント切手も同じワシントンの横顔で、金額と刷色だけで区別していた。そんなところから、二セントのシートの版をつくるときに、誤って五セントの版を入れてしまったものと考えられる。このありえないようなエラーによって出現した五セント切手には、使用済みのほうが多い。多分二セント切手に混じって入っていた五セント切手を手にした人は、三セント得したわいとばかり、喜んで使用してしまったのだろう。それがたいへんな珍切手だということに気が付かずに……。

四〇通りのルーペ的相違

切手の印刷用の原版（正確には実用版）をつくる段階でも、ミスが起きることがある。国名や金額を表す文字のスペルがちがうとか、図案上にキズができるとか、さまざまな欠陥が起きる可能性がある。

国際商業会議所総会記念切手

本来の、鳴門の渦潮切手

写真製版が行われるようになってから、文字などに欠落が発生するようなケースは少なくなっている。しかし、写真製版にもまだ難点がないわけではない。昭和三〇年に国際商業会議所総会の開催を記念して、わが国ではじめて多色刷りの切手を発行した時、製版上の技術が未熟であったため、二〇枚シートの切手の一枚一枚が少しずつちがう切手になってしまった。この切手は二枚の実用版を使って印刷したのだが、そのため、合計四〇通りの切手ができてしまった。もっとも、その相違は、念の字の心の点がほとんど消えているとか、鯉《こい》の目玉にキズがあるとか無いとかいった微小なものである。「顕微鏡的」と呼ばないまでも、「ルーペ（虫眼鏡）的」相違である。

また鳴門の渦潮《うずしお》を写した瀬戸内海国立公園の特殊切手は、第一九番の切手、つまり「大蔵省印刷局製造」の銘版のすぐ上の切手だけ焼き付けがアマかったものらしく、全体に図案がボケている。

世界的に切手の多色刷り化がすすむにつれて、一色漏れ、二色漏れのエラー切手が出現する機会が増加してきている。機械的にエラーの発生を防止する対策も研究されてきているし、連続的に多色印刷を行うので、印刷漏れとか逆刷りは絶対に起こりえないはずなのだが、それでもエラーは発生しているからふしぎである。

エラー切手はお取り換えします

エラーの要素としては、まだいろいろとあげられる。たとえば裏糊を表側にひいてしまったとか、二重に印刷したとか、用紙をまちがえたとかといった類である。切手の印刷用紙として、透かしのついている紙を使用している場合には、透かし模様の縦・横とか表と裏とかを誤って印刷されたエラーが考えられる。

エラー切手に対する日本の郵政省の態度はきわめて礼儀正しく、ユニークなものである。エラー切手が発見されたとき、コレクターや郵趣雑誌などの問い合わせに対し、その原因をていねいに説明した後に、必ず、その切手は不良品ですから、正常なものとお取り換えいたしますという意味の言葉を添えてある。不良品だからこそ、一枚数千円、数万円もの市場価値があるものを、お土産のお菓子やインスタント食品の不良品じゃあるまいし、みすみす「正常品」と交換する馬鹿がいるものか、というのが収集家の気持ちなのに……。この点、エラー切手の大量増刷をするアメリカ郵政省のほうがドライでスッキリしているといえよう。

第六章　インフレとデフレ

一　十進法の普及

画期的な貨幣制度

ここ一五〇年間の世界経済の変化は、人類が歴史上かつて経験しなかったほど激烈なものであったが、量的・質的発展の結果、通貨の面で二つの点が特に顕著になった。

その一は、貨幣単位が複雑なものからしだいに統一されて、十進法（デシマル）によるものが多くなったことであり、その二は急激な価値の変動があったため、多くの地域で深刻なインフレーションと平価切り下げ、新貨幣の発行を体験したことである。

貨幣の単位としての十進法は、むしろ本位貨と一〇〇分の一の補助貨幣の単位という形がとられる場合が多いから、百進法といったほうが適切かもしれない。貨幣の歴史の上で有名な事件は、フランス革命によってメートル法が採用になって、十進法があらゆる分野にわたって実施されたことである。

十進法は暦や時間の面では、まもなく廃止されたけれども、その他の分野ではしだいにその合理性が認められるようになったのである。

フラン＝一〇〇サンチームは貨幣制度におけるメートル法といってよいであろう。これとおなじように、ドル＝一〇〇セントも画期的な貨幣制度であった。

しかし、切手が発行されはじめた頃まで、ヨーロッパ諸国にはまだ古い貨幣制度が残っており、十進法になれた現代人の目からは、どうにも奇妙にしか考えられないものが行われていたのである。

古い単位の混乱

北ヨーロッパでは、スキリングという単位が通用しており、デンマークでは九六スキリングが一リクスバンス・ダーレルであり、ノルウェーでは一二〇スキリングが一スペシイダーレル、スウェーデンでは四八スキリングが一リクスダーレル・バンコであった。右の三ヵ国では一八七〇年代には一〇〇オレ（エレ）＝一クローネに統一されるようになった。

統一直前のドイツ諸邦では、思い思いの貨幣が通用していたから、まことに複雑でとうてい覚えきれるものではない。たとえば、プロシアでは一二ペニヒが一ジルベルグロシェン、三〇ジルベルグロシェン＝一ターレルで、一八六七年に六〇クロイツェル＝一グルデンとなった。ブランスウィック公国では一二ペニヒが一グーテグロシェンで、二四グーテグロシェンが三〇ジルベルグロシェンに相当し、それが一ターレルであったし、またブレーメンでは二二グローテが一〇ジルベルグロシェンであり、また七二グローテが一ターレルというあんばいであった。

このような混乱した状況は、おなじように分裂状態のイタリア諸邦にも見られた。たとえば、トスカーナでは六〇クァトリニ＝二〇ソルデ＝一二クラツイ＝一リラであり、ナポリ・シシリア両王国では二〇〇トルネシ＝一〇〇グラナ＝一ドウカットであった。

スペインでは依然として四進法に未練があって、三二マラベデス＝八クァトス＝一リアルが、一〇〇〇ミレシモス＝一〇〇センチモス＝一エスキュド制が一度導入された後にも、一〇〇〇ミレシモス＝一リアル、四リアル＝一ペセタ制が復活し、一〇〇センチモス＝一ペセタになったのは、ようやく一八七二年からのことである。

イギリスの通貨切り換え

ヨーロッパで最後まで十進法に抵抗したのは、ご存じのようにイギリスであった。イギリスの一二ペンス＝一シリング、二〇シリング＝一ポンドという現代ばなれした貨幣制度は、一〇〇年前にはそれほどふしぎなものではなかったことは、今みてきたところでおわかりのことと思う。一九七〇年に一〇〇新ペニー＝一ポンドに切り換えられた。

イギリスの通貨切り換えは、一ポンドは従来のままで、ポンド以下を十進法に変更したものである。したがって従来の一シリングは新五ペンスに相当する。そこで新しく発行された五ペンス・コインは従来の一シリングのコインと同形同質、一〇ペンス・コインは二シリング・コインと同形同質というぐあいで、旧貨幣がそのまま通用できるようくふうされている。

自動販売機にはどっちのコインも使用できるし、日常使用しているコインをよく見てみると、新コイン、エリザベス女王の旧コイン、その前の国王ジョージ六世、またその前のジョージ五世の肖像のコインまで混じっているありさまである。

アジアの場合

イギリスが大英帝国と名乗っていた頃の植民地はつぎつぎに独立し、イギリス本国よりも一足先に十進法の貨幣単位を使用していたが、最後までペニー・シリング・ポンド制を守っていた直轄植民地も、このときから十進法に切り換えられた。

旧イギリス領では、インドとビルマ〔注・現ミャンマー〕が独立まで複雑な貨幣制度を踏《と》襲《しゅう》していた。一二ピイス＝一アンナ、一六アンナ＝一ルピー、つまり、一アンナは一九二ピイスである。もっとも、ビルマでは第二次世界大戦の最中、日本軍の占領下で一〇〇セント＝一ルピー制が実施されていた。

中国では、欧米列強の半植民地化のもとに呻吟《しんぎん》しており、実際にはさまざまな貨幣が用いられていたにもかかわらず、郵便料金には一〇分＝一角、一〇角＝一円（元）という理想的な十進法が採用されていた。

これに反して、シャム（タイ）では厳密な二進法が行われていた。三二ソロット＝一六アッツ＝八ピヌン＝四ソンピイ＝二ファン＝一サラン、そして四サランが一ティカルとなっていた。

二　ドイツのインフレーション切手

インフレとソ連の場合

物価騰貴《とうき》・貨幣増発つまりインフレーションは、なにも現代社会だけの病弊ではないが、第一次・第二次の二度にわたる大戦争や、社会主義革命の勃発など、かつて例を見なかった動乱の二〇世紀には、それまで想像もできなかったような驚異的なインフレーションが各国を直撃している。

いわゆる悪性インフレ、天文学的物価を可能にするには、経済的・社会的要因のほかに、やはり印刷技術のある程度の水準が必要であろう。悪性インフレにはつきものの大量の不換紙幣を製造するためには、やはり近代的な印刷機械が必要である。皮肉なようだが、やはり悪性インフレを可能にしたものの一つに、印刷技術の発展をあげなければならない。

さて、帝政ロシア時代のルーブル貨幣は、比較的安定した貨幣であった。帝政時代には最高でも一〇ルーブルの切手までしか発行されなかった。しかし四月革命、敗戦、十月革命とはげしい内戦、外国軍隊の侵入、物資の欠乏とによってルーブル貨の価値は暴落した。一九二二年にはルーブル紙幣の価値は紙屑《かみくず》同様になり、人類がかつて体験したことのないような天文学的な物価が出現した。

ロシア本国でも二〇万ルーブル、四〇万ルーブルという額面の切手が出現したが、アルメニアやアゼルバイジャン地方では五〇万、七五万、一五〇万ルーブルという、ウソのような金額が切手に印刷されたのをみて、世界中の人々は唖然とし、社会主義革命への恐怖心をかきたてられたのである。

ソ連のインフレは、一〇〇万分の一へのデノミネーションと通貨改革によって終焉《しゅうえん》したが、その頃ドイツでは、世界の耳目を集めるような超悪性インフレーションが進行していた。

巨額な賠償金が原因

第一次世界大戦後のドイツでは、左右両翼の対立がはげしく、経済復興も思わしく進展しなかったが、とくに一九二一年五月に連合国が一三二〇億金マルクという殺人的な巨額の賠償金を決定するにいたって、ドイツの前途は絶望的なものとなった。もともとこのような巨額な賠償金の要求には、アメリカのウィルソン大統領や、イギリスのロイド・ジョージのような先見の明がある政治家は反対をとなえていたが、ドイツ軍によって甚大な損害をこうむり、戦後の復興に苦難の道を歩んでいたフランスやベルギーなどが強力に主張したために実現したもので、当初からその要求の実行は不可能と考えられていた。

ドイツ政府は、この賠償額の改定や実施延期を訴え、なかなかこれに応じなかったので、ついにフランス・ベルギー両軍は、実力をもって賠償金を獲得するために、ドイツ産業の心臓部であるルール地方に進駐し、占領してしまった。この事件は一九二三年一月に勃発したが、ドイツ政府はこれに対し抵抗することを呼びかけ、ルール地方は全面的なストライキに入った。政府はスト中の公務員や労働者に給料を支払ったから、たちまちマルクの洪水となり、それまでにしだいに進展していたインフレーションが爆発的なものになってしまった。

左利きの炭坑夫切手

インフレにともなって郵便料金はうなぎ上りに上昇して行く。ドイツの場合もロシアと同様に、インフレの初期にはそれまでの高額切手の額面をどんどん更新したり、新しい図案のものを発行したりした。それまでの高額切手は、紙幣のような図案の大型切手であった。

この切手は、一九二二年に五、一〇、二〇マルクの額面で発行されたのが最初で、高額切手にふさわしく、凹版印刷で刷色も落ち着きのあるものだったが、ついで大量生産に適するように凸版印刷に改められ、しだいにゼロが増加して、最後には二〇〇万マルクのものが発行されるようになった。

新図案の一例は産業切手で、一九二二年一〇月から一一月にかけて、鍛冶屋《かじ》（六〇、八〇ペニヒ）、炭坑夫（一、一・二マルク）、農夫（一・五、一・六マルク）の三図案、六額面で発行された。このシリーズは約一年後に、五マルクから五〇マルクに料金が改定されて発行された。

このような新しい図案の切手を出すことには限界がある。現にこの炭坑夫切手は、図案作成に慎重さを欠いたために、大きなミスをおかしてしまった。それはツルハシをもつ人物も、ハンマーをもつ人物も、左利きに描かれていることである。左利きの炭坑夫が図案になってもなにも悪いことではないが、二人そろって左利きというのは、やはり不自然である。炭坑夫の図案だけは、新料金切手が発行されたときに右利きに改められている。

インフレに追いつける切手の型

インフレ時代の切手の主役はなんといっても数字切手である。同一の図案で、額面の数字と刷色を変更するだけで、どんどん新しい切手に変更できるタイプのものが登場した。この頃にはインフレの進展は急ピッチで、ビヤホールで注文した最初の一杯と、次の一杯ではもはやビールの値段がちがっていたといった話がのこっている頃である。

一九二三年の秋になると、新額面の切手の発行が追いつけなくなる一方では、郵便料金の改定につぐ改定で印刷したままで売れのこって、紙屑同様になった大量の郵便切手があったから、これに黒や青のインクで新料金を加刷したものが発行されるようになった。四〇ペニヒ切手の上にその一万二〇〇〇倍の五〇〇〇〇（タウゼント）マルクとか、五〇〇〇マルクの上

ドイツのインフレ切手

に五〇〇倍の二五万マルクといったふうであったが、一〇月に入ると一〇〇万マルク以上の切手が必要になり、ゼロの数が増加するにともない、混乱が生じるのを防止するためにも、新図案の切手の発行が必要になってきた。

インフレの最末期には、郵便料金は一週間ごとに一〇倍ずつ値上げされていったから、今日一枚貼って手紙を出すことのできるものが、来週は一〇枚、来々週には一〇〇枚（一シート）、その次の週には一〇シート貼らないと手紙一通だせないというありさまであった。

そこで一〇月に入ってから、同一図案で金額と刷色を変更するだけで、いくらでも高額の切手に改定していける新しいタイプの切手を発行した。この切手の額面の変化を見れば、ドイツのインフレの猛烈さが理解していただけることと思われる（表2）。

1923年10月9～20日	50万マルク
	100
	200
	400
	500
	1,000
10月28日	2,000
11月1日	3,000
	5,000
	10,000
	20,000
11月4～5日	50,000
	100,000
11月11～12日	200,000
	500,000
	1,000,000
11月16日	2,000,000
11月22日	5,000,000

表2　ドイツのインフレ切手発行状況

レンテンマルクの奇蹟の果てに

ドイツのインフレ切手は一一月二二日発行の五〇〇億マルク切手の発行をもって、一応終止符を打った。狂乱のインフレーションは、一二月一日にドイツの国有財産をもって裏付けにした「地代マルク」、つまりレンテンマルクの発行によって終焉《しゅうえん》した。シャハトのレンテンマルクの奇蹟と呼ばれるものである。

一二月一日に発行されたレンテンマルクをもって額面表示された、三ペニヒから一〇〇ペニヒ（一マルク）の切手の図柄は、皮肉なことに五〇〇億マルク切手の記録を打ち出したインフレ切手と同一である。それまでゼロを九つも十もならべた一番下の欄《らん》がブランクになっているのが印象的である。

このインフレによって、それまでの紙幣は紙屑《かみくず》同様になった。いやそれ以下といってもいいであろう。インフレの進展にともなって発行された、何十万、何百万、何千万マルクという「高額紙幣」も、幾日もたたないうちに、ほとんど無価値となってしまった。

大量の紙幣を屑屋《くずや》に売却して額面の何倍かの利益をえた税務署のお役人が、もうけでビールを一杯やったとか、トラック一台分の札束がリンゴ一ダースにもならなかったという、ウソのような話がのこっている。のこったのは話だけではない。使えなくなった大量の紙幣と、紙幣と同様に利用価値のなくなった郵便切手も大量にのこってしまった。

当時のドイツのインフレ切手は、鬼面人を驚かすような額面にもかかわらず、一枚の切手がチューインガム一枚にも相当しないぐらい安い。それも未使用の切手ばかりで、実際に郵便に利用された使用済みはすくない。

三　第二次世界大戦とインフレ

ギリシアのインフレ

戦争とインフレはつきものであるから、第二次世界大戦を通じて、交戦国はいずれも天井《てんじょう》知らずのインフレに悩まされた。フランスもドイツも日本もイタリアもそうだし、戦勝国側でも、中国をはじめイギリスもアメリカも悩みはおなじであった。しかし、大きな国にはそれだけなんらかの対応策が立てられ、第一次世界大戦後のドイツや革命後のソ連のインフレの教訓を活《い》かすことができた。

ところが、弱小国家の場合にはなかなかそうはいかない。インフレを抑止《よくし》する要素がすくなく、国際的信用度の低い通貨は底なし沼に落下して行く。第二次世界大戦中にあらわれた驚異的なインフレの例はギリシアにみられるが、戦後には一九二二年のドイツのそれをはるかに凌駕《りょうが》する超天文学的なインフレがハンガリーに勃発した。

ギリシアは一九四〇年一〇月以来枢軸国側の侵略を受けていたが、当初はこれを迎え撃っておおいに勝利をあげていた。ギリシアに侵入したイタリア軍は連戦連敗といったぐあいで、ムッソリーニの面目はまるつぶれであった。しかし、四一年四月にドイツ軍が電撃的に進撃を開始して、たちまち全土は占領され、国王と政府は海外に亡命してしまった。これからギリシアの通貨ドラクマは暴落の一途をたどっていった。

ギリシア国立銀行は小ざっぱりして感じは悪くないが、価値のない紙幣を続々と発行していった。占領下ギリシアの経済事情を悪化させたのは、おりからの凶作と連合国軍による海上封鎖による食糧難であり、もともと生活物資の乏しいギリシアのことであるから、ドイツ軍やイタリア軍などの占領によって、極度に消費物資が不足したためである。

インフレの亢進《こうしん》によって郵便料金はどんどん上昇していった。一九四四年秋には、ついに五〇〇〇万ドラクマの切手が出現したが、ドイツ軍の撤退と、連合国軍の上陸進撃によって事態は変わって、新ドラクマ通貨が用いられることになり、インフレは一応終結した。しかし戦後のギリシアの政情はきわめて不安定で、ついにはソ連の援助のもとに共産系ゲリラと内戦が続き、ふたたびドラクマ貨は下落したが、一九五四年のデノミネーション以後は一応安定している。

ハンガリー政府の奇抜な対応策

ハンガリーのインフレーションは、一九二三年のドイツのインフレーションの記録をやぶり、人類未到の「輝かしい」新記録を樹立したものである。ハンガリーは第二次世界大戦中はステファン・ホルティ摂政のもとにドイツと同盟を結び、枢軸軍の一翼を担っていたが、戦争末期に連合国側に寝返りをはかり、かえってドイツ軍の占領統治下におかれることとなって、ソ連軍の進撃によって戦場と化し、甚大な損害を受けるにいたった。この点イタリアとよく似た歴史をもっている。独・ソ両軍による収奪がはげしかったうえに、戦後ソ連の占領下に社会主義国家に急変したため、経済的に大きな混乱を生じ、一九四五年秋から急激にインフレが進展した。

Nyomtatv 20g, Any 1	印刷物（20グラム以内）
Helyi lev-lap, Hlp. 1	市内葉書
Helyi levél, Hl. 1	市内封書
Távols ági lev-lap, Tlp. 1	葉書
Távol sági levél, Tl. 1	封書
Ajánlás, Ail. 1	書留
Csomag 5kg, Cs. 5-1	小包（5キログラム以内）
Csomag 10kg, Cs. 10-1	〃　（10キログラム以内）

表3　歴史人物シリーズに加刷された種類

　ハンガリー政府は、当初戦時中に発行された歴史人物シリーズを台《だい》切手（三六七頁参照）に、新料金を加刷した切手を発行して、急激な料金改定に対応していたが、とうてい間に合わないことを知って、奇抜な方法を考えついた。それは、どんどん上昇していく金額を記入するかわりに、その切手がどのような郵便料金に相当するかという価値を表記したことである。つまり、売れのこっていた歴史人物シリーズにAny 1（印刷物）、Tl 1（封書）というぐあいに加刷をし、その日の郵便料金で売り出すわけである（表3）。したがって、インフレの亢進にもかかわらず、封書用の切手は郵便料金が何倍にかわっても、そのまま封書一通の料金として通用するから便利である。この加

刷はは じめ略号だけで印刷されていたため不便であったから、後に省略なしのものが発売された。

兆ペンゴ単位の出現

一方、やはり料金を表示した切手も必要であったから、二月一八日に四〇〇〇ペンゴの切手を皮切りに、同一図案で刷色のちがったものが八〇万ペンゴまで一三種類発行された。この切手は馬に乗ってラッパを吹いている昔の郵便屋さんを描いたもので、インフレのどさくさに出されたものとは思えないほど、りっぱなデザインで、そのうえグラビア印刷のできばえがよい。ハンガリーは一九三二年以来、世界のグラビア切手をリードした国で、大戦中にも印刷工場は無事だったと思われる。このシリーズの額面にはエゼル（一〇〇〇）ペンゴが用いられているから、最高額の八〇万ペンゴは八〇〇エゼルペンゴとなっている。

その次に、ハンガリーの国章を描いた一〇〇万から五〇〇〇万ペンゴの八種が五月上旬から中旬にかけて発行されたが、この頃からのインフレの進展は驚くべきもので、五月下旬に新しい数字と国章シリーズを発行したが、この切手から料金をかえやすいように同図・同色となっている。この赤茶のシリーズは、五月二四日に一億ペンゴから二〇億ペンゴの切手を発行したが、二〇日後には三〇〇億と五〇〇億とになっていた。数字を簡略にするために、ミル（一〇〇万）ペンゴ単位になっている。

六月には切手の額面はミリアルド（一〇〇〇億）ペンゴとなり、ついに七月上旬にビリオ（兆）ペンゴ単位のシリーズが発行されることになり、一九二三年のドイツの記録を完全に更新した。

ハンガリーのインフレ切手

アドペンゴ切手

この最後のシリーズは封筒をくわえた鳩が描かれており、図案は暗い青緑色で、額面が赤で印刷されている。したがって額面の部分をかえるだけで簡単にいくらにでも変更できる便利なものである。この便利さは文字どおり一〇〇パーセント活用された。この一四枚のシリーズのいちばんすくない額面は一ビリオペンゴ、つまり一兆ペンゴで、いちばん高い額面は五〇万ビリオペンゴ、つまり五〇京である。京などという単位はめったに使われていないから、ピンとこない。算用数字でちゃんと書けば、

500,000,000,000,000,000

と五の下にゼロを一七もつけなければならない。またこの一四種のセットの合計額面は六六京一八八八兆ペンゴとな

る。まさに超天文学的とでもいいたい数字である。これだけのシロモノが、せいぜい二〇〇～三〇〇円で切手商の店頭に並んでいるのだから、まったく暗然として言葉もでない。

ハンガリー政府はこのインフレーションを終結するために、アドペンゴなる新しい単位を制定した。アドとは税という意味で、アドペンゴは「税ペンゴ」ということになる。アドペンゴと通常のペンゴとの交換レートは毎日のラジオと新聞で発表され、日々の交換レートによって換算された。これにともなって七月中旬以降五〇〇〇アドペンゴから五〇〇〇万アドペンゴまでの一〇種のアドペンゴ切手が発行された。これらの切手は七月三一日をもって使用が禁止され、八月一日からは通貨改革によって一〇〇フィラー＝一フォリントの新通貨による新切手が発行された。

ベルギーの一割引き切手

インフレーションの切手はまだまだいくらでもある。しかし、郵便料金を値下げして物価の安定を促進するようなケースはすくなく、したがって、これから紹介するベルギーの一割引き切手をのぞいては、あまり目につく例がない。

第二次世界大戦後、ベルギーの経済復興は早かったが、ご多分にもれず物価が上昇し、そのためにベルギー通貨の国際的な信用は下落する一方であった。

そこでベルギー政府は一九四六年五月二〇日を期して、物価のいっせい一割切り下げを断行することになった。公共料金も当然一割切り下げになったから、郵便料金も一割引きになるわけである。

新料金の切手の印刷が間に合わなかったので、各地の郵便局で手持ちの一・五〇フラン、二フラン、五フランの三種の額面の切手に一〇パーセント引き下げの表示をして発売することにした。多くの郵便局では-10%とスタンプを押して割引料金で発売したが、なかには記号でなく、言葉で割引の意味を示した郵便局があった。ところが、ベルギーは北部はオランダ語に近いフラミッシュ語を使用しているので、Min 10%、南部のフランス語の地域ではMoins 10%と加刷したものがある。

どこの国にも気をまわしすぎる人物がいるもので、ギスレーギエン局では一〇パーセント引きとしないで、一〇パーセント引いた金額を加刷してしまった。つまり、一・五〇フランの切手には一・三五、二フランには一・八〇、五フランの切手には四・五〇フランというぐあいである。結果的には、このほうがわかりやすくて便利だが、政府の一〇パーセント物価切り下げ政策という意味合いはピンボケになるし、郵政当局の指示にも相違するわけだ。

とにかく、各局で自由裁量でスタンプを押したのだから、大小さまざま、丸わくあり、四角わくありで、四〇〇以上の種類に分類できるというから、たいへん興味深い切手である。

四　貨幣代用の切手

ロシアのカペック切手

第一次世界大戦は、人類がそれまで体験したどの戦争よりも大規模な戦争であった。この戦いは名実ともに最初の総力戦（トータルウォー）であった。交戦国はいずれも物資の不足に悩んだが、なかでも産業の近代化の遅れていたロシア帝国の場合、それが著しかった。

ロシア帝国では通貨の膨脹《ぼうちょう》の結果、たちまち金属補助貨幣、つまりコインが不足して来た。それらのコインの原料は戦争にまわされたからである。そこで、政府は切手をコインの代用品として使用することを考えついた。といっても、切手をそのままコインとして通用させるには、難点があった。それは切手の用紙がうすく軽すぎて、コインとして使用すればたちまち破損してしまうということであった。そのため、通常のものよりも厚くてじょうぶな用紙に印刷することと、切手額面と同一の銀貨と同等に通用する意味の文句を、裏面に印刷する必要があった。

かくして一九一五年一一月に、一〇、一五、二〇カペックの三種の貨幣《コイン》代用切手が誕生した。この切手の表側は通常の切手と同一である。この三種の貨幣代用切手の図案には、一九一三年に発行されたロマノフ王朝治世三〇〇年記念の切手が用いられた。

一〇カペック　ニコライ二世
一五カペック　ニコライ一世
二〇カペック　アレクサンドル一世

皇帝の肖像を描いた記念切手が採用されたのは、コインの図案には普通皇帝の肖像が用いられていたからであるし、当時使用されていたロシアの通常切手は、他の国の通常切手より小型のものであったから、代用コインとしては取り扱いが不便であったためと思われる。この貨幣代用切手は、切手としてもちろん使用できるものであったが、当然のことながら糊がついていないのと、厚すぎて封筒に貼るのに不便であったところから、実際に郵便に使用されることはあまりなかったようである。

ロシア帝国の貨幣代用切手　右が表

ドイツとオーストリアの場合

コインが不足したのはロシア帝国ばかりではない。ドイツやオーストリアも同様で、極度のコイン不足に悩まされた。そこで両国大蔵省は、各地方で臨時の戦時紙幣を発行することを認めた。ドイツやオーストリアの市町村は、有効期限を限定したその地域だけで使用できる小額紙幣を発行しはじめた。

このローカル紙幣は、わが国で江戸時代に乱発された藩札のようなものである。その種類は何百、何千とあって、たいがいのものはマッチのレッテルを大型にしたようなもので、さまざまな図柄が用いられている。このローカル紙幣の収集はなかなか楽しいものである。

ドイツでは、このローカル紙幣の発行で、貨幣代用切手の発行を避けることができたが、オーストリアでは一九二〇年になってから、四種の切手を普通のものより厚手の紙に印刷して、代用切手の目的をはたすことになった。この切手は通常のものとまったく同一で裏糊もちゃんとついていて、ちがうのは用紙の厚さだけである。

このほかの諸国でもコインの不足をカバーするために切手が代用された。その方法として切手を適当な台紙に貼りつけて、直接切手に手をふれることによる破損を避けたり、セルロイドのような透明な材質の小型のケースに切手を入れて受け渡ししたのである。

台湾や朝鮮での発行

このような事態は一九一七年（大正六）にわが国にも波及した。補助貨幣不足のためにまず小額紙幣が発行されたが、それでも充分不足をカバーできなかったため、当時わが国の領土であった台湾総督府と朝鮮総督府の管内で、切手をコインの代用にすることとなった。

台湾では五銭、一〇銭、二〇銭の切手を特別な台紙に貼りつけたものと、二〇銭切手二枚と十銭切手一枚を貼りつけて五〇銭にしたものの計四種が、いずれも切手を貼りつけた台紙を一〇枚綴りの帳仕立てにして、「特別郵便切手台紙」という名称で売り出された。

この貨幣代用切手は、一応、郵便貯金や振替の料金としてコインの代用として使用できるという名目で発行されたが、本当の目標はひろくコインの不足を補うことにあった。翌年には帳仕立てをより簡便な一〇枚続きのシート状に変えて、一銭、三銭、五銭の三種を発行した。

朝鮮では台湾に三ヵ月ほどおくれて、五銭切手を一枚ずつ台紙に貼りつけたものを二〇枚綴った帳仕立てのものを一円で発売した。発行されたのはこの一種だけであった。補助貨幣が払底したときに、切手代用を公式に認めたのが台湾や朝鮮という属領であって、内地ではついに行われなかったところに、わが国の植民地統治政策の特色がうかがえておもしろい。

第七章　トピカル切手

一　トピカル切手の出現と航空切手

ゼネラル・コレクションのむずかしさ

初期の切手収集家は、いずれもゼネラル・コレクターである。ゼネラル・コレクターとは、いずれの国の切手でも、またどの時代のものでも、切手と名のついたものはすべてを収集するコレクターである。もちろん、そのなかのある時代とか、ある国のものを特別に重点的に集める場合がすくなくなかった。たいがいの場合は、自国や自国の植民地の切手を中心にする場合が多かった。切手にかぎらず、あらゆる収集行為は、やはりいちばん入手しやすく、また知識を事前にも事後にも得やすいもののほうが興味をそそるものである。

いつの時代でも、初歩の切手コレクターはまずゼネラルに手を染めやすいものである。見なれた自分の国の切手もおもしろいが、外国の切手を手にして、そこに描かれた風景や動植物などの図案を見ながら、まだ行ったこともない見知らぬ国のことをあれこれと想像する楽しみは、切手収集の醍醐味《だいごみ》の一つであるからだ。

しかしながら、各国が競って新切手を発行するようになると、世界中の切手を集めることはしだいに困難になってきた。もちろん、現存数一枚とか二枚というような大珍品をのぞいても、一〇万種、一五万種という大コレクションは、よほどの財力と時間とがないと収集できるものではない。また、いたずらに多額の金銭を費やして、数多くの切手を集めてみても、それは楽しみではなく、ただの数量集めで終わってしまう。

おまけに、毎年たいていの国が二〇〜三〇種類もの新切手を発行するようになると、自国の切手を集めるだけでも容易ではない。そして過去一〇〇年もの累積《るいせき》した発行種類は、たいがい一〇〇〇種を超えるようになっている。そこで、ゼネラルでなく、たとえば国別の収集のように、収集範囲を限定する人が多くなってくる。

万人向きの収集法

自国の切手や、特に個人的に興味のある国の切手に限定して収集する傾向は自然なものである。日本人のように「愛国的」精神の旺盛な民族は、切手収集といえば、ほとんど日本切手と同意語に解しているといってよいほどである。もっとも、これは入手上の難易の問題や、将来の値上がりの問題やら、横文字に対する本能的な拒絶感情などが加わってのことであるが。

ユダヤ系の人々の多いアメリカでは、イスラエル切手にかなり人気が集まっているし、ポーランド移民を中心にポーランド切手専門の団体、ドイツ系を中心にドイツ切手の協会、イタリア移民を主体としたイタリア切手収集の団体などが数多く活動している。

日本切手を一通り全部集めることもなかなか費用の点でむずかしい。とうてい若いコレクターや、普通の収入のサラリーマンなどには完集は高嶺《たかね》の花である。早い話が、日本最初の竜文切手四種をそろえるとなると、まず一二万〜一三万円はかかる。そこで、時代を戦後に限定するとか、記念切手だけにかぎるとか、収集対象を狭くする方法が採られるようになる。

切手の収集は個人の趣味だから、「かくあらねばならぬ」とか、「この切手だけは収集せねばならぬ」ということはない。なにも無理をして、たいして関心もない高価な切手を買い集める必要はないのである。今日のように、世界各国がさまざまな図案の美しい切手を発行するようになると、汽車の好きな人は汽車切手を、花の好きな人は花切手をというように、好きな図案の切手だけを集める方法がさかんになってきた。

こういう収集方法をトピカル・コレクションという。好きな切手を懐《ふところ》ぐあいに合わせて集めるトピカル・コレクションは、小学生にも社会人にも、万人向きの収集法だといえるだろう。そしていったんトピカル・コレクションが切手収集の大勢を占めると見るや、各国郵政当局は、いかにして世界中のトピカル・コレクターの評判を高めるかに努力するようになった。

航空切手のミス

第二次世界大戦以前から人気のあったトピカルは、航空切手であった。飛行機・飛行船などを描く航空切手は、一九二〇年頃から比較的多数発行されていたし、航空郵便用の特別な切手を発行する国も増加した。また試験飛行や冒険飛行を記念してカバーや特殊切手が発行されることもすくなくなかった。

なんといっても、航空機はかつて時代の寵児《ちょうじ》であり、若者の憧れの的であった。航空切手はもっともモダンな図案であったから、トピカル切手の代表とされたのである。当時大空を駆けた航空機の多くが切手の図案として登場している。

日本最初の航空切手

初期の航空切手は、通常切手や他の記念切手などに粗末な飛行機の影絵や、プロペラなどを加刷したものが多かった。どうも切手のデザイナーたちは、どこの国でも航空機に対する正確な知識を持っていなかったようで、ときどき常識では考えられないようなへたくそな図柄を登場させたり、とんでもない図案の飛行機を飛ばしてみせたりしている。

一九三六年からフランスで航空郵便用に使用された七種の切手は、パリ上空を飛んでいるコウドロン・シミオン機を描いたものである。さすがに手なれたもので、パリの風景は芸術的にじょうずに描かれているが、飛行機の尾翼の垂直翼がついていない。これでは墜落確実で、四年後のフランスの運命を予言するものになってしまった。

ベルギーで最初の切手を発行したときには、ちょっとしたミスをおかしてしまった。それは翼の記番から明らかにイタリア国籍の飛行機であった。航空切手のデザイナーは、しばしば飛行機のカタログや写真集をもとにして、どこかの町の上空を飛んでいるように合成する手を使ったため、このようなミスをおこしがちであった。

宙返りの大珍品

デザイナーの不注意からでなく、印刷上のミスが、世界でもいちばん人気のある航空切手を誕生させた。それはアメリカで発行された最初の航空郵便用の二四セント切手で、カーチス・ジェニー機が描かれていた。このシリーズは六セント、一六セント、二四セントの三種ともおなじ図案であったが、二四セントだけが赤と青の二色刷りで、あとは単色であった。この二色刷りが問題の原因となった。どういうことが原因となったのだろうか。とにかく青と赤とが逆方向に印刷されてしまったのである。つまり、宙返りの飛行機を描いた珍切手が誕生したのである。

この珍品は発行初日の五月一四日に、ワシントン市である会社員氏によって購入された。

一〇〇枚からなる一シートを窓口で買い求めた彼は、切手が逆刷りのエラーであることを発見して仰天して喜んだ。アメリカでは、当時四シートを一度に刷ってから裁断していたから、まだ他に三シート存在するはずである。彼はこれをもとめて市内の郵便局をまわったが、ついに逆刷り切手は一シートだけしか発見されなかった。

やがてこの大珍品は、アメリカの大収集家グリーン大佐のコレクションに加えられた。大佐は銘版付き八枚ブロックの他、田型ブロック二、三枚をのこして、一枚一〇万円ばかりで分譲してしまった。今日〔注・一九七六年〕アメリカのカタログでは一枚四万ドル（約一二〇〇万円）と評価されている。

グリーン大佐は、あるとき旅先で夫人からの航空便を受け取ったが、封筒に貼ってある切手を見て腰を抜かしてしまった。というのは、なんとこの大珍品の一枚が無雑作《むぞうさ》に使ってあったからである。大佐夫人は夫の趣味にあまり興味をもっていなかったためであろうか、大佐のコレクションの一枚を使ってしまったのであった。

二　美術切手は大ラッシュ

フランス美術シリーズの好評

一九六一年一一月一〇日に、フランス郵政省は四種の大型切手を発行した。この切手はフランス現代美術を顕彰するためのもので、五〇サンチームはブラックの「お使い」、六〇サンチームはアンリ・マチスの「青い裸婦」、八五サンチームはセザンヌの「カルタ遊び」、最高額一フランはラ・フレネーの「七月一四日」を図案としたものである。

いずれもフランス印刷局が得意とする凹版多色刷り印刷によるもので、原作の感じをよく復原しているといってよいであろう。ただしセザンヌのものだけは、少々無理があったようで、色調がすこし沈んでしまった。フランスでこのような大型切手は、一九四七年、四九年に発行された航空切手以来ひさしぶりのことで、芸術的なできあがりといい、比較的低いセットの価格からして、最初から多少の人気が予想できた切手であった。切手の大きさを思いきって大型にし、原作をできるかぎり効果的に復原するために、国名も額面もひかえめの大

フランスの美術切手

きさと場所に配置されている。

この切手の発行枚数は最高が五〇サンチームの四二五万枚で、最低が六五サンチームの三三二万枚であった。この数字は後から思えば少々ひかえ目すぎたというべきであったろうが、当時のフランスの記念・特殊切手の発行枚数からすれば、それほど極端にすくないとも多いともいえない数字であった。

翌年の一一月九日に、こんどは三種セットのものを登場させた。マネーの「青いソファのマネ夫人」（五〇サンチーム）、クールベの「クールベさん今日は」（六五サンチーム）、ジェリコーの「猟騎兵の士官」で、発行枚数は第一回目のものより多く三三七万枚から三九〇万枚の間であった。

フランス郵政省はこのシリーズが人気好評であることに気をよくして、第三集は翌年三月、第四集は一一月、第五集は次の四月、第六集は五月、第七集は七月と発行期間を短縮する一方、第五集からは各回一種、額面は一フランと一定にした（その後インフレによって一九七二年から二フランに変更された）。そして発行枚数は第五集四三二・五万枚、第六集五六七・五万枚、第七集六九一・八万枚、第一〇集七一八万枚、第一五集八〇二万枚というぐあいに急上昇していった。

アルバムの小美術館

このシリーズがフランス国内はもちろんのこと、国外でも好評だったのは、同一の形式によって長期にわたって継続して発行されていることがその一つの原因である。第一集以来一五年を経過しても、なお引き続いてこのシリーズが発行されている。そして美術シリーズとして最も重要な点である価値ある図案が、良心的な企画のもとに充分選択されているということの最良の手本である。

いかに印刷技術が優秀で、できあがりがよい切手でも、それが美術切手シリーズということになると、原作自体が優れた芸術品で、国内外における知名度が高くないと、長期的なシリーズものとしては成功しない。その点さすがに芸術の国フランスである。このシリーズのリストを一見していただけばおわかりになることだろうが、シャガールあり、ノートルダムのステンドグラスあり、ロートレックあり、デュフィあり、アングルあり、ゴーギャンあり、紀元前一万四〇〇〇年の原始絵画ありというぐあいで、知らぬ間に小美術館がアルバムのページの上に建設されていく趣向である。

この美術シリーズの発行計画を立案したとき、いかに先見の明のある人物でも、数年後このシリーズが世界郵趣界に対して大旋風をまきおこすようになるとは気がつかなかったことであろう。フランス国内でこの切手の人気が高まるにつれて、第一集から第五、六集までをそろえることがむずかしくなり、たちまちに原価の一〇倍ぐらいにはね上がってしまった。

アラビア土侯国の追随

そこで、美術切手の人気に目をつけたのがアラビアの土侯国とパラグアイであった。これらの国々は、数年来いわゆる宇宙ものでかなり稼ぎまくっていたが、美術切手に乗り換えるやいなや、その猛烈ぶりは目をみはるほどであった。

アラビアの土侯国には残念ながら世界的な名画も誕生していないし、また欧米の名作も所蔵されていなかったが、そんなことにはいっこうに頓着《とんちゃく》しなかった。名画と名のつくものであれば、ルーブル美術館の所蔵品であろうが個人所蔵のものであろうが、また原作者がフランス人であろうが、イタリア人であろうが、そんなことにはまるで関心がなかった。そして、およそ考えられるあらゆる種類の名画が切手の図案となって、世界の切手市場に洪水のように流れ出たのである。

アラビア土侯国発行の浮世絵切手

美術切手であるからには、たいがいは多色刷りであったが、原画の彩色にあまり敬意を払った様子はなかった。ウィーンとかニューヨークとか、あちこちの都市で印刷され、そのままアメリカ、フランス、ドイツ、日本などの切手商の手元に配られていったのである。

シャルジャの浮世絵切手

日本の絵画も名画切手のメンバーに選ばれる光栄に浴したが、それらの原作の所蔵者の承諾などが考慮に入れられたフシはない。その大半は浮世絵であったが、数ある浮世絵切手のなかでもっとも優秀な作品は、一九六七年にシャルジャ首長国が発行したものである。

これは三種一組のもので、原面を忠実に写し、印刷といい構図といいきわめて上品なものである。それもそのはずで、この切手はわが日本政府印刷局が製造に当たったものであった。切手の印面の下には明瞭に、英文で印刷局製造の旨が記されている。

この切手の図案は次のとおりで、いずれも東京国立博物館所蔵の名品である（額面はいずれも一リャル）。

鈴木春信《はるのぶ》「簞笥《たんす》前二美人」

喜多川歌麿「當時全盛美人揃《ぞろい》」

歌川広重「菊花に雉子《きじ》」

外国切手の図案に、専門家以外知らないような名画がとりあげられ、その技術を見込まれてわが印刷局に製造が委託されたことは、たしかに名誉あることであったが、考えようによっては、少々スキャンダルめいた点がある。その頃シャルジャなる国がアラビアの一角に存在することを知っている者は、一部の切手コレクターぐらいで、シャルジャ領内に郵便局が存在するか否かが疑問視されていたほどである。すくなくともシャルジャの権威ある代表者は日本にはいなかったであろうし、どんな経路で印刷局が切手製造を依頼されたのかはっきりしない。また国立博物館があやしげな切手の製造にやすやすと館蔵品を提供したことも、少々不見識な面がある。

この切手は、シャルジャ郵政当局によってではなく、専ら日本の切手商によって発売され、大半が日本国内で消化された。シャルジャ局の消印は当然日本国内で押されたにちがいない。

パラグアイも大量の名画切手を発行した。そのうえ、例によってべらぼうに高い額面の切手や限定発行の小型シートを発売して外貨をかせいだのである。

自国文化の顕彰が特色

とにかく、世界中がわれもわれもと美術切手を発行しだしたのである。美術切手で成功するためには、やはり切手の美しさと図案の名画の知名度が問題である。この点東欧圏では、ハンガリーが持ち前の印刷技術をフルに動員して、つぎからつぎへと大型切手を発行した。ハンガリーの美術シリーズのなかには、ハンガリーの作家のものがふくまれているが、やはりフランスの印象派あたりの作品が好評だった。

ソ連ではロシアの偉大な芸術家の作品がつぎつぎに切手となって紹介されたし、イギリス

パラグアイ名画切手

ハンガリー名画切手

日本国宝切手

イギリス名画切手

やアメリカでも名画シリーズに手を染めた。これらの大国では、自国の作家や自国に所蔵されているものを図案に選び、自国文化の顕彰につとめているのが特色である。

日本の国宝切手シリーズも、やや遅ればせながら世界の美術切手ブームに参加したものであった。第一集の飛鳥時代が昭和四二年（一九六七）に発行されてから、最後の江戸時代が翌々年九月に発売されるまでの一年一〇ヵ月の間に、七集二二種、毎回三種ずつ（江戸時代だけ連刷があるため四種）発行された。原物は国宝だし凹版とグラビアを使って、比較的好成績を収め

「清明上河図」

たシリーズであった。

しかし平安時代の手箱とか、室町時代の銀閣とか安楽寺多宝塔など、やや見劣りのする作品がないでもない。それに各時代を代表する国宝としては、かならずしもふさわしいとはいえないものもあり、図案選択にくふうが足りなかったのではないかと考えられる。そのうえ、飛鳥時代に法隆寺の伽藍《がらん》を入れているが、再建論が大勢を占めている現在、あえてこれを飛鳥時代とすることには問題があるのではないだろうか。

巻子仕立てに向いた連刷切手

台湾や韓国でも美術切手のシリーズを発行した。台湾では故宮博物院の紹介のための陶磁器や青銅器を図案としたものが、フランス美術シリーズの第一集とおなじ頃から発行されていて、日本の国宝切手より先輩にあたっており、おなじ印刷局で製造しているのにどうして台湾の方ができがよいのかと首をかしげるほどのできばえである。しかし美術切手の流行には敏感で、さっそく絵画シリーズに手をつけた。

台湾の名画切手の最大の特色は、大型切手を五種横にならべた連刷切手である。これは東洋独特の巻子《かんす》仕立ての名画を紹介するには最も都合のよい方法である。まさにグッドアイデアといってよいであろう。一九六八年発行の第一集「清明上河図」から、毎年人気を集めている。

韓国の美術シリーズの発行は、同国の印刷事情が美術切手を発行する水準にまで達していなかったことに起因して、一九七〇年まで行われなかった。その前々年にドイツのゲーベル社からグラビア印刷機を購入し、すでに普通切手や記念切手の多色印刷を経験した後だったが、原画の持ち味を充分出すことができなかった。

ヌード芸術のハレンチ切手

世界各国がいっせいに美術切手を発行しだしたことは、流行とはいいながら、まことに奇妙なことであるが、これは高速多色刷り印刷機を所有する政府が急速に増加したことによる。しかし、こう美術切手の洪水がつづけば、各国郵政省がねらっている郵趣家の懐《ふところ》は空っぽになってしまう。そこで名画は名画でもモナリザのように知名度の高いものや、絵柄のかわっているものに力を注ぐ国が出現した。

いわゆるハレンチ切手の登場である。ヌード切手は美術切手の一分野で、芸術を理解する人々からは、ヌード切手のどこが悪いのかと苦情がでるだろうが。こうもヌードのラッシュが到来してみると、問題にせざるをえなくなってくる。

ハンガリーが名画シリーズからヌードシリーズに転向し、もともと印刷技術の点でハンガリーに一歩ゆずっていたルーマニアが、ヌードでならばと力を入れだした。ユーゴスラビアでもヌードの力作を発売するありさまで、社会主義国家の郵政省がなぜにかくもヌード切手

ヌード切手　パラグアイ

の発行に血道をあげているのか、理解に苦しむほどである。

一方、パラグアイも敗けじと強烈な図案のものを売りつづけた、例によってアラビアの土侯国はつぎからつぎへと新手のヌード切手を製造していったから、一九六九〜七〇年はこのようなヌード切手の大流行となったのである。図案そのものは、いずれも一応は名画であるから、ハレンチ切手と呼びすてるのは行きすぎかもしれないが、世界の切手コレクターの半数以上は青少年なのだから、ヌード切手で一もうけしようという発行計画を立案することこそ、ハレンチというべきであろう。

三　切手は四角い紙とはかぎらない

切手用紙変わり種

切手に用いられる印刷用紙は、ふつうは特別に調達されたものである。特に近年各国で使用されている高速多色刷り印刷機は、その機械専用の紙が必要である。一般に凹版印刷で用いられる紙は厚手で、特に湿式の場合は、印刷の際にいったん用紙を濡らす必要があるから、薄手のものや、乾燥後凹凸のできるような紙はぐあいが悪い。

現在、日本で用いられている紙の厚さは、〇・〇九ミリという薄手のものである。

切手の用紙のなかには、黄、緑、青などに着色されたものもあるし、多少黄みがかったもの、強い光沢がつけられているものなどがある。また、戦後間もない頃の日本切手のように、再生紙を使用したために、用紙全体が薄汚く、まれに溶解が不充分なため、第一次印刷物の文字などの一部がのこっているものがある。

切手用紙のなかでおもしろいものは、第一次世界大戦後独立したラトビア共和国の切手である。切手用紙の不足に悩んだラトビア郵政当局は、大戦中ドイツ軍が使用して放棄して行った軍用地図の活用を思い立ち、地図の裏面に切手を印刷した。したがって、切手を裏返してみると、地図の一部分となっているのである。同国の切手のなかには、銀行券の裏面を利用したものもある。

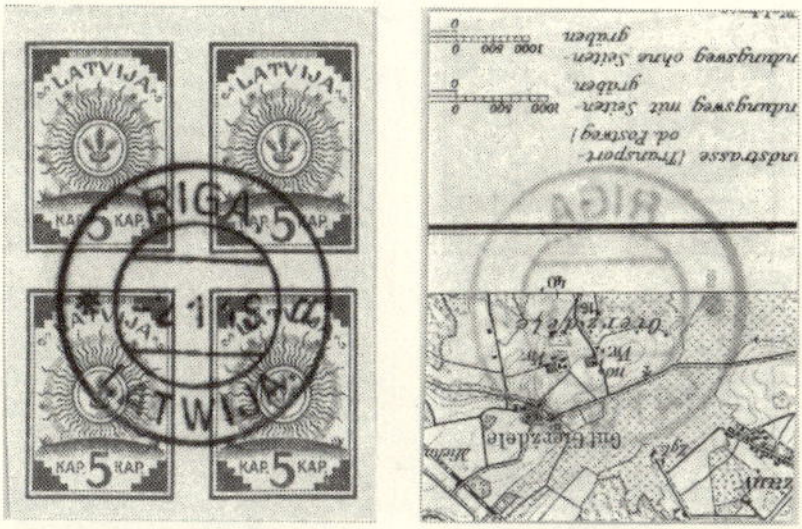

ラトビアの地図切手　表（左）、裏（右）

同じようなケースは、中国共産党が苦しい抗戦をつづけている時代に発行された、辺区の切手にも見うけられる。これは、あらゆる印刷物の裏側を利用したもので、時として切手の裏側から女優さんの顔の一部分がのぞいたりするのである。また、ポーランドの捕虜たちが収容所内で発行した切手には、新聞紙の余白を利用したものもあった。

第二次世界大戦中、ビルマを占領した日本軍は、応急の切手用紙として奇抜なことを思いついた。押収した英国製

戦時中、占領したビルマで
発行した「矢野証紙」切手

切手シートのひろい耳紙を利用して、そこに郵便担当官の矢野氏の認め印を押したものを使用したのである。この「矢野証紙」切手は、切手シートの一部分であるから、当然目打も裏糊もついている立派なものである。

変形切手の登場

台紙からはがして、そのままペッタンと貼れるワッペンやシール、あるいは写真用のコーナーなどは、いずれも「自着糊」（自動糊）を使用している。台紙には一種のワックスをぬって、接着を防止している。とにかく簡単に貼れるのが特色である。

切手にこの糊を利用すれば、まず第一に封筒に貼るときに、いちいち湿らす手間がはぶけて簡便かつ衛生的である。そして、特筆すべきことは、いかなる形の切手をも製造できることである。

ペニー・ブラック以来、切手の形は縦長の長方形ときまってしまった。稀に正方形や、図柄を四五度斜《なな》めにしたダイヤ形の切手もつくられたが、切手と豆腐は四角いものと相場がきまっていた。一八五三年に喜望峰植民地（今日の南アフリカ共和国の一部）で、自国の切手を他国のものから明瞭に識別できるように三角形にしたときには、世界中がこの冒険的な試

トルコの八角切手

喜望峰三角切手

みに驚愕《きょうがく》したのである。

長い間切手のなかで変形切手と呼ばれていたグループは、三角形とかダイヤ形のものに限られていた。しかもこれらはいずれも四角形からの応用であって、三角切手も二枚向き合わせの四角形の連続の形で印刷できたからである。切手収集家は、せいぜい三角切手をもって変わった形の切手の究極だと満足していた。

もっとも、トルコでは八角形の軍用切手を発行したことがある。この切手も一応正方形の切手をつくって、縦横斜めに目打を入れることによって、だいぶできの悪い八角形を形成したのである。またベルギーでは六角形の電信用切手を使用したことがある。八角も六角も、目打をつける手間がたいへんである。

自着糊と珍形切手

無目打ならば、円形の切手も可能である。一八四八年の英領バーミューダ島やアフガニスタンの初期の切手などがそうだが、これは郵便局員氏の手間がたいへんである。

シエラレオネ地図形切手

シエラレオネのダイヤ形切手

結局、変形切手といえばたいていは三角切手で、ダイヤ形や、それをさらにくふうした菱形、台形切手ぐらいが限度で、それ以外に目打機械の改造に手間をかけないですむ方法として、二種類以上の図柄や額面のちがった切手を組み合わせた連刷とか、隣り合った切手がおたがいに天地が逆向きとなる、なんとなくポルノ風の感じをあたえるテート・ベーシュ（逆連刷）だとかいったものが登場した。

しかしながら、自着糊を切手に利用することによって、切手の形状に大革命がもたらされた。アフリカの新興国シエラレオネは、旧宗主国であるイギリスのウォルサム印刷会社に、とびきり珍妙な形の切手を製造させた。その形とはシエラレオネの地図の形である。幸いにもこの国の形はそれほど複雑な形ではなかったから、このデコボコ形の切手を台紙からはがして、封筒に貼るのはさほど困難ではなかった。

シエラレオネはダイヤモンドの産出国であるから、やがてダイヤ形――本当の意味の――の切手を発行した。しかも台紙の裏にはちゃっかりと宝石商の広告を刷り込んで、多額の広告費をかせいだのである。シエラレオネはつぎつぎに新しい形を切手の世界に持ち込んだ。

自着糊はコストが高いが、実用よりは郵趣産業として切手を製造する場合には、このことはそれほど障害にならない。同国は飽《あ》くことを知らずに新珍形切手の開発にはげんでいる。シエラレオネによって先鞭をつけられた自着糊切手は、その後英領ジブラルタルやトンガ王国でも採用されるようになり、アメリカでも一度だけ試験的に使用された。

自着糊切手は、郵便量の比較的すくない国が、郵趣的目的で発行するのに適しているから、今後ますます増加することであろう。

シュヴァイツァー博士追悼金箔切手　ガボン共和国

ソ連アルミ箔切手

金属箔切手

金属をごく薄くのばした箔《はく》（フォイル）を台紙に貼りつけた切手は、戦後登場した新しい分野で、最初はアルミ箔にかぎられていた。トップバッターはハンガリーで、一九五五年にアルミニウム生産二五周年を記念して発行された航空切手であった。残念ながらこの切手は箔にインキが充分着色していないため、画面があまり鮮明ではない。

アルミ箔は材質が廉価《れんか》であり、加工が容易であるため、これを切手に利用する国が続出した。ソ連の宇宙ロケット打ち上げの記念切手や、アラビア土侯国やアフリカ諸国などである。ただアルミ箔には難点が一つある。それはアルミニウム自体の欠点でもあり、酸化しやすいことである。郵便切手はいかなる場合でも多少は人間の手に触れることになるから、手の脂肪や酸性の分泌物が付着する。そして、それが原因でしばらくたつと切手の表面に腐蝕《ふしょく》が現れてくるのである。そのうえ、金属箔切手すべてについていえることだが、消印が押された部分は、圧力が加えられて凹面ができて傷つけられる。特に金属箔の特色を利用して、切手に凹凸面をつけた場合は、確実に表面にキズが出現するわけである。

金の純度の証明書つき

金属箔としては金箔の切手がいちじ流行した。最初に発行されたのはガボン共和国のシュヴァイツァー博士追悼の切手である。この切手の額面は必然的に高価なもので、一〇〇〇フランであった。台紙はごく薄く、切手の重量は約一・一グラムで、その大半が金の重さである。金箔の特性からして、この切手はひどくやわらかい。消印を押せば確実に図柄がくずれてしまう。というのは、この切手は表面の凹凸だけで図案を描いているからである。

いったい、このように高価な切手を貼った郵便物が、盗難にもあわずに安全に受信人の手に渡る可能性があるだろうか。ガボン郵政省は、この重たい切手が郵送中脱落しないよう

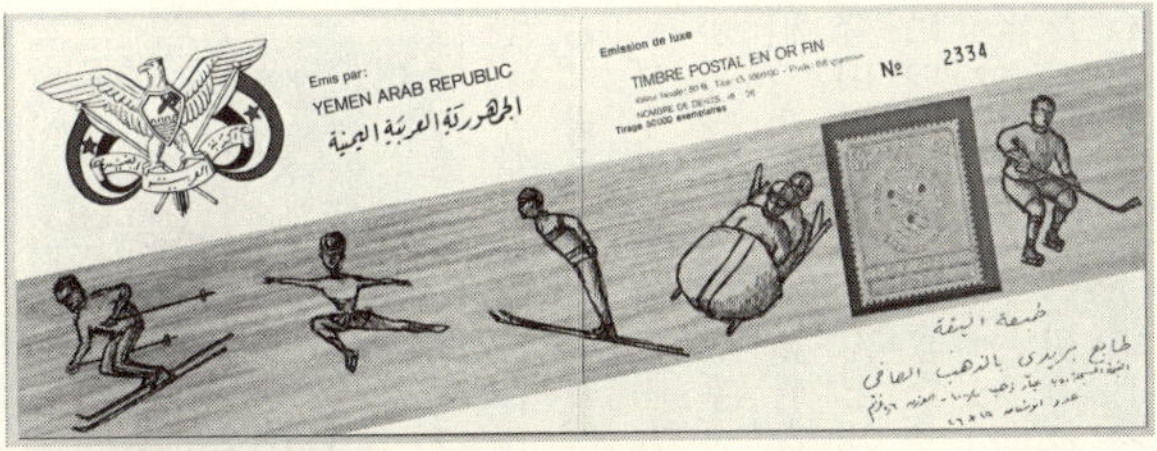

金の純度の証明書　下は金箔の拡大　イエメン共和国

に、きわめて粘着力の強い裏糊をつけてこの切手を発売しているが、この親心が本気であったとは考えられない。純金切手のほとんどすべてが、コレクターのアルバムかストック・ブックにそのまま大事にしまいこまれたことは確実であった。

金箔切手はアフリカ諸国で蔓延《まんえん》した。国威の発揚と財政上の目的からであった。またアラビアの切手海賊たちも、たちまちこれに着目して、つぎつぎにあやしげな理由をつけて金箔切手を発行したが、なかにはイエメン共和国のように、ごていねいにも金の純度の証明書をつけて発売した国もあるほどである。

金属切手の異色編

金属切手の変わり種は、ブータンの鋼鉄箔切手である。製鉄の歴史を図案にしたこの一二種からなるセットは、USスチール製の鋼鉄の箔を台紙に貼ったもので、非常に稀少な存在である。鋼鉄箔はアルミ箔と同様に、きわめて酸化しやすい難点がある。また重量もあり、目打によって切り離すことがむずかしい。

ブータン政府は一九六二年にはじめて切手を発行したが、以来外貨の獲得のために、つぎからつぎへと珍切手を発行している。同国の切手発行政策は、ゲテ物趣味で、郵趣家の懐を狙ったあまりに露骨なものなので感心できない。しかし、鎖国主義のために、ヒマラヤへの登山以外、ほとんど知る人のいなかったブータンという国の存在を、全世界に宣伝することについては、大きな効果があったのである。

金属箔切手によって、トンガという南海の小王国が突然世界の注目を浴びることになった。この国の最初の金属箔切手は、同国ではじめての金貨発行を記念したもので、切手はコインを模して、コイン型につくられている。ついでトンガではパラジウム合金のコインの発

ブータン鋼鉄箔切手

コイン型切手　トンガ

行を祝って、コインとおなじ材料によるコイン型切手を発行した。

コイン型の切手などという、思いもかけない形の切手の出現に、切手収集家達は唖然としたのである。もちろん、この切手は飛ぶように売れ、これを見習って、コイン型の切手が続出した。

コイン型切手の成功に気をよくしたトンガ政府は、コイン型切手の二番煎《せん》じ、三番煎じを発行し、また自着糊のものにまで手を出すようになった。それまでは、英連邦切手の末席を占めるだけの、きわめて地味な存在にすぎなかったのである。

金属箔切手にはこの他に銀箔のものもある。切手コレクターの懐を狙って、これからもまだどんな金属が切手に仕立てられるか予測が立てられない。

ビニール切手

繊維を材料にした切手として有名なものは、ポーランドで一九五八年に郵便馬車を図案とした小型シートがある。この切手は絹の上に印刷されており（絹の切手）、きわめて優雅なできばえである。また合成繊維テデロンに印刷された東ドイツの小型シートもめずらしい存在である。テデロン切手は、紙の裏打ちが施されていない純粋な合成繊維だけのもので、同国における化学産業の発展を宣伝するために発行された。材質がやわらかいため、小型シートの切断がよくできないから、多少歪んだものが多い。

ビニールの表面に微細な凹凸をつくって、光線の当てぐあいによって、ちがった図柄が見える子ども向きのワッペンや、風景が立体的に見える絵葉書などが市販されている。ブータンはこの手法の切手への応用を考えて、花や蝶や猛獣の切手を発売している。この手のものは切手としてはきわめて分厚く、よほど強力な糊を用いないと封筒に貼りつけることができない。子どもだましのいかがわしい切手といわざるをえない。

ブータン政府はジェミニ四号の宇宙遊泳をふくむ数次の立体切手を発行して、巨額の利益をあげた。この立体切手は、いずれも日本製で、大日本印刷に製造させたものである。

ブータンの成功を見て、アラビアの土侯国のなかにも真似をしたところがある。鈴木春信《はるのぶ》の浮世絵や二重橋を立体的にしたものや、世界的なSLブームに便乗して、日本のSLを図案にしたものまで登場した。

ビニール切手のなかでも、もっともあきれはてたものは、アラビアの一土侯国で売り出した鉄道切手で、光の加減で新幹線や小田急のロマンスカーが、SLに変化するものである。奇抜なアイデアといってしまえばそれまでだが、鉄道ファンの子どものおこづかいを狙った悪徳商法以外の何物でもない。

第八章　コレクター列伝

一　初期の収集家と大フェラリー

だれが最初の収集家？

郵便切手の収集家ほど、ありとあらゆる階層と年齢を幅広く包含しているものはないだろう。また国境・人種・宗教・信条を越えて、これほど全人類的な趣味はないのである。そのうえ、収集の目的や態度そのものも、学究的研究的なものから、マニア的熱狂的、ひまつぶし、老後の生活安定から資産の保全を兼ねたもの、目先の値上がりを目標にした投機的「収集家」まである。とにかく、ありとあらゆる分野の人々が、切手を集めているのである。

だれが最初の切手収集家であるかという疑問は、だれが日本最初の切手収集家かという問いに答えるのと同じく、なかなかむずかしい問題である。近年、サミエル・ロード二世という当時一六歳の少年が最初の切手収集家であることを紹介した「最初の切手収集家？」という小冊子が刊行されたが、あるいはそうかもしれない。

まだ切手が発行されない以前から、料金前納印の押された封筒類の収集が行われていた。また、一七七四年にアイルランドで最初の収入印紙を発行した時の印紙税長官のジョン・バークは、収入印紙のコレクターとして名を知られていた。とにかく、いろいろと、小間物を集めたがるのが人間の習性なのである。

最初の郵趣団体

疑われているが、ビクター・ウェッツェルなる人物が、五月六日、つまり切手発売の初日に、ノートブックに世界最初の切手を貼りつけたと主張したことがある。しかしながらウェッツェルが本当に世界最初の収集家かどうかは別としても、切手発行の当初から収集家が発生したことは事実である。大英博物館館員のジョン・エドワード・グレイは後年（一八六二年）に、自分は切手発行直後からの収集家だと回顧している。

最初の切手が発行されてから一五年目には、イギリスで最初の郵趣団体が結成され、「スタンプ・コレクターズ・マガジン」が刊行されている。それから一〇年遅れてパリでも郵趣団体が結成されて、グレゴール・エルパンが会長に選ばれた。エルパンは、その前年、それまでの「切手マニア」（タンプロマニア）にかわって、「フィラテリー」という新造語を使用することを提唱した人物である。ベルギーのブラッセルには、モエンと義兄弟のルイ・アンショーが初期の切手収集家として活躍していた。

大フェラリーの収集スケール

フィリップ・フォン・フェラリーはつねに大フェラリーと呼ばれている。別に小フェラリーがいるわけではなく、偉大な切手収集家に対する称賛から使われているのである。フェラリーのような大収集家は二度と出現しないと考えられている。実際、世界の珍切手という珍切手のほとんどを網羅した大コレクションを形成することは、今後絶対に不可能である。

フェラリーは一八四八年に生まれ、生涯の大半をパリにすごしたが、彼の家系はイタリアのジェノバの銀行家から身を起こして、ドイツ・オーストリア系の貴族として巨万の財産を保有していた。

フェラリーの富はとにかく計り知れないほどの莫大なもので、彼はこの財産を惜しげもなく切手収集に投じたのである。彼の家には、フランス国債や株券をつめ込んだバインダーでぎっしりとつまった書斎があったという。彼は毎週の切手購入の一応の限度額を五万フラン（二〇〇〇ポンド）ときめていたそうである。当時の五万フランは大変な金額であった。大英博物館館長の年俸のちょうど一〇年分に当たっていた。

彼は一〇歳の時から切手の収集を開始した。そして、何事に煩わされることなく、人生を切手の収集のために使うことができたのである。ありあまる富と時間のおかげで、彼の手もとに世界の珍切手が続々と集中した。世界にたった一枚しかない英領ギアナの一セント切手は、わずかに一五〇ポンドで彼のコレクションに加えられた。スウェーデンの一八五五年の三スキリング・バンコのエラー切手と、一八五一年のバーデンの九クロイツェルのエラー切手も、モーリシャスの「ポスト・オフィス切手」も、その他世界の珍切手でフェラリーのコレクションに加えられたものは数えきれない。

競売されたフェラリー・コレクション

フェラリーは、第一次世界大戦中パリを去ってスイスに移ったが、そこで一九一七年五月二〇日に六九歳の生涯を閉じたのである。彼のコレクションの大部分はパリにのこされたままであったが、フェラリーは大戦が終結したら、これをベルリンの郵便博物館へ寄贈する遺志であった。

ところが、このコレクションはフランス政府によって没収され、ドイツが支払うべき賠償金の一部に充当されることになった。切手は一九二一年から二五年までの五年間に一四回に分けて競売され、その総額は四二万ポンドに達した。

この競売によって、世界最大のコレクションはバラバラになった。ベルリンの郵便博物館にとっては、悔《くや》んでも悔みきれない残念事であった。世界中の切手収集家にとっても、フェラリー・コレクションが伝説上の存在になったことは、まことに残念なことである。

コレクターの心理の行方

だが、フェラリー・コレクションの解体は、切手収集の立場から不幸な事件であったとばかりはいえない面がある。フェラリーは膨大な資金によって、世界中の珍切手を買い入れたが、いったん買い入れた切手は、重複品が稀《まれ》に交換に出されるだけで、永久に門外に出ることはなかった。いうならば、フェラリーの切手部屋は切手の墓場であった。コレクターの心理などというものは奇妙なもので、いくら値段がつり上がろうが、それが民間の手にある間は、いつかは持ち主の手を離れる機会があるわけだから、したがって、その後に自己の所有品となる可能性が残されている――と考えている。こう考えている間は、その対象物が自分のコレクションに加えられた日のことを夢みていられるわけである。

すべての珍品がフェラリーの手中に集められ、やがてその全部がそっくりベルリン郵便博物館に収められたとするならば、おそらく珍切手に対するコレクターの熱はすっかり冷めてしまったであろう。たとえば、英領ギアナの一セント切手は、最初の持ち主〔注・一二歳のスコットランド人学生、ルイス・ヴァーノン・ヴォーン〕はわずか六シリングで一八七八年に手放したが、数年後にフェラリーはこれを一五〇ポンドで購入した。四〇年後〔注・一九二二年〕の競売では七三四三ポンドで落札され、さらに五〇年後にはかれこれ一億円で、フロリダの投資グループの手に帰した。当然、幾年後かにこの投資グループは、より高値を求めてこの切手を競売に出すであろう。その時には一体いくらの呼び値がかかるだろうか

史上最高売却額を4度更新した、英領ギアナ1セント切手

〔注・二〇一四年、サザビーズのオークション(競売)では九四八万ドル=九億七〇〇〇万円(当時)で落札され、一枚の切手の売却史上最高額を四度更新した〕。

郵趣界の先覚者

フェラリーと同時代のコレクターのなかには、イギリスのペンベルトンのように科学的な切手研究・収集の方法を開拓した人物もいるし、大英博物館における切手コレクションの基礎となった大コレクションを寄贈したタプリングなど、数多くの著名な人物がいた。

フェラリーの死後、彼のコレクションは当時のコレクターの間に分散されたわけだが、英領ギアナの一セント切手は、イギリス国王ジョージ五世の代理人とはげしく競り合った結果、アメリカのアーサー・ヒンドの手に渡った。

一九六八年と六九年に、合計五種の「郵趣界の先覚者」切手がリヒテンシュタインで発行された。この五種の切手には、ローランド・ヒル、フェラリー、モーリス・ビュルュ、カール・リンデンベルグ、テオドール・シャンピオンが描かれている。

最初の二人についてはすでにご存じのところであるが、後の三人についてはまだ触れていないので、簡単に紹介しておこう。モーリス・ビュルュはフランスのタバコ王で、スイスのローザンヌに住み、巨大なコレクションを築き上げたが、一九五九年に彼が死んだ時、コレクションは一〇〇〇万ドルを下らないと評価されていた。

カール・リンデンベルグはドイツ切手の大家として、ドイツ郵趣界では指導的立場にあった人物である。シャンピオンは、フランスのイベール・カタログ編集人として知られた鑑定家であり、大コレクターであった。彼のコレクションは、世界最大のものであるといわれているが、その後、未亡人のもとに保管されていたと伝えられている。

二　異色のコレクター、ルーズベルト

四〇人の切手収集家

二〇年ほど前に、あるアメリカ人が書いた切手収集の入門書に、「過去・現在の有名な切手収集家」という見出しで、四〇人ほどの名前が紹介されている。その選択が当をえたものかどうかはべつとして、アメリカ人が、どんな人物を有名な収集家と考えているかが分かっておもしろい。

そのなかには、ルーズベルト大統領、イギリスのジョージ五世と六世、エジプトのファウド王とファルーク王、ルーマニアのカロル王などの元首、フェラリー伯やグリーン大佐やカスパリーやアーサー・ヒンド、リヒテンシュタインのように、たしかに収集家として名の通

った人物も入っているが、アドルフ・マンジューやグレン・フォードのような映画スターや、ラウリッツ・メルヒオールのようなオペラ歌手、ジェリー・ワルド、レオン・バンバーガー、エルンスト・ケルのように映画やマスコミ界の有名人が登場しているのが、いかにもアメリカらしい発想である。この他にピアノ製造業者で音楽切手のコレクターとして著名なスターンウェイやスペルマン枢機卿があげられている。

一般にアメリカが中心で、ヨーロッパのコレクターが少ないが、東洋人としては唯一人日本の工業家として「バロン・ミツイ」の名がのっていた。バロン・ミツイとはいうまでもなく元男爵の三井高陽《たかはる》氏〔注・三井財閥創業者一族。一九〇〇－一九八三〕のことである。わが国の郵趣界の指導的存在である同氏が、とにかくフェラリーやリヒテンシュタインとならんで、世界の有名収集家の一人に数えられていることは、まことにうれしいしだいである。

FDRは切手収集家

フランクリン・デラノ・ルーズベルトは、通常FDRの略称をもって親しまれたアメリカ合衆国第三二代目の大統領である。彼の伯父セオドア・ルーズベルトは、日露戦争終結の斡旋をしたので、わが国に馴染の深い大統領であった。

FDRが大統領に就任した一九三三年は、大恐慌に引き続いて惹起された不景気のドン底の時で、アメリカでは数百万人にのぼる失業者が街にあふれていた。ルーズベルトは就任後、矢つぎばやに景気回復、失業救済の立法案を議会に提出した。いわゆるニューディール（新規蒔《ま》き直し）政策が打ち出されたのである。

ルーズベルトは国内ではそれまでの自由放任主義の経済政策の軌道を修正して、国民経済の復興に全力を傾注したが、一方外交面ではファシスト・イタリアや、ナチス・ドイツおよび侵略帝国と化した日本に対して、強硬な姿勢を示したため、ついに日米間に太平洋戦争をひきおこすにいたり、ドイツ・イタリアにも宣戦を布告することになった。第二次世界大戦を通じて、連合国側のもっとも強力な指導者であったが、ドイツの無条件降伏を目前にしてこの世を去ったのである。

このもっとも多忙な政治家は、一日の激務の時間を割いて、切手のアルバムを見ることを無上の楽しみとしていた。彼の死後、ルーズベルト・コレクションはオークションに出されて、総計はなんと二五万ドル（九〇〇〇万円）に達したのである。

彼のような偉い人物が切手収集家であったことは、世界中のはにかみやの収集家をどれほど勇気づけたことであろうか。彼の死後、フィリピンやモナコでルーペを手にして切手アルバムをながめるルーズベルトを図案にした切手が発行された。とにかくそれまで著名な人物が切手収集と関連付けて切手の図案に選ばれたことがなかったのだから、このルーズベルト切手はたいへん人気をよんだのである。

国立公園シリーズの登場

しかし切手を集めた大統領というだけでは、特別に異色のコレクターとして紹介するまでもないわけで、日本の政治家や軍人は別として、切手に趣味を持っている著名人は外国ではべつに珍しいことではない。ルーズベルトがフィラテリスト・ルーズベルトたるゆえんは実はそんなことではない。

ルーズベルトは民主党の役員のジェームズ・アロイシウス・ファーレーを郵政長官に任命する一方、陳腐なアメリカの切手発行政策にメスを入れた。シカゴ市制一〇〇年シカゴ万博記念の小型シートを皮切りとして、数次にわたって小型シートが発行されるようになったし、記念切手発行の回数がしだいに増加して行った。なかでも一九三四年に発行された国立公園シリーズは、一セントから一〇セントまでの計一〇種で、ヨセミテ、イエローストン、グランドキャニオン等、ポピュラーな風景が大型の切手として登場したものである。この国立公園切手の登場は、世界各国の郵政当局に大きな刺激を与えた。日本の国立公園切手第一次富士箱根四種の発行は、この二年後のことで、あきらかにアメリカの影響を受けており、切手のサイズまでそっくりである。

切手収集を楽しむルーズベルト

バード少将の南極探検を賛えた切手

ルーズベルトによるアメリカンイーグルを使った航空切手

新企画の発案とデザイン

一九三八年から始められたアメリカの普通切手の改定は、一セントから五ドルまで三二種類を同一の様式で統一したものである。このうち半セント、一セント半、四セント半の三種の端数つきの切手をのぞく残り二九種のうち、二五セントまでは、額面と歴代大統領の代数とが一致するという心にくい趣向なのである。

そして一九四〇年には文学・詩・教育・科学・作曲・絵画・発明の七分野にわたって、各五種類ずつ、計三五名のアメリカの知的代表を切手に仕立てたのである。それらの新企画は、切手収集家FDRの発案と推定されている。

ルーズベルトが切手の発行計画やデザインにふかい関心をもっていたことは事実であって、まず彼が大統領就任後間もなく発行されたバード少将の南極探検を賛えた三セントの記念切手は、ほとんどルーズベルトの「作品」だと伝えられている。また、一九三八年に航空郵便料金の改定にともなって、新しい六セントの切手を発行することになった時に、ルーズベルトがアメリカンイーグルを描いた新切手のデザインを作成し、これにもとづいて青と赤のかなり迫力のある航空切手が誕生している。

キャンペーン切手国旗シリーズ

さらに大きな話題をよんだ切手は、一九四三年に発行された国旗シリーズである。これはドイツおよびイタリアなどの枢軸国に侵略された諸国の解放とレジスタンスを呼びかけたもので、連合国側の団結と戦争目標を明確にするためのキャンペーン切手であった。これは戦時中アメリカが発行したもっとも大きなシリーズものであった。

この切手の発行計画はルーズベルトによってなされ、国旗とフェニックスと鎖を断ち切った女性とを描く共通のパターンは、ルーズベルトのデザインしたものである。ルーズベルトは専門のデザイナーではないから、彼の切手デザインはプロジェクト・デザインで、それをもとに専門のデザイナーが切手の原画に仕上げるわけである。

この国旗シリーズは一九四三年五月一一日に計画が発表され、ルーズベルトの指示で第一番目にポーランドの国旗を図案としたものが発行されると発表になってから、わずか三週間後の六月二二日に、この一番切手は郵便局の窓口に姿を見せた。以後、チェコスロバキア（七月一二日）、ノルウェー（七月二七日）、ルクセンブルク（八月一〇日）、オランダ（八月二四日)、ベルギー(九月一四日)、フランス(九月二八日)、ギリシア(一〇月一二日)、ユーゴスラビア(一〇月二六日)、アルバニア(一一月九日)、オーストリア(一一月二三日)の順で発行された。

当初の発行計画は以上一一ヵ国であった。しかし後にデンマークが追加され、一二月七日に一二番目に発行され、さらに翌年朝鮮が一三番目に加えられ、デンマークから一一ヵ月後の一九四四年一一月二日に発行された。

デンマークが当初加えられていなかったのは、デンマークがドイツ軍の進駐をみとめて、独立国の体面を保ちながらドイツの占領下にあったという特殊な事情にあったからであろう。

旗切手

朝鮮の追加は李承晩等亡命政客のつよい要求によったもので、戦後の朝鮮の処遇をふくめたものと考えられるが、先の一二ヵ国がいずれもドイツ・イタリアによって第二次世界大戦中に侵略占領されているヨーロッパの国々であるのに対し、朝鮮の場合は地域的にも、また独立を失った経過も年代もまったくちがうものであるから、このシリーズに加えるのは少々スジちがいといわなければならない。

追悼の黒枠切手

国旗シリーズは外国向け書状郵便の料金である五セントの額面がつけられた。外国の国旗を描いているので、その額面にふさわしいと考えられたのであろうか。しかしその当時ヨーロッパやアジアの大半は敵国側の占領地であって、外国郵便を差し出せる範囲は限定されていた。おまけに皮肉なことに、国旗が切手に描かれた国には、どれもまったく配達が不能だったわけである。

このシリーズは当初各回二〇〇〇万枚ずつ、二週間ごとに発行されることになっていた。しかし、各地の郵便局では、とうていそのようなピストン式発行の五セント切手を消化できなかった。そこで第八番のギリシアから後は発行枚数を五〇〇万枚減らすことにしたのである。

この切手は一三種ともおなじ図案、おなじ刷色のもののうえに国旗だけオフセット印刷でちがったものを刷り加えるという、アメリカで最初の印刷方法にしたがったもので、そのため従来どの切手も政府印刷局で製造していた五〇年来の習慣を破って、アメリカ銀行券印刷会社（アメリカン・バンクノート・カンパニー）に外注したのである。

とにかく、この国旗シリーズの生みの親も育ての親もＦＤＲであるわけだ。ルーズベルトはドイツの無条件降伏を目前にしながら、一九四五年四月一二日に急逝した。ギリシア政府は戦後ただちにルーズベルト追悼のための黒枠切手を発行した。あたかもギリシア国旗の切手を発行して、自分たちの祖国解放を激励してくれたことへの恩返しのようにである。

三　王様と切手

王者のコレクター、ジョージ五世

切手収集についてしばしばいわれる言葉は、「趣味の王者、王者の趣味」という尊大とさえ思われるほどの名言である。たしかに、切手の収集ほど趣味として楽しく、かつだれにでもできて、永つづきするものはない。その点趣味の王者という言葉は、まさに額面通りに信じてよいものである。王者の趣味とは、切手収集が王者の風格をもっていることをさすのだが、同時に王者のコレクターが実際に存在し、比較的数が多いことを物語っている。

王者のなかで切手収集で名高いのは、まずイギリスのジョージ五世である。彼が（代理人を通じてではあるが）、フェラリー伯のコレクションの競売で、英領ギアナの一セント切手を激しく争ったことは、あまりにも有名な事件であった。国王のコレクションはイギリス本国と属領の珍品を多数ふくんだもので、のちジョージ六世に引き継がれ、のちに切手専門の顧問官によって管理され、立派な図版集が出版されている。英国王室のコレクションも切手の墓場と呼ばれている。このコレクションに入ったが最後、二度と市場に出廻ることがなく、世界中の切手収集家の手のとどかない存在になるからである。

レーニエ３世とグレース・ケリー

国王の趣味とお国がら

エジプトのファウド王のコレクションはファルーク王に引き継がれたが、この浪費好きの国王がうろうろと海外にでかけている留守中革命が起こり、切手コレクションも革命政府に没収されてしまった。財政難に喘《あえ》ぐ革命政府はこのコレクションを一九五四年にロンドンで未練もなく国際競売にかけてしまった。

ルーマニアのカロル二世も、かなりのコレクターとして知られていたが、この王様の治世下にルーマニアは大型で美麗なグラビア切手を発行した。この国王は自分自身のカッコいい肖像切手――正装・平服、陸・海軍・飛行士姿、ボーイスカウトのリーダー、ハンター姿――でさんざんに道楽ぶりを発揮して、国王の座を去ってしまった。

彼は亡命にあたってコレクションを持ち出すことに成功したおかげで、これを処分することによって王者の威厳ある生活をつづけることができた。

おかげでルーマニアでは、グラビア印刷の技術だけは向上したので、戦後、多数のグラビア印刷による大型トピカル切手を発行して、外貨を稼ぐことができたのである。

モナコの国王レーニエ三世――というよりも女優・グレース・ケリーの夫君といったほうがわかりやすいが――は、やはり切手収集家として名高い。とくにモナコ初期の切手の収集が有名で、コレクションは王室内の郵趣博物館に展示されている。さすがに観光を財源とする小国の王様だけあって、切手のコレクションにちゃんと観光客誘致の役をはたさせている。

ドイツ人は切手好き

ローマ教皇パウル四世も、かなり熱心な切手収集家であったらしい。枢機卿時代からバチカンきっての収集家として知られていた。アメリカではスペルマン枢機卿が宗教切手の収集家として名をなしており、コレクションは没後設立されたスペルマン博物館に寄贈されたのである。アメリカには三六〇〇万人の切手収集家がいたといわれている。もっともこの数には小学生から老人まで、大コレクターから投資家までを含んだ数と思われるが、それにしてもたいへんな数である。

ドイツは切手趣味の本場のような国であるから、コレクターの数も多く、非常に緻密なドイツ風の収集をやっている。ヒットラーやゲーリングが切手収集をやっていたかどうか聞いていないが、ナチの高官達の中には相当熱心なコレクターがいたようである。しばらく前、アフリカ戦線を舞台にした戦争映画を見ていたら、ロンメル将軍が敵側の捕虜と切手の話を夢中になって論じているシーンがあった。話題になっていた切手は、帝制時代の植民地で発行された皇帝のヨット、ホーヘンツェルレン号の図案のものである。

ロンメル将軍がどの程度のコレクターであったか知らないが、平均的ドイツ軍人やドイツ知識人を描写しようとすれば、切手収集の趣味があるようにしておけば、まず外れないだろう。そのぐらいに、ドイツ人は切手好きである。

第九章　切手と政治

一　ソ連とナチス・ドイツのプロパガンダ切手

切手は国家のプロパガンダ

切手の発行権を保持しているのは原則として国家だけであるから、つねになんらかの意味で切手に国家のプロパガンダなり意思表示はつきものである。

ペニー・ブラックにビクトリア女王の肖像が描かれたことは、とりもなおさずイギリスの王室の権威を誇示することにほかならない。初期の切手が、この世界最初の切手の例に倣《なら》って元首の肖像か国章を図案に用いたことによって、早くも切手と政府のプロパガンダの方向づけが決定的になったといってよいであろう。わが国で最初の切手が計画されたときに、その図案として竜が採用になったが、この動物は東洋ではつねに中国の皇帝か、その周辺の諸国家で君主を象徴するものとされてきた。竜切手の次の桜切手には、皇室の象徴である菊の御紋章が登場して、切手はますます皇室の宣伝の一翼を担うものとなった。

しかし、切手を積極的、計画的に国家のプロパガンダの道具として考えるようになった最初の国はソ連である。ソ連では、革命後の内乱期には荒れ狂うインフレーションに追いつくために、その場しのぎの切手を発行していたが、一九二四年にレーニンが死に、スターリンが独裁的な権力を握るようになると、斬新な前衛的デザインの切手がボツボツ登場してきた。革命以後の特殊・記念切手の発行種類数の変化を見ると、ソ連政府がしだいに切手政策を重視していった経過がよくわかる（表4）。

1920年代	毎年平均	13種
1930年代前半	〃	26種
〃 〃 後半	〃	40種
1940年代前半	〃	69種
〃 〃 後半	〃	94種
1950年代前半	〃	65種
〃 〃 後半	〃	108種
1960年代前半	〃	137種
〃 〃 後半	〃	134種
1970年代前半	〃	118種

表4　ソ連の特殊・記念切手の発行種類の推移

ソ連切手の特色

この数字を見ると、ソ連では年間平均二日か三日に一種類ずつ、新しい切手が発行されていることになる。これらの膨大な量の切手の大半は、大なり小なりプロパガンダの意図で発行されたものである。早い時期のものには、五ヵ年計画の推進を呼びかけたものや、その成功を謳歌したものがあるし、一九四〇年代のものは「大祖国戦争」の戦意の高揚をはかったものや、その勝利を賛えたものが多く、多数の勲章切手がふくまれている。

ソ連で人気の宇宙飛行の切手

一九五〇年代以降は、政治・経済・文化・歴史のあらゆる分野を包含し、宇宙飛行の切手が数多く出現した。また、各国の社会主義運動を応援する切手が発行されている。たとえば日本関係では片山潜《せん》や、ゾルゲが登場している。この種類のなかには、ギリシア政府との間でトラブルを起こしたものなど、ときには内政干渉ととられるようなものをふくんでいる。切手を通じて、内には社会主義の教育を、外へは社会主義思想の輸出をはかるのが、ソ連切手の特色といえるであろう。ソ連切手の特色は、まずその数の多さである。切手洪水とでもいうべきもので、傑作に値するものはすくない。早くから多色刷りのものを発行したり、超大型やアルミ箔の切手も手がけているし、小型シートや独自の方式の発光切手も開発している。しかし、グラビア印刷のスクリーンの目が粗《あら》いとか、多色刷りの場合の色のズレとか、どちらかというと雑《ざつ》なものが多いのはお国柄であろうか。

高いドイツの技術水準

ナチスは政権を獲得して以来、ゲッベルスのひきいる宣伝省を拠点として、あらゆる分野にわたって徹底的なプロパガンダを繰りひろげた。切手の分野でも、ソ連とならんでそのプロパガンダ政策は刮目《かつもく》すべきものがある。

ドイツ人は世界中で最も切手収集の好きな国民である。またナ

ザール復帰

チス時代といえどもドイツは政治・経済・文化の各方面で世界の諸国と交流があったから、世界から孤立閉鎖されていたソ連とはちがって、ナチスのプロパガンダ切手を貼った郵便物は海外にひろく配達されて、その宣伝効果を大きなものにした。

ナチス切手のなかには、特に戦争末期のものには、あまりできのよくないものもあるが、全般的には、洗練された図案、精巧な印刷がドイツの技術水準の高さを示している。

ナチス切手の初期のもののなかには、ザール復帰とか、ベルリン・オリンピック大会とか、ニュルンベルクにおける党大会などを記念して発行されたきわめて感銘ふかい作品がある。

透かしのマークはカギ十字

ナチスは切手の宣伝力を高く評価していたから、政権を獲得するとその年の内に切手の透かしに、党のマークであるカギ十字（ハーケンクロイツ）を使用しはじめた。この新しい透かしの入った最初の切手は、ヒットラーが熱烈に崇拝したワグナーの楽劇を題材とした九種の慈善切手シリーズであった。

「タンホイザー」、「さまよえるオランダ人」、「ラインの黄金」、「ニュルンベルクのマイスタージンガー」、「ワルキューレ」、「ジークフリート」、「トリスタンとイゾルデ」、「ローエングリン」、「パルジファル」といった名楽劇の代表的シーンを図案にしたもので、コルプ教授の作品である。まことにワグナーものにふさわしいできばえである。

カギ十字の透かしは、当時使用されていたヒンデンブルク大統領を描いた通常切手に用いられるようになった。一応元首としての地位にあったヒンデンブルク大統領の切手の透かしがナチスのシンボルであったということは、きわめて象徴的である。このハーケンクロイツの透かし入りヒンデンブルク切手は、ヒンデンブルクの死後も数年間使用されていた。普通切手の図案がヒットラーにかわったのは一九四一年のことであった。

その間数次にわたってヒットラーの肖像を描いた寄付金付き切手が発行されている。その大半は彼の四月二〇日の誕生日を記念したものである。

寄付金付き切手

ナチスはやたらと寄付金付き切手を発行した。しかも郵便料金よりも寄付金額のほうが多いのが特色である。だいたいどこの国でも寄付金額は、郵便料金よりすくないのが通常で、それでもなかなか目標数を消化するのが困難である。ところがナチスの切手では、郵便料金の何倍もの寄付金をつけている例がすくなくない。最初のヒットラー切手は、六ペニヒの切

ヒンデンブルク

ヒットラー

手四枚を組み合わせた小型シートを一マルクで売り出したから、一枚については六プラス一九ペニヒ、つまり三倍以上の寄付金がついているわけである。ヒットラーの一九三八年から四二年までの誕生日記念には、一二ペニヒに三八ペニヒの寄付金が加えられている。

戦時中には寄付金のパーセンテージはますます高くなって、四〇プラス六〇ペニヒとか、一二プラス八八ペニヒといった類のものが発行されている。ドイツ郵政省のこの政策は、ドイツ軍の占領地や傀儡《かいらい》諸国に影響を与えた。クロアチアでは、ある将軍の死去を記念して一二・五〇クナになんと二八七・五〇クナの寄付金をつけた切手を売り出したし、また占領下のチェコ（ボヘミア・モラビア保護領）では総督ハイドリッヒが暗殺されたとき、六〇ハレルに九倍の寄付金を加えた追悼切手を発行している。

ナチス切手のなかで、毎年発行されて外国の切手政策にまで影響をあたえたものに「冬季慈善切手」がある。これは郵便料金のほかに寄付金が付加されており、この寄付金によって慈善事業の資金にあてるもので、冬季慈善寄付金募集は切手の発行だけでなく、ナチス時代に大々的に行われた。寄付金の一部をナチスの幹部が着服するスキャンダルもあったようである。実際、この事業の収支決算はかなりあやしげなものであったらしい。しかしこのシリーズは、商船（一九三七年）、花と風景（一九三八年）、古建築（一九三九、四〇年）など、なかなか優れたデザインのものがあり、人気を博したのである。もっとも、どこの国でも寄付金付き切手の売れ行きはかならずしもよくないもので、これも例外ではなかったようである。

勝利を誇示する戦争切手

第二次世界大戦が勃発すると、ドイツ軍は破竹の勢いで近隣諸国を席巻《せっけん》しては、そこで無数の占領切手を発行し、また、傀儡政権によってドイツの切手発行政策を模倣したものが現れた。

ナチスは美麗な切手を発行することによって、ドイツの勝利を誇示し、占領地の民心を収《しゅう》攬《らん》しようとした。ポーランド総督領、旧チェコ領（ボヘミア、モラビア、スロバキア）、旧ユーゴ領（クロアチア、モンテネグロ、セルビア）などの美麗な切手セットは、充分興味をそそるものである。

戦争後半に、ドイツ軍の誇る新兵器を図案とした寄付金付き切手を二回にわたって発行した。第一セットは一二種からなり、Uボート《ウー》やユンカースJU八七型急降下爆撃機などを描き、第二セットは一三種からなり、新型戦車やロケット砲を描いている。前者は凹版、後者

戦争後半、ドイツ軍の新兵器を図案化した寄付金付き切手

はグラビア印刷で、戦争切手としては、これ以上のものはないといえよう。第一セットは、Uボートによってははるばる日本まで二セットだけ運ばれ、当時収集家の血を沸かせた思い出の切手である。

さすがに、敗戦直前の何種類かは、デザイン・印刷とも粗雑になった。それでも最後まで、ドイツ式のつよい粘着力のある糊がつき、記念切手は大型、通常切手の中・高額は凹版印刷をまもりつづけた。糊も目打もなくなっていた貧相な当時の日本切手にくらべると、天と地ぐらいの開きがある。

すさまじい切手魂

ナチスは崩壊にいたるまで、プロパガンダ切手発行の努力を放棄しなかった。敗色濃い一九四五年二月に、ドイツ版玉砕《ぎょくさい》精神である国民突撃隊の切手が発行された。この切手には老幼の国民突撃隊員（フォルクス・シュトルム）の悲壮な姿が描かれている。そして最後に、SA（ナチス突撃隊）とSS（親衛隊）を顕彰した二種の切手を発行した。この切手はベルリン陥落直前の四月二一日に、ベルリン市内で発行されたが、すでに爆撃と市街戦によって、ベルリンの大半は廃虚と化しており、ドイツ軍の手中にのこったわずかな郵便局で発売されたが、発売準備中にソ連軍に占拠されたケースもすくなくなかった。

この九日後、ヒットラーは自殺し、ただちにドイツ軍は連合軍に対し無条件降伏を申し出たのである。すでにベルリンは包囲され、外界への通信は途絶していたが、最後の最後まで郵便業務を維持し、全滅に直面しながら記念切手の発売まで実行したドイツ人の切手魂は、そら恐ろしいものがある。

二　カタログに掲載されなかった切手

アメリカの切手輸入禁止政策

アメリカという国はふしぎな国である。世界でいちばん自由な国であると自負しているだけでなく、多少その光栄はうすれてしまったが、他国民からも自由の国として崇敬《すうけい》されてきた。ところが、切手の収集に関しては、世界でいちばん不自由な国といっても差しつかえがないほどの制限がある。

もちろん、いくつかの州では、他の品物を購入するときとおなじように、高い取引高税を徴収される。しかし、アメリカが不自由だというのは、そんな税金の問題ではない。

一九七〇年頃まで、正確にはニクソン大統領が中国を訪問して、米中の国交が回復するまで、アメリカでは中国切手（革命以前の中国切手と台湾切手はのぞく）は、いっさい輸入することが禁止されていた。輸入だけでなく、国内での売買が禁止され、これに違反すると罰金だけでなく、体刑も加えられることになっていた。

これは、敵性国家の製品をいっさい輸入することを禁じた財務省の命令に基づくものである。切手だけが禁じられたわけではない。切手もその一部とされたのである。この禁令のおかげで、スコットとかミンクスなど世界的に利用されているカタログから、新中国の切手は削除されていた。

その頃、禁令がだされていたのは、北朝鮮（朝鮮民主主義人民共和国）、カストロ政権下のキューバ、北ベトナムなどの切手である。これらの諸国とも、国交が回復すればアメリカのカタログにも掲載されることであろう。

ヨーロッパ諸国では、これらの国の切手に対して輸入制限をしていないから、ギボンズ（英国）とかイベール（フランス）とかミッヘル（ドイツ）などのカタログには、堂々と紹介されている。日本ではスコット・カタログの愛好者が多いので、禁令対象国の切手の収集にははなはだ不便を感じている。

無効を宣言されたローデシア切手

ヨーロッパのカタログのなかで、ギボンズには、アメリカとはちがった理由で掲載されない国がある。それはスミス政権下のローデシア切手である。

ローデシアでは今もって少数の白人が、多数の黒人を差別し、白人のみに特権を与えた国家を形成している。黒人に対する融和政策を主張するイギリス政府の勧告を無視して、一九六五年一一月一一日に、ローデシアは一方的に独立を宣言した。それ以来、イギリスではスミス政権下のローデシア切手を認めず、無効を宣言し、カタログにもいっさい掲載されていない。無効を宣言された最初の切手は、独立宣言を記念して一二月八日に発行されたもので、エリザベス女王とローデシアの紋章が図案となっており、「一九六五年一一月一一日独立」の文字が記されている。この切手は地元ソールスベリーのマードン印刷会社製である。

ローデシア独立宣言記念切手

イギリスが非公認のローデシア切手

これ以後は、すでに英国ハリソン社に発注済みの通常切手シリーズをのぞき、すべて現地製のリトグラフ印刷による切手が使用されている。

一九六八年七月二九日には、アメリカ政府もローデシア製品のいっさいすべての輸入を禁止したため、キューバ切手や北朝鮮切手と同様に、以後のローデシア切手はアメリカのカタログにも掲載されていない。

ローデシアの「非公認」切手には、あいかわらずエリザベス女王の肖像が掲げられ、英本国との紐帯《ちゅうたい》を謳《うた》っている。時代おくれの差別政策によって、自ら招いた孤立化であるが、勘当されたドラ息子が親の写真を肌身離さずもっているという感じがする。

実際に郵便切手として通用しているものを、切手として認めないというのは無理な主張である。イギリスでの有効性は別問題で、それは政策上の問題にすぎないのである。

スミス政権は最初から孤立していたが、アンゴラの解放や、アフリカ諸国の国際社会における地位の向上によって、ますます存立は困難となってきている。国内では差別政策緩和の傾向も見えはじめたし、経済的にもイギリスの軟化も予想され、いずれは両者の歩み寄りが実現するだろうから、ギボンズやスコット・カタログのブランクも埋められる日がくるだろう。

アンギラ独立事件

ローデシア問題ほど深刻な問題ではなく、むしろ西インド諸島らしい情熱的な事件なのだが、アンギラ独立事件はその後も尾を引いている。

この人口六〇〇〇ばかりの小島は、一九六七年二月に隣接のセントクリストファー・ネービスと合同して自治領を形成したのだが、両島に対する従属的地位に立つことをきらって独立を主張する。しかし、英本国の賛成をえられないことを知って、同年五月に英連邦からの離脱をも宣言するにいたった。

アンギラ「政府」は、現行切手に「独立アンギラ」と加刷した切手を発行した。もともと切手の在庫がすくなかったのと、投機の対象を避けるために、手紙を差し出したものに、料金相当の切手を郵便局員が貼るという慎重な方法がとられ、原則として未使用切手の発売と、郵趣目的の郵便物への貼付は行われなかった。

イギリス政府は、この切手の無効を宣言したため、以後アンギラ発行の切手はギボンズやスコットには掲載されていない。

セントクリストファー・ネービス・アンギラ

一九六九年一月にはアンギラ「政府」は独立を反復して宣言し、二月には独立運動の指導者ロナルド・ウェブスターが「大統領」に就任した。英国政府代表との交渉が難航し、総督の追放が行われる事態に追い込まれた英本国では、ついに武力によって解決することを決意した。

一九六九年三月一九日未明、三〇〇名からなる海兵隊員と五五名のロンドン警視庁警官が、ヘリコプターとゴムボートに分乗して、この電気も電話も水道もない小島に敵前上陸を決行した。しかし、火縄銃や海賊が活躍した時代の大砲まで動員したはずの防衛軍との衝突はなく、平穏に占領が行われた。

このミニ侵略戦争は、ただちに国連の安保理事会の議題として採り上げられることになる。ウェブスター「大統領」の出席がもとめられたが、大事には発展しなかった。結局、イギリスのアンギラへの説得は成功しないまま、アンギラは独立を主張して依然としてアンギラ切手を発行しているし、英国政府とセントクリストファー・ネービスはアンギラの分離独立を認めず、あいかわらず「セントクリストファー・ネービス・アンギラ」合同の切手を発行しつづけている〔注・一九七六年に自治権が付与され、一九八〇年に正式に分離された〕。

三　抹殺された国王たちと消えた林彪

黒々と三本の太い線が

ペニー・ブラックが出現した頃、南北アメリカの大半と、ヨーロッパの一、二の国をのぞいて、ほとんどが王国、大公国、あるいは帝国や土侯国であった。それから一世紀半もたたないうちに、多くの王国が共和国にかわった。今日、王様の君臨する国はヨーロッパでも、イギリス、ベルギー、オランダ、デンマーク、モナコなど一〇ヵ国ほどである。

スペインが一九三一年に共和国になったとき、それまでのアルフォンゾ一三世の肖像を表した切手の上に、レパブリカ（共和国）の文字が斜めに加刷された。ロシアやドイツで帝制が覆《くつがえ》ったときには、従来の切手が追放され、共和国の切手が登場しただけだったが、エジプトやイラクで革命が成功したときには、そんな生やさしいことではすまされなかった。

一九五二年に放蕩《ほうとう》者で切手収集家でもあったファルーク王の留守中に、ナギブ少佐らによって決行されたエジプト革命の結果、それまで使用されていたファルーク王の肖像切手には、黒々と三本の太い線が加刷され、すっかり王様の顔を隠してしまった。この切手の抹殺は、当時在庫中のあらゆるファルーク王の切手に実施されたので、なかには一九三七年発行のものまで含まれていた。またその前年、新たにスーダン王をも兼ねることになったファルーク王が、「エジプト・スーダン国王」と新しいタイトルを加刷した、得意の切手にまでも抹殺が行われた。まことに専制君主の運命ははかないものである。

エジプト革命により顔を隠された、ファルーク王

対照的なイラクとエチオピア

一九五八年、王宮を攻撃したクーデター部隊と、自ら銃をとって応戦し、壮烈な戦死をとげたイラク国王ファイサル二世の肖像切手にも、革命政府は容赦なく抹殺を実行している。ここでも、一〇年前に発行された少年王の肖像切手まで引きずり出されたのである。

これと対照的なのがエチオピアにおけるハイレ・セ

ラシエ皇帝の切手の処遇である。エチオピア帝国最後の皇帝は、一九七四年の革命後も郵便切手では皇帝としてエチオピアに君臨していた。皇帝を描いたスイス製の綺麗な切手にはなんの制裁も加えられず、次の通常切手シリーズが発行されるまで余生を送ることができたのである。革命政府がやっと新しい切手を用意してもなお、皇帝切手の使用禁止令は出されていなかったようである。このような優遇は、ながい間神の子として国民に崇敬されていたハイレ・セラシエ皇帝に対する政治的配慮からであったかもしれないし、あるいは何事にもノンビリとした国民性のせいであるのかもしれない。

赤色を主体とした切手

この切手をご覧いただきたい。この切手には、毛沢東主席と当時その後継者と指名されていた林彪《りんぴょう》副主席とが仲好く描かれている。これは一九六七年九月に発行された「毛主席の長寿をたたえる」切手第二次発行三種のうちの一つである。この三種の切手には、いずれも「偉大的統帥、偉大的領袖《りょうしゅう》、偉大的教師、偉大的舵手《だしゅ》、毛主席万歳」と毛主席に対する最大級の賛辞が書きならべてあり、「中華人民郵政」の文字は毛主席の染筆である。この切手は毛主席を賛えるとともに、林彪副主席を後継者として全国民・全世界に紹介したものとみてよいであろう。林彪副主席に直接関係のある切手は、この年一二月に「革命は毛思想に頼る」の文字を図案としたものと、翌年八月に人民解放軍四一周年を記念した揮毫《きごう》入りのものとがある。揮毫をそのまま切手にする例は、それまで毛主席にかぎられていたから、林彪も毛主席なみに取り扱われたと考えてよいであろう。

　この切手が登場したのは、紅衛兵《こうえいへい》の大活躍に引き続いて発展したプロレタリア文化大革命の最中のことだった。切手発行が一時的にストップした後、いわゆる文革切手の洪水的発行の時期に当たっており、この年と翌年だけでも毛主席の肖像や毛語録を記した「毛沢東切手」が五五種も発売されている。これらの切手の大半は赤枠付きとか赤旗とか、とにかく赤色を主体としたもので、派手な色合いのものである。

毛主席と林彪（1967）

　毛語録の表紙をはじめ、無闇やたらと赤色が使用されたため、中国では赤色の染料が極度に不足して困っているという、嘘か真実かよくわからない噂《うわさ》が流れていたのがこの頃のことである。

林彪切手姿を消す

　この後、しばらく林彪の姿が見えなくなり、そして一九七三年八月になって、突然三年前の林彪のクーデターの失敗と、ソ連へ亡命途中の飛行機事故による死亡が発表され、世界中をアッといわせたのである。そして、どのような指示があったのかくわしいことはわからないが、林彪切手は姿を消

前大統領の顔にコーヒー豆の袋を印刷したもの　コスタリカ

してしまい、日本で発行されている中国切手のカタログからも、林彪に関係のある切手は全面的に削除されてしまった。あたかも、最初からそんな切手は発行されていなかったかのごとくにである。

一度発行され、現実に存在する切手が、カタログから完全に追い出されるようなことは、ありえないことである。中国で今も林彪にかかわる切手の売買交換輸出入が禁止されているであろうことは想像できるが、地上から完全に抹殺してしまうことはできない。

中国以外では、これら林彪切手の市場価値は急騰し、この切手がまだ「自由」に買えた頃の一〇倍以上の値がつけられていた。

もともと生存中の人物を切手の図案にすることは、なかなかむずかしい問題をふくんでいる。政情の安定した国の元首などは別として、一般に政治家などの肖像切手は、情勢の急変によって、とんだトバッチリを受けることになる。

目障りな顔はつぶす

革命が年中行事のように頻繁に勃発する中南米では、追放された前大統領の切手の処分に手を焼くことがある。コスタリカでは、気の毒な前大統領閣下等の顔の上にコーヒー豆の袋を印刷したことがある。これで目障《めざわ》りな前任者の顔をつぶすとともに、特産物のＰＲになったのである。

合衆国政府は生存中の人物を切手や貨幣の図案に使用することを禁じている。おかげでニクソン大統領の肖像切手などを発行して、恥の上塗りをしないですんだが、アメリカの切手収集家の懐をあてにして、ニクソン大統領の光栄ある姿を描いた切手を発行した国々では、にがい思いをしていることであろう。

四　外国支配下の切手発行

埠際郵局と海関郵便

阿片戦争によって中国の弱体ぶりが露呈されると、欧米列強は禿鷹《はげたか》のごとく中国に群がって、領土を奪い、治外法権を認めさせ、租界を獲得し、中国を半植民地化していったのである。一九世紀半ばから一世紀にわたる中国のたどった歴史の歩みは、そのまま中国切手の変遷のうちに見出されるのである。

上海の共同租界では、早くも一八六五年から独立の執政機関である工部局書信館によって、中国における最初の郵便切手を発行した。当時中国には近代的な郵便制度はまだできていなかったものの、わが国の飛脚屋に当たる民信局や、公文書送達のための駅逓制度があった。工部局書信館はこれを無視して、全国の百余の都市に代理所をもうけたが、そのうちの一部は開港地に埠際郵局《ふさいゆうきょく》として独自の切手を発行するようになった。

上海工部局書信館は一八九八年に閉鎖されるまで三〇年以上も活動し、一三〇種あまりの切手を発行している。そのうち一八九三年の切手は、共同租界を維持している諸国の旗が描かれている。

埠際郵局発行の切手の大半は、郵趣的売り上げを目標として発行されたものである。それらの埠際郵局とは、厦門《アモイ》・芝罘《チーフー》（烟台）・鎮江・重慶・福州、漢口・宜昌《ぎしょう》・九江・南京・天津・威海衛・蕪湖などである。

一方、中国の港湾関税（海関）を支配していたイギリス人は、北京にある租界と上海・天津などの開港地との間に海関郵便を開設したが、後にこれが中国近代郵政の母胎となった。海関切手は一八七八年に発行が開始され、九七年に中国郵政に引き継がれたが、その最初のものは海関切手に料金を改定しただけのものであり、その次には収入印紙に大清郵便の文字を加刷したものであった。

加刷は臨時中立

中国で正式に切手らしい切手が発行されたのは一八九七年のことであった。その後も、ながい間、中国郵政は外国人の支配下に置かれ、そのために国内の紛争には超然として中立的立場をとっていたのである。辛亥《しんがい》革命にあたっては、郵便切手の上に「臨時中立」の文字を加刷して、体制・革命いずれの側にも立たなかった。

中国郵政の中立的立場を物語る最適の例は、日中戦争にあたって、開戦後数年間は日本軍による占領地においても、まったく同一の郵便切手を使用し、したがって占領地・非占領地間で通信が保たれたことである。やがて、通貨の問題から各省の地名を加刷したものが発行されたり、日米開戦、香港占領などの事態の変化によって、重慶と南京と双方で別々に切手の印刷を開始するが、図案は両者ともおなじものであった。

さて、中国に不平等条約を強要した諸国は、中国各地に租借地や租界を設け、そこに自国の郵便局を開設して、中国側の郵便主権を蹂躪《じゅうりん》したのである。香港やマカオは別として、フランス、イタリア、ドイツ、イギリス、ロシア、アメリカの欧米列強にならんで、在日外国局の撤退に苦しんだ日本さえも、中国各地に郵便局を開設した。しかも、在中日本局の数は最も多く、二〇局を超えていた。このような状況のもとで、中国は一九一四年まで万国郵便連合に加盟することができず、苦難の道を歩まなければならなかったのである。

独自の琉球切手の発行

沖縄本島は昭和二〇年（一九四五）六月に激戦のすえ、アメリカ軍に完全に占領された。

最初の「琉球郵便」切手

日本本土復帰切手　1972年

琉球ドル表示切手

琉球切手（おどり）

終戦後やがて秩序の回復によって、島内の郵便もしだいに復旧したが、当初は郵便は無料で郵便切手は使用されず、切手の貼っていない「スタンプレス・カバー」が配達されたが、次に日本本土から郵便切手を取り寄せて、それに各地の郵便局長の認め印を捺印したものが使用された。終戦後にアメリカ軍が上陸した宮古島や石垣島などでも、同様にこの認め印切手が用いられた。なかには在庫の切手のほか、収入印紙まで使用された例がある。

米軍占領下の沖縄および奄美諸島では、いわゆるB円が使用され、日本円の三倍の価値をもっていたため、本土と別個の切手の発行が必要であったし、アメリカ軍による軍事占領の事実を世界に宣伝し、その後のアメリカ領有化を促進するうえからも、日本本土とちがう「琉球切手」の発行は効果的であった。

そこで、昭和二三年七月に、そてつや鉄砲ゆりなどを図案とした最初の「琉球郵便」切手が発行された。それ以後、昭和四七年五月一五日の本土復帰までの二四年間にわたって独自の切手発行がつづけられたのである。琉球には、切手製造に適した印刷工場が存在しなかったので、琉球切手はほとんど全部が大蔵省印刷局の工場で印刷されたが、昭和三三年九月にB円使用を廃止して、米ドルの使用を突然強行した際にはじめて、現地で調達された切手が用いられた。以来、なんどか粗末な沖縄製の切手が発行されたことがある。

高騰した守礼門復元の記念切手

異常ブームの終焉

琉球切手はアメリカ切手の一部として、アメリカの収集家の間で人気があり、特に米ドル使用後は積極的な販売政策の結果、郵趣収入が貧弱な琉球財政にとって、重要な財源となったのである。琉球切手は南国の風俗や動植物を図柄に採用し、美麗な印刷によって日本切手の収集家の間にも好評であったうえ、発行数がすくないところから、ときとして投機の対象となった。

なかでも、昭和三三年発行の切手発行一〇年と守礼門復元の記念切手は、大型、多色刷りの切手で需要の多いものであったため、一部の切手商や某有名百貨店などが数億円の資金を投入して、日本とアメリカとで煽情《せんじょう》的な高値の買い入れをはかり、一枚数十円であったものを、わずかな間に一〇〇倍

未発行切手

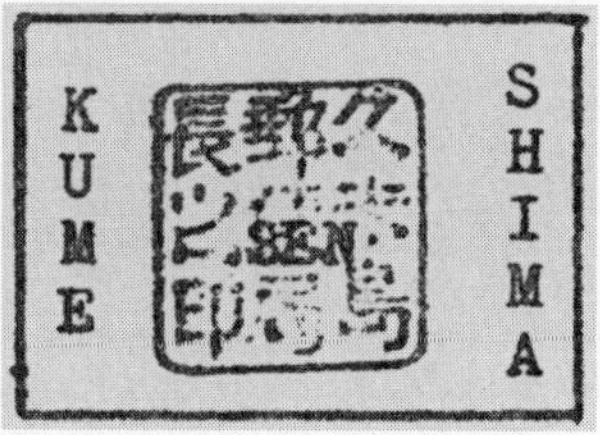

久米島切手

近い値段に釣り上げた。結局、このあくどい投機に対する世論の反発によって、百貨店が手を引き、値崩れがはじまって、琉球切手ブームは終《しゅう》焉《えん》した。

日の丸より下に描かれた

琉球で切手の発行にあたっては、あらかじめ占領軍民政府担当官の許可が必要であったが、すでに許可済みのものも、さらに上級の責任者からの指示によって、突然発行が停止されたケースがあった。そのうち特に印象的な事件は、昭和四二年に発行を予定していた日米琉合同記念植樹祭記念切手の発売中止である。

この切手の図案は、日米両国旗と植樹祭のマークを配したもので、当初緑・赤・紫の三色で印刷される予定であったが、印刷局への発注がおくれたため、灰緑色一色で印刷された。琉球政府郵政庁が発行案内に切手の図案を発表して以来、アメリカ側から星条旗の位置について苦情がだされ、発売直前になってついに発売中止命令が出されたのである。印刷局から到着した二〇〇万枚の切手は処分され、ついにこの記念切手は幻の切手となったのである。

アメリカ側では、表向きには、両国旗が単色であるため、国際的に問題があるからだとの理由を説明したが、実際には米国旗取り扱いに関する公達《こうたつ》によって、星条旗が外国旗（日の丸）より下方にあることや、国旗の一部に図案がかかっていることなどが原因であった。とにかく、占領軍にとっては、敗けたほうの日の丸より星条旗が下に描かれたことに我慢《がまん》がならなかったわけである。

琉球切手のなかで、特異な存在は「久米島切手」である。この切手は、終戦直後、久米島占領のアメリカ軍隊長が村の郵便局長に発行させたもので、タイプでKUME　SHIMAと打って、これを謄写《とうしゃ》版で印刷し、一枚一枚に久米島郵便局長の公印を押したものである。この切手は三一二〇枚印刷され、数ヵ月間使用された。タイプ・謄写印刷・判子というめずらしい組み合わせの切手である。

五　大臣と切手

田中大臣に右へならえ

国定公園切手は昭和三三年（一九五八）に佐渡弥彦《やひこ》国定公園〔現・佐渡弥彦米山国定公園〕の切手が発行されて以来、今日までに五九種ほど発行されているが、そのうち約五分の一が時の郵政大臣等の選挙区に所在しているもので、日本の特殊切手のうちで、もっとも政

佐渡弥彦国定公園（2枚）

治家と結びつきの強いものである。

そもそも、このシリーズ発行の契機は、元首相田中角栄氏が、はじめて郵政大臣として閣僚に加わった時に始まる。田中氏の選挙区にふくまれている弥彦は、すでに昭和二五年七月に国定公園に指定されていた。自分の選挙区をぜひとも切手の図案にしたいという大臣の意向によって、はじめて国定公園の切手が登場したのである。

すでに国立公園切手が継続して発行されているのであるから、それより次位の国定公園の切手を発行する理由はなかったわけで、国定公園シリーズの発行は、まったく政治的な要求にもとづくものである。このシリーズに、時の郵政大臣の選挙区を代表する、いわゆる大臣切手がつぎつぎと登場したのは、田中大臣に倣《なら》ったものである。国立公園はたいがい、二、三の県にまたがっており、人口稀薄な地区が多く、票と結びつかないうえ、すでに切手となったものが多かったから、大臣切手になりにくかった。それに反し、国定公園は範囲がせまく、一県内に納まるものが多く、選挙区と一致する場合が多いから、大臣在任中に大臣の権威

妙義荒船佐久高原国定公園（上の２枚）

を選挙民に誇示して、次の選挙を有利に展開する材料として好都合であった。

　郵政大臣の地位を利用して発行された大臣切手の一つ、妙義荒船佐久高原国定公園のものは、妙義山を描くものと、荒船山を描くものの二種が発行されている。これは長野を地盤とした井出一太郎郵政大臣と、群馬を地盤とする小渕恵三郵政政務次官とのコンビで発行されたものである。

高山祭カムフラージュで三種追加

　大臣切手の異色編は、お祭り切手シリーズである。これは昭和三九年から翌四〇年にかけて四種発行されている。このシリーズ

高山祭

年賀切手	赤べこ金のべこっこ	鈴木善幸	岩手一区
国際文通週間	広重画「箱根」	小金義照	神奈川三区
富士箱根伊豆	国立公園	〃	〃
錦江湾	国定公園	迫水久常	全国区(鹿児島)
年賀切手	岩井(鳥取)挽物人形	手島栄	全国区(鳥取)
お祭りシリーズ	高山祭り	古池信三	岐阜
大山隠岐	国立公園	徳安実蔵	鳥取
名園シリーズ	偕楽園	郡裕一	茨城(東京出身)
第九回国際原子力機関総会記念(東海村)		〃	〃
国際文通週間	北斎「隅田川関屋の里」	〃	〃
年賀切手	奈良の一刀彫	新谷寅三郎	奈良
秩父多摩	国立公園	小林武治	静岡(長野出身)
南アルプス	〃	〃	〃
八ヶ岳中信高原	国定公園	〃	〃
氷ノ山後山那岐山	〃	岡本敏夫	兵庫
姫路城		〃	〃
妙義荒船佐久高原	国定公園	井手一太郎	長野三区

表5　二宮文造議員の指摘した大臣切手一覧

の第一号は飛驒の高山の高山祭を題材としたものである。これは当時の郵政大臣古池《こいけ》信三氏が自己の選挙地盤の切手を出したかったが、国定公園指定区域ではなかったため、新たにお祭りシリーズの発行を指示したものである。切手には高山祭の屋台と白雪をいただく乗鞍岳が描かれているが、この図案については次のような噂がつたわっている。

この図案には、はじめ屋台だけが描かれていたが、大臣から乗鞍岳を是非とも入れてくれとの希望がでた。その理由は、「アソコまでがワシの地盤なんじゃよ」ということであったという。

このシリーズが、高山祭のほか、祇園祭、相馬野馬追、秩父祭のたった四種で終わったのは、高山祭一種ではあまりに露骨であったので、それをカムフラージュする目的で、三種を追加したためであった。

昭和四五年の第六五回国会の参議院決算委員会で、大臣切手の追及が公明党の二宮文造議員によって行われ、自民党の大臣諸公の職権乱用ぶりが指摘された（表5）。わが国の切手発行計画については、所轄官庁から申請された案件は郵便切手発行計画のための専門審議会にかけられるが、どうやらこの専門審議員諸氏は、郵政大臣のわがままを押さえるだけの識見をもっていないものらしい。

第一〇章　第二次世界大戦と切手

一　捕虜収容所の紙屑切手

イースター切手の発行

ドイツ軍の電撃的攻撃と、ソ連軍の背後からの侵入によって壊滅したポーランド軍捕虜を収容するためのキャンプが、ポーランド各地に無数につくられた。それらのキャンプのうち、ボルテンベルク、ムルナウ、ノイブランデンブルク、グロスボルンなどで、捕虜収容所の鉄条網の内だけで使用するための郵便切手が発行されたのである。捕虜切手は、苛酷で無聊《ぶりょう》な収容所の生活に潤《うるお》いを与えるためと、独ポ戦によって生じた戦争未亡人と孤児を救済するための基金を募《つの》るために発行された。

これらのキャンプのなかで、約六〇〇〇人のポーランド軍将校と数百人の下士官を収容したボルテンベルク収容所では、もっとも長期間にわたり、多種類の切手が発行され、しかも切手発行に関する詳細なデーターが記録され、実物貼付のカタログまでつくられていたのである。

ボルテンベルクの最初の切手は、一九四二年のイースターにカードを交換するために発行された。この計画はドイツ軍の許可をえて、九人からなる委員会によって実現したものである。最初の切手の図柄は、戦死者の墓標に額《ぬか》ずく婦人と子どもとで、戦争未亡人と孤児のための基金（FWS）のマークが記されており、額面は一〇フェニヒで、このフェニヒ（Fenig）はドイツの貨幣単位のペニヒ（Pfennig）をもじったものであろう。

この未亡人と孤児切手のほかに、同時に郵便屋さんと鳩を描いた二〇フェニヒの切手が発売された。キャンプの郵便局員氏はもちろん捕虜であったし、郵便局長以下全員が無償の奉仕であった。この切手にはキャンプのバラックの建物が描かれている。

ボルテンベルクの最初の切手　未亡人と孤児

間に合わせ材料とバリエーション

このイースター切手の発行は、大成功であった。そこで「恒久的な」郵便制度の設立と切手の発行について、ドイツ軍当局・収容所長の承認をえて、郵便委員会が設立された。かくして、一九四二年五月七日にいよいよ正式に郵便事業が開始された。

まず切手の製造であるが、当時切手を印刷すべき紙類はまったく払底していたので、ドイツ語の新聞や、あらゆる紙の余白をていねいに切手の大きさに切り取ったり、吸い取り紙や屑紙まで利用された。切手の原版は木片にペン先やピンなどを利用して彫られ、油絵の絵具をうすくのばしてつくったインクで、一枚一枚手摺《てず》りされたのである。

消印も使われたが、これには靴の踵《かかと》のゴムが廃物利用され、日付の変更も可能なものであった。

通常の消印の他に記念行事のための消印も作製された。

ボルテンベルクでは、一九四二年五月七日から、ソ連軍の追撃によって閉鎖移動させられた一九四五年一月二五日までの約二年八ヵ月の間に、四一種計六五万四〇〇〇枚余の切手と、六種、三万四〇〇〇枚の葉書と、五種、一万一〇〇〇枚の小型シートまで発行されたのである。

後には国際赤十字社とYMCAの援助によって切手の印刷に必要な紙とインクが供給されるようになったが、当初は本当に間に合わせの材料で切手が製造されたから、刷色や用紙のバリエーションは無数といってよいほどであった。最初の未亡人と孤児を描いた切手は、青・緑・茶・赤・黒の五種類があるが、色のバラエティーは一八種におよび、二六種類の紙が用いられ、両者を組み合わせて分類すると、なんと六三種類にも達しているのである。

シコルスキー将軍の追悼切手

ボルテンベルクではさまざまな切手が発行された。通常切手のシリーズとしては、一六、七世紀に活躍したザモイスキー、ゾルキエウスキー、チョドキウィッツなどの将軍や政治家達を描いたものが知られている。またポーランド独立二五周年を記念して発行された二〇フェニヒに八〇フェニヒの寄付金付きの切手だけは二色で印刷され、ポーランドの独裁者であったピルズッキー元帥が図案になっている。

ボルテンベルク切手の傑作はシコルスキー将軍の追悼《ついとう》記念切手である。シコルスキー将軍は、ポーランドの敗北後ロンドンに亡命政権を樹立して、その首相となっていた。亡命政権は義勇軍を募り、連合国軍の戦線に参加していたが、将軍は近東方面のポーランド義勇軍を視察する途中、ジブラルタル付近で飛行機事故によって死亡した。この追悼記念切手は一九四三年七月一五日に発行されているが、それは将軍の事故死からわずか一一日目のことであった。

切手には将軍を追悼する言葉はなに一つ記されていないが、ポーランド軍の制帽を着用した将軍の横顔を描き、黒色の刷色によって哀悼《あいとう》の意を表している。この切手は木版の特色をいかしたキャンプ切手中の名作といえるだろう。

シコルスキー将軍の死はキャンプの将兵にとって、希望の星を失ったような哀《かな》しみであったに相違ない。そして、それはソ連軍だけによるポーランド解放という現実とならんで、戦後のポーランドの政界に非常に大きな影響を与えた事件であった。それにしても、ドイツに敵対する亡命政権の首相閣下の肖像入り追悼記念切手の発行を計画実行した、ポーランド軍人の度胸は大したものである。またその切手の発行を承認したドイツ人収容所長の雅量にもおどろかされる。

一種の地方切手か

とにかく、四つの捕虜収容所で発行された郵便切手の総数は九二万枚に達し、葉書は約一五万枚（ムルナウの分は不明）、小型シートもまた二万枚に近い。切手の種類は通常切手、記念切手、寄付金付き切手から、速達切手や書留切手にまでおよんでいる。

苛酷な捕虜収容所の生活のなかで、多くの場合裏糊も目打もない粗末ではあるが、デザイン的にはけっして見劣りしない、これらの大量の郵便切手を製造し、発売し、実際に郵便に使用し、そして記録し、なかには趣味として収集したという事実は、まさに驚嘆に価するし、賞賛すべきことがらである。

当然のことながら、これらの収容所切手を郵便切手と認めることに対して異論が出されている。それは、狭隘《きょうあい》な収容所内だけで使用され、けっして外部に郵便を発送するときには用いられなかったこれらの切手は、ラベルにすぎないという主張である。それに対して、これを郵便切手と認める意見は強く、現実に有料で発売され、配達人によって受取人に配達されたもので、とにかく郵便の送達に実用されたものなのだから、一種の地方切手であるというのである。たしかに地方切手と考えればよいわけである。

二　謀略切手

有価証券の偽造

第二次世界大戦は総力戦と呼ばれ、ありとあらゆるものが戦力として動員された。しかし総力戦の美名のもとに、本来なら犯罪とされるべき行為がひそかに、あるいは堂々と実行されたことは、人類の道徳性の破滅へ通じるものとして識者の心を痛ませたのである。

それらの犯罪行為の一つに有価証券の偽造がある。敵国の通貨を偽造して流通させることによって、通貨に対する信頼を失わせ、経済的心理的混乱を引き起こさせようとするものである。ドイツ軍による精巧なポンドやドル紙幣の偽造については、しばしば話題となり、それ等は戦後もヨーロッパのヤミドル市場で活躍したと伝えられている。連合国側も、これに敗けじと贋《にせ》マルク紙幣の製造に力を入れた。マルクだけでなく、ドイツ軍占領下のフランス、イタリアなどの通貨の偽造も行われたようである。

初のグラビア印刷による切手

郵便切手の偽造はすでに第一次世界大戦の時に先例があった。イギリス軍諜報部《ちょうほう》によるド

「ゲルマニア」切手　右はニセ物

イツ切手の偽造はきわめて巧妙なものであったため、大戦後もしばらくはだれも気が付かなかったほどである。この偽造切手は、ドイツで当時使用されていた「ゲルマニア」図案の五、一〇、一五ペニヒの切手とババリア大公国の同額面のものである。

　このルードウィヒ三世大公を描いた切手は、世界最初のグラビア印刷による切手であったから、この偽造切手をつくるにあたって、イギリスではじめてグラビア印刷を切手に応用するために、さまざまな研究をすすめなければならなかったほどである。イギリス本国でグラビア切手が登場したのは一九三四年であることを思えば、この偽造切手の製造は画期的事件というべきであろう。

　このドイツ・ババリア切手に対する偽造は、そのことが戦後まで秘密にされていたところからみても、この目的は経済的攪乱《かくらん》を目標としたものと考えられる。しかしながら、切手の偽造による敵国経済の攪乱は、偽造紙幣の流通によるものほど大きな効果をあげることはできない。そのうえ、第二次世界大戦においては各国の防諜体制が強化され、偽造切手を流通組織に送り込むことはきわめて困難になってきたから、経済的なものより心理的な効果を狙った偽造切手、謀略切手の製造に力を入れるようになったのである。

対英謀略切手の傑作

ドイツ側の謀略切手は、本物のイギリス切手に謀略的な文句《もんく》を加刷したものと、まったくのニセ物とに分類できる。前者は、シンガポール、ラバウルの陥落であるとか、イギリス空軍のスイス領誤爆などのいやがらせを加刷してあるだけの、ごく簡単なものである。

ジョージ6世戴冠式記念切手

エリザベス王妃がスターリンに入れ代わったパロディー切手

後者にはなかなかの傑作がある。その一つは、当時のイギリス国王の戴冠式を記念して発行された記念切手のデザインによるパロディーで、エリザベス王妃の肖像の描かれている部分に、なんとスターリンが入れ代わっているのである。イギリスがソ連と手を結んでいることを皮肉ったものである。この切手のデザインをよく見ると、SS

SR－ブリタニアとあり、イギリスがソ連領にされていたり、テヘラン会談の日付が入っていたり、ユダヤの星（ダビデの星）や、鎌《かま》とハンマーの共産主義のマークが入っていたり、まことにいやがらせたっぷりのものである。

対英謀略切手のもう一つの傑作は、当時イギリスで使用されていた二分の一ペニーから三ペンスまでの普通切手の、パロディー的偽造である。この偽造切手は、一見本物そっくりなので、天から降ってきたこの切手を多少は実際に使用したそそっかしく欲深いイギリス人もあったかもしれない。しかし、本物とよく比較してみれば、かなり明瞭な相違点が存在している。まず、王冠の最上端に十字架の代わりにユダヤの星が描かれている。これは右上のあざみの花にも隠されている。左上のバラには鎌とハンマーが描かれており、額面のDの文字が鎌とハンマーにすり替えられている。そして、ジョージ六世の鼻は歴然たるユダヤ人ふうの鉤鼻に変えられているというぐあいである。

ヒットラーのドクロ切手

これに反して、連合軍側のドイツに対する謀略行為はよほど品の悪いものであった。その代表的な作品は「ヒットラーのドクロ切手」と呼ばれるもので、当時手紙用の料金であった一二ペニヒのヒットラーの肖像切手に似せて、ドクロのヒットラーを描き、国名のドイチェスライヒの最初のDをとり、二字目のEをFにすり替えて、フッチェスライヒ（消えた帝国）にしてある。ヒットラーはドイツの死神だという痛烈な謀略切手だが、敵国の指導者をドクロにしてしまうのは、一寸行きすぎというべきであろう。この偽造切手には、さらにさまざまな偽造品が横行している。

戦前にドイツで発行されたヒットラー切手四枚組み合わせの小型シートの幼稚な偽造品もつくられた。この偽造小型シートのヒットラーもドクロになっており、多数の十字架にかこまれている図案に変えられている。この他ＳＳ総司令官ヒムラーを描いたものだとか、冬季慈善事業募金切手に似せてつくった漫画ふうのものなどがある。

ヒットラー　右がドクロ切手

戦意を喪失させる方法

連合国側でつくったまじめな謀略切手は、一九四四年七月二〇日事件に関するもので、この切手の原型は、ナチ党歌の作詞者ホルスト・ベッセルを描いたものである。これをそっくり転用して、党旗を持つホルスト・ベッセルの肖像の代わりに、七月二〇日事件の主謀者の一人であったビッツレーベン将軍の肖像を入れてある。上端には「一九四四年八月八日絞首刑」の文字が入っている。切手の右側には「最後の勝利は我等のもの」という言葉をそのまま活かして、この切手を味のきいたものにしている。

しかし、これらの謀略切手は、あまりにできすぎたもので、戦意強固なドイツ人にどれほどの効果があったか疑わしいものである。むしろ偽手紙作戦のほうが効果的であったようである。これは、精巧なニセ切手を貼った封書や、偽の郵便葉書を送達する方法で、戦意を喪失させる文章が添えてあった。「あなたの息子さんやご主人は、東部戦線で餓えと寒さのために死に瀕《ひん》しています……」というような手紙をもらえば、それが偽手紙と分かっていてもだれでも平静ではいられなくなるわけである。

三　物資の不足と切手

使用制限と小型化

第二次世界大戦中、アメリカのような資源の豊かな国をのぞいて、交戦国であるか、非交戦国であるかを問わず、各国とも切手用資材の不足に悩まされたため、いろいろとその対策が講じられた。

日本では昭和二〇年に入ってから、切手印刷工場が空襲によって失われ、応急に民間工場を利用したものの、切手用の糊・用紙などが極度に不足したため、切手の供給に支障をきたした。そのため、まず速達・書留など郵便局の窓口を通すものは、なるべく切手を貼らず、料金収納済みのスタンプで代用することになり、ついで書状や葉書を提示しなければ切手を売らないとか、一人当たりの枚数制限を実施する地方が現れてきた。また郵便葉書の小型化も進み、切手の印刷は粗悪になり、裏糊も目打もついていないものが登場した。

　イギリスやフランスの海外植民地では、本国からの郵便切手の送達が困難になったため、現地で調達されるようになった所が多かったが、切手製造の経験に乏しい地域では、粗末なものが登場した。

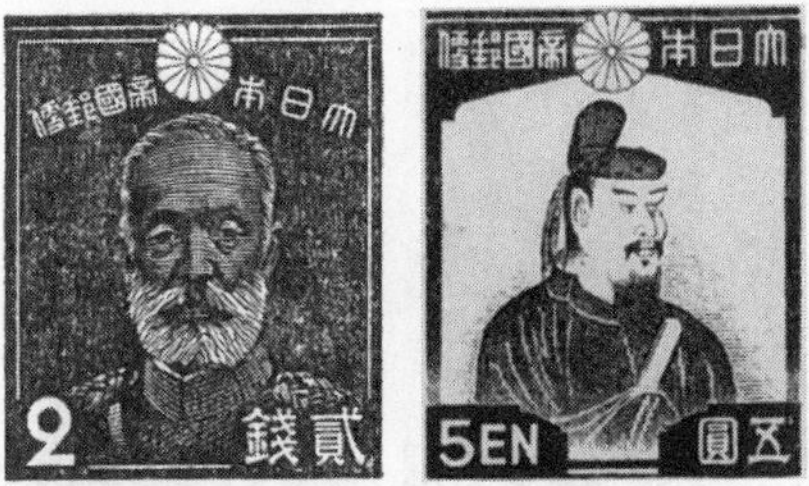

裏糊も目打もついていない戦争末期の切手

　用紙不足に悩んだ南アフリカ共和国では、思い切って、切手の小型化をはかり、従来の切手の二分の一の大きさのものを印刷した。しかし、小型切手用の目打機械がなかったため、二枚をならべて従来の切手の目打を施し、中央にルレット目打（三七四頁参照）を入れたのである。大型切手の中に三枚の切手を印刷して、二列のルレット目打を入れたものもあった。

半裁切手の通用

　特殊な例としては、英仏海峡の小諸島、ジャージーとガーンジーの場合がある。この諸島は英本国の属島ではあるが、フランス本土に近いため、街路には英仏両国語の名称がついているほどで、フランス系の住民が多い所である。一九四〇年六月、フランス本土を席巻したドイツ軍は余勢を駆ってこの諸島を占領した。ドイツ軍は、英国の一部を占領したことを誇示するために、英国切手と英国通貨の通用をそのまま認めたのであるが、島内の英国切手の在庫はたちまち底をついてしまった。そこで郵政当局は在庫切手を斜《なな》めに半裁して、額面の半分で通用させることにした。

このような半裁切手（バイセクト）は、緊急処置として郵便切手使用の初期には比較的よく見られたが、第二次世界大戦中には唯一の例となったのである。

２枚をならべて切手の目打を施した、２分の１サイズの南アフリカ共和国切手

ドイツ軍はやがて、ジャージー島とガーンジー島の紋章を図案とした現地印刷の切手を発行した。のちジャージー島では風景を描いたシリーズも発行されたが、切手の額面には最後まで英国通貨が用いられた。

イギリス最初の風景切手

両島のドイツ軍は、全ドイツ軍が連合国に降伏した一九四五年五月までの約五年間、この記念すべき「英本土の一部」を占領しつづけた。英国政府は解放三周年の記念日にあたって、両島の住民が永年にわたって受けた労苦に感謝するために、両島の風景を描いた二種の記念切手を発行した。この切手には、国名も記念の文字もないが、英国本国内と海峡諸島のみで発売されたものである。この切手は、風景を図案とした切手としては英国で発行された最初のものであった。

日用物資の大半を海外からの輸入に依存しなければならない英本国での、郵便関係資材の不足は深刻なものがあったが、切手の印刷の質を落とすことぐらいで何とか切り抜けることができた。しかし、当時の封筒などはできるだけ紙を使わないで済ますようにくふうされており、また、一回かぎりでなく何度も使用されたのである。

ジャージー島の切手

ジャージー風景　ドイツ軍発行

四　亡命政府と切手

フランスのド・ゴール政権

第二次世界大戦中、多数の亡命政府が主としてロンドンに樹立された。それらの大半はドイツの敗北によって、正式の政府として祖国に復帰したが、東欧諸国のなかには、ソ連の支持する地下組織やパルチザン政権との合意がえられず、ついに解体したものもできた。

フランスでは、一九四〇年春の悲劇的崩壊によって、第三共和政は消滅し、ペタン元帥を元首とするヴィシー政府が樹立され、中立を宣言したが、一方ド・ゴール将軍を中心とする亡命政権がロンドンに樹立された。

フランス本国では共和政のマークであったRFの文字が切手から姿を消し、ペタン元帥の肖像切手が用いられるようになった。この切手のなかには、レジスタンス運動の手によって偽造されたものがあり、シークレット・マークによって、同志の通信か否かを識別することができた。

フランスの広大な植民地は、はじめ大半が本国政府に忠誠を誓ったが、イギリスやアメリカの影響の強い地域から、しだいにド・ゴール側に寝返っていったのである。そしてド・ゴールの結成した「自由フランス」の複十字のマークがペタン元帥の肖像の上に加刷された象徴的な切手を発行する植民地が増加して行った。

ドイツ軍は、アルサス・ローレン二地区のドイツ領編入をきめていたので、一時この地区では、ヒンデンブルク大統領の切手に地名を加刷した占領切手を使用していた。その他のドイツ軍占領地域では、フランス切手が用いられた。

ド・ゴールはロンドンで、マリアンヌ図案の亡命切手を一九四二年に三種発行して、その存在を内外に示した。この切手は改版され、さらに文字の配置を少し変えたものが、三年後にフランスの解放地区で使用されることになった。

ド・ゴール側の切手

ペタン切手

ポーランドの亡命切手

ドイツ軍に席巻された最初の国ポーランドの亡命政府は、一九四一年一二月には早くも最初の亡命切手を発行した。この切手は主としてイギリス軍に編入されていたポーランド人部隊の通信に用いられたが、切手の発行目的は切手による収入と、亡命政府の存在の誇示にあったわけである。

この最初のシリーズには、ポーランドにおける戦禍と、闘うポーランド人部隊が描かれている。二年後に発行された第二シ

ポーランド亡命政権

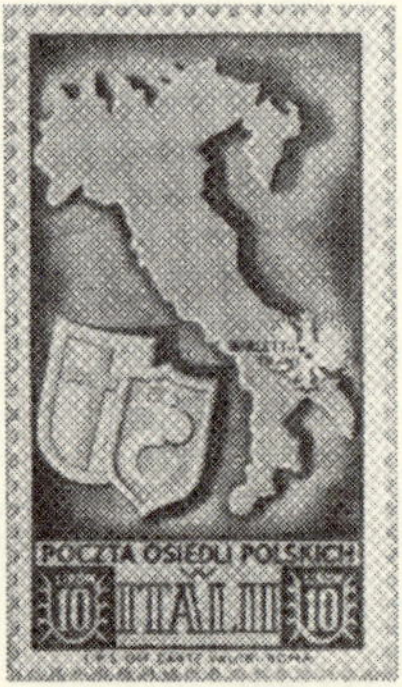

第２軍ポーランド人部隊

リーズには、シコルスキー将軍をはじめ、アフリカ、ノルウェー、フランス各戦線での活躍ぶりや、パルチザン部隊などが図案となっている。この後、モンテカッシーノの戦闘やワルシャワ解放戦の記念切手が発行されている。

一方、英軍配下の第二ポーランド人部隊約二万人は、第二次世界大戦後もイタリア各地に駐留して、ここで数種類の軍用切手を発行しているが、その実用性については疑問視されている。この部隊はソ連の強い要求によって、イタリアから撤退させられた後、解散したのである。

ノルウェー切手のVサイン

ノルウェーはドイツ軍の侵略に対して激しく抵抗した国の一つであるが、同時にクヴィズリングを首謀者とする親独勢力の寝返りのあった国である。ロンドンに亡命した王国政府は、一九四三年一月一日に六種の切手を発行した。このシリーズには駆逐艦や白夜の商船隊やスキー部隊などが描かれている。とくにおもしろいのは道路に書かれた「我等に勝利あり」(vi vil vinne) という文字を図案にしたものである。

この落書きは、チャーチルのVサインに匹敵するもので、ドイツ軍に対するいやがらせに占領下のノルウェーのいたる所で書かれたものである。ドイツ軍司令官は、この執拗ないやがらせに癇癪《かんしゃく》玉を爆発させ、腹いせに手元に押収してあったノルウェー切手全部にこのサインを加刷してノルウェー人に使用させたのである。すくなくとも一九四一年夏の時点で勝利者はドイツと枢軸国側であったから、この加刷切手の発行は、ノルウェー人民に対する手痛い報復になったのである。

亡命政府発行の切手は、亡命政府側のノルウェーの商船隊の通信などに使用されていたが、一九四五年六月に低額二種が追加され、ドイツ軍撤退後の正規の切手としてノルウェーで使用された。

九種のオランダ亡命切手

オランダはベルギーと同じく一九四〇年の春、ドイツ軍の電撃戦を受けて、抵抗の甲斐《かい》もなく撃破され、ウィルヘルミナ女王をはじめ政府はロンドンへ亡命を余儀なくされた国である。

しかし、ロンドンでの亡命切手の発行はおそく、巡洋艦「デ・ロイター号」や勇敢なるオランダ兵などを描いた九種の切手が発行されたのは、連合軍のノルマンディー上陸が決行されてから九日後の、一九四四年六月一五日のことである。

オランダ亡命政府切手

このシリーズは間もなく、連合軍によって解放されたオランダ領内で使用され、大戦終了後六種が追加されて、一九四七年末に無効とされるまで、ひろく普通切手として使用された。

ユーゴスラビアの場合

ユーゴスラビアは第一次世界大戦後に成立した多民族国家であったが、とくにクロアチアの自治権要求が強く、第二次世界大戦勃発にいたるまでも困難な国内問題をかかえていた。一九四一年三月ドイツの圧力のもとに枢軸国側に加わったが、それを不満とする軍部のクーデターが決行された。これに対しドイツ・イタリア両軍は、即時ユーゴスラビアに侵入を開始し、わずかに一二日間でユーゴ軍の組織的な抵抗を撃破し、ユーゴスラビア王国をクロアチア、モンテネグロ、セルビアなどに分割してしまった。

国王ペタル二世はロンドンに亡命政府を樹立し、ミハイロビッィ将軍指揮下のチュトニック部隊と、チトー指導下の人民解放軍とが山岳地帯に立てこもってパルチザン戦がつづけられた。その後チトーの人民解放軍が有力になり、一九四四年一〇月にはソ連軍と共同して首都ベオグラードを解放した。

戦後、チトーの樹立した臨時政府とロンドンの亡命政府は合体したが、ついに国王の復帰をみることなく、総選挙における人民戦線派の圧倒的勝利によって、一九四五年一一月にユーゴスラビア連邦人民共和国の成立が宣言されたのである。

悲運の国王ペタル二世の肖像を描く最初の亡命切手は一九四三年三月に発行され、同年一二月にはユーゴの代表的詩人や文学者を描いた六種の切手と組み合わせ小型シートとが、建国二五周年を記念して発行されている。

戦うインド国民軍

第二次世界大戦中の亡命政府は、ほとんど枢軸《すうじく》国側に国を奪われて、ロンドンなどに樹立された連合国側のものであるが、唯一の例外として、枢軸国側の亡命政府、インド国民軍がある。これはインド独立の志士スバス・チャンドラ・ボースが当初ベルリンに、ついで東京に本拠を移したものである。

亡命政府とはいっても、本来正統の政府が海外に亡命したものではなく、海外で亡命政客が樹立したものである。このインド国民軍が発行した切手は合計一〇種で、機関銃をかまえるシーク兵、糸車と婦人、鎖を断ち切るインドなど、インドの風俗と、戦う国民軍をテーマにしたもので、目打も裏糊もついていて、刷色もあざやかなものである。

それもそのはずで、この切手はベルリンの国営印刷局で製造されており、切手のデザインは、ドイツの船シリーズ（一九三七年）や花と風景シリーズ（一九三八年）などの傑作を製造したアクスター＝ホイトラスであった。インド国民軍は日本軍のインド侵入作戦（インパール）の失敗によって、ついにインド国内に政府を樹立するまでにいたらなかった。そして指導者ボース自身、終戦直後台北飛行場で謎の死を遂げてしまった。

五　運命の「敵国降伏」十銭切手

異例の遡及告示

昭和二〇年五月一八日、通信院〔現・総務省〕は「昭和二〇年五月一日ヨリ左ノ十銭郵便切手ヲ発行セリ」という新十銭切手発行を告示した。通常新切手発行の告示は、発行よりしばらく以前に出されるもので、そうでなければ告示の意味がない。ところが、三月一〇日、五月二六日と相つづくアメリカ空軍の大空襲で、都内の大半は灰燼《かいじん》に帰し、通信網もズタズタになっていたため、中央と地方との連絡が不充分で、すでに一ヵ月も以前に新十銭切手が発売されていたにもかかわらず、切手発行の当事者である通信院はまったく知らないでいたため、あわてて異例の遡及《そきゅう》告示となったのである。

当時、通信院は麻布飯倉の元貯金局であった建物にあり、構内の麻布郵便局では、すでに四月下旬頃から新十銭切手の発売を開始していたのに、本庁で気がつかなかったとはなんとも迂闊《うかつ》な話である。

さて、この告示の十銭切手とは、福岡市に鎮座する筥崎宮《はこざき》の楼門に懸《か》けられている亀山上皇の「敵国降伏」の勅額《ちょくがく》を図案としたものである。この図案は、戦時中切手の図案として公募した「時局郵便切手図案」の三等三席の入選作であった。入選作とはいえ、その席次が示すとおり、切手の図案としては、ただ勅額をそのまま写しただけの、きわめて芸のないつまらないものであった。

筥崎宮楼門

灰色刷りの勅額切手

この勅額は、元寇《げんこう》にあたって亀山上皇が敵国元の調伏を祈願して筥崎宮に奉献したもので、その結果神風が吹き起こり、敵軍は敗退したという歴史を伝えるものであった。

この図案がいよいよ切手として登場するようになったのは、昭和二〇（一九四五）年四月一日から、郵便料金が値上げになり、第一種（書状）の料金が一〇銭となるため、新十銭切手が必要となったからである。それまでの十銭切手は大東亜共栄圏の地図を表す紅色

勅額10銭切手　連絡ミスで発行された灰色（上）と、郵便局で正規に売られなかった淡青色

二色刷りであったが、物資の不足等から、この切手の製造が困難となったためである。

神風以外に戦局の好転を望めなくなって追いつめられた悲痛な国民の気持ちが、ついに勅額切手の出現となったといってよいであろう。昭和二〇年二月に、この切手の製造に着手、やがて印刷局からこの切手の灰色刷りの見本ができあがってきたが、これでは引き立たないため、淡青色で印刷するよう指示した。ところが、担当官の連絡が不充分であったため、見本通り灰色で印刷してしまった。

当時、十銭切手の不足がひどかったため、発行の告示がないままに、数ヵ所でこの切手を発売してしまった。そこで、このことに後から気がついた通信院では、前述のような異例の遡及告示を出すにいたったのである。

発行停止の命令

ところが、通信院では各地で発売された勅額十銭切手は、指示通り淡青色で印刷されたものと思い込んでいたので、この遡及告示でも「淡青色」と記している。この間、四月一四日に印刷局滝野川工場が空襲を受けて焼失し、以後紙幣工場で印刷が行われたが、一方告示通りの淡青色のものが凸版印刷板橋工場で印刷された。これはオフセット印刷で、目打も裏糊もついていないもので、終戦前に各局に配布された。また同工場では灰色のものも印刷された。

とにかく、灰色勅額十銭切手には目打のあるものと無目打のものとがあり、両者が終戦当時各地で売られていた。政府は終戦とともに、この切手が占領軍の目に触れた場合、感情をそこなうことを恐れて、八月二二日に各地の逓信局長、逓信管理部長宛に次のような内容の電報を打って、この切手の発行停止・使用禁止を命令した。

一、勅額十銭切手の売捌《さば》きを停止すること
二、すでに売捌き済みのものは、なるべく他の切手と引き換えること
三、郵便物に貼ってあるものははぎ取り、料金収納印を押すか、または料金収納の旨を表示すること
四、この切手の処分については別に通知する

時は終戦直後の混乱時である。この命令は必ずしも忠実に実施されなかった。実際に切手をはぎ取って料金収入印を押印したところもあるし、「敵国降伏」の文字を墨で消して切手はそのままはぎ取らなかった局もあるし、またなんらの処置も加えなかったものもある。ともかく、占領軍が上陸する以前に、この切手は郵便局の窓口から姿を消したのである。この切手はかならずしも全国の郵便局に配給されなかったから、最後までこの切手の存在を知らなかった人もすくなくなかった。

告示の追加

さて、結局物好きなアメリカ兵達はこの切手を手に入れてたいへん喜んだ。日本はわれわれに降伏した記念切手を発行したと誤解してくれたのである。ところが、この切手の告示は淡青色であって、実際に目にふれた灰色ではなかった。アメリカのカタログ「スコット」社は、灰色切手が正規に発行されたものかどうかに疑念をもって、占領軍を通じて逓信院に問い合わせてきた。そこで逓信院は一二月二〇日になってから、次のような「十銭郵便切手発行告示追加ノ件」という告示を発表した。

逓信院告示　第二八〇号

昭和二〇年四月一日ヨリ左ノ十銭郵便切手ヲ発行セリ

昭和二〇年一二月二〇日

逓信院総裁　塩原時三郎

様式及印面大イサ　昭和二〇年逓信院告示第二〇八号ニ同ジ

刷色　　納戸鼠《ネズミ》色

理由

「敵国降伏」切手ノ刷色ハ当初納戸鼠色ノ予定ナリシ処、試刷品《タメシズリ》ヲ見ルニ灰色ニテハ図案ガ引立タザル為《タメ》淡青色ニ変更スルコトトシ総務局周知係員ガ刷色見本ヲ持参ノ上印刷局へ通知セリ、然《シカ》ルニ印刷局内部ニ於《オイ》テ現場トノ連絡不充分ナリシモノカ試刷品ト同色ノ切手ヲ若干製セリ　当時切手不足　甚《ハナハダ》シカリシ時ナレバ之ヲ廃棄スルニ忍ビズ其《ソ》ノママ便宜売捌《ウリサバ》クコトトシタリ　而《シカ》シテ告示ノ面ニ於テハ刷色改正ヲ告示スルコトハ朝令暮《ボ》改《カイ》トシ不体裁ニ付正当色タル淡青色ヲ記載スルコトニ止メタリ　然ルニ淡青色ノ切手が漸《ヨウヤ》ク市中ニ出ルヤ間モナク終戦トナリ売捌ノ停止シテ今日ニ至ルモノナルガ結果ヨリ見レバ告示記載ノ刷色切手ノ方刷製量少ナカリシ状況ノ為此《コ》ノママニナシ置クハ不適当ニ付納戸鼠色切手ヲモ発行シタル旨《ムネ》　告示スルコトト致《イタ》シ度シ

幻の使用済みをもとめて

告示の追加などと記されているが、発行日も刷色も訂正されており、本来ならば「お詫び

と訂正」とでもすべきところであるが、いまだ敗戦前のお役人ふうがのこっている頃だから、ただいたずらにまちがったのは当然だ式の弁解が述べられている。それにしても、片仮名まじりのお役所文書の内に、敗戦前後の混乱ぶりがうかがえておもしろい。

ところで淡青色切手の使用済みはいまだに一枚も発見されていない。わずかに一枚の例外は九州の宮崎県尾崎局で電話料金収納に使われたものが知られているだけである。してみると、すくなくとも使用された可能性があるわけである。郵趣上の大発見は、切手が発行されてから何十年もたってから行われる場合がすくなくない。今もって幻の使用済みをもとめて探求をつづけているコレクターがいるわけである。

戦後、淡青色勅額は郵趣団体を通じて四万枚だけ会員に頒布《はんぷ》された。それ以外に不法に流れたものもあると伝えられている。その他のすべての勅額切手は回収され、当局によって溶解処分された。この切手の運命は、まさに敗戦日本を象徴するものであったといえよう。

六　ドイツの分割統治とベルリン空輸の切手

間に合わせの抹殺印

第二次世界大戦はヨーロッパにおいては、ナチス・ドイツの壊滅的敗北によって終焉《しゅうえん》した。イギリス・アメリカ両軍は、イタリアとドイツの占領地で当座に使用する目的で、あらかじめ占領切手を用意していたが、ソ連軍にはその用意がなかった。

そこで、ソ連軍によって占領・解放された諸地方では、早速それまで使用していたヒットラーを描いたドイツ切手に、思い思いに間に合わせの抹殺《まっさつ》印を押印して使用した。その種類は膨大な数に達し、その収集は非常に困難である。通信網はずたずたに切断され、都市は破壊されており、切手の在庫もすくなく、郵便量も限定されていたから、それ等の抹殺切手は、いずれもごく少量しか製作されなかったからである。

しかし、やがてオーストリアのように通信設備の復旧のすすんだところでは、統一的に「抹殺業務」が行われるようになり、有名な牢獄シリーズが発行されることになった。

一方、ソ連軍占領下の旧ドイツ領諸地方では、新しい地方切手が続々と誕生した。極度の物資欠乏下であったから、いずれも粗末なものであったが、なんとか目打を付け、あまり効果的ではなかったが糊のついたものが多かった。用紙はまったく間に合わせのものが使用されたから、なかには透明なロウ紙に印刷されたものもあった。

ヒットラー抹殺切手

牢獄切手

ドイツの分割統治と切手

事態がしだいに安定してきたとき、あのチャーチルの演説で有名になった「シュテッティンからトリエステまで」の鉄のカーテンが、ヨーロッパを西と東とに分断していたのである。

ドイツでは、数字シリーズの次に、公募した図案による新生ドイツを象徴する統一切手が発行されたが、間もなく一九四八年六月の通貨改革を機に、東と西とで別個の切手が使用されるようになってしまった。

西側でも、フランス軍は最初から勝利の栄光とフランスの威信を誇示するとともに、領土的野心から、英米軍占領地区とちがう切手を自己の占領地で使用していた。それはやがてザールとバーデンとヴュルテンベルクの三地区に分けられ、後二者がドイツ連邦共和国に復帰した後も、ザールだけはなかなか手放さなかった。

ベルリン地区は、ソ連軍に占領された後、英米仏ソ四国の共同そして分割統治が実施され、独自の切手が発行された。西ベルリンがドイツ連邦共和国の一部になってからは、西ドイツの郵便切手が西ベルリン地区の切手と共通して使用されるようになったが、東ベルリンは東ドイツ、つまりドイツ民主共和国の首都として、東ドイツ切手が用いられていた。

一九三八年の合邦（アンシュルツ）によってドイツ第三帝国の一部になっていたオーストリアも、ドイツとおなじく四ヵ国によって占領されたが、郵便はソ連地区と米英仏地区に二分され、東・西二地区の郵便切手が発行されていた。一九五五年に、ようやく占領を脱して統一した独立国家として復活することができた。

西ベルリンの封鎖

西ベルリンは東ドイツに周囲を囲まれた陸の孤島である。西ドイツから西ベルリンには、数本のアウトバーンと鉄道と運河が通じているだけで、あとは航空路があるのみである。占領当初から、ソ連軍や東ドイツ政府は、ことあるごとにこの西ベルリンへの命の道に対して、制限を加えたり、突然閉鎖したりした。

一九四八年四月に開始された西ベルリン閉鎖は、西ベルリンへの陸上の交通路をすべて遮断して西ベルリンの息の根を止めようとしたものである。当時西ベルリンには約三〇〇万人の住民が生活していた。西ベルリンは面積わずか四八一平方キロメートルで、ちょうど東京二三区の八割ぐらいの大きさで、水も電気も食糧も一切が外から供給されている。西ベルリンは巨大な消費都市以外のなにものでもなかったから、水道と電気の切断は、西ベルリン市民の死を意味していた。この西ベルリンの封鎖は、西ベルリンを兵糧攻めにして、その全面的降伏によって東ドイツへの併合をはかったものである。

これに対して、早速西ベルリンを救済するための大空輸作戦が西側諸国によって実施された。西ベルリンの「陥落《かんらく》」は、自由主義諸国のメンツにかけても絶対に阻止しなければならなかった。これに失敗すれば、第二、第三のベルリン封鎖を引き起こし、つぎつぎに自由主義陣営の盟友を失うことになる。

資金カンパの郵便税切手

ベルリン大空輸作戦は、水や電源用の燃料をはじめとして、食糧や医療品はいうまでもなく、日用品からベルリンでの加工製造工業の原材料にいたるまで、ありとあらゆるものにおよんだ。一九四八年六月二六日から、封鎖が緩和された翌年五月まで一四ヵ月間実施され、合計約一六〇万トンの物資が空輸されたのである。

西ベルリンには、テンペルホーフとテーゲルの二つの飛行場があるが、いずれも狭隘《きょうあい》なものである。これだけの空輸は驚嘆に価するものである。

この期間、西ドイツからの西ベルリン宛の郵便物はすべて航空便となった。西ドイツとフランス占領地での郵便物には、西ベルリン救済のための資金カンパの郵便税切手が貼付されることになった。この小型の強制貼付切手は、応急のためにまず無目打で発行され、ついで目打が施されたものが発売された。

西ベルリンには、大空輸作戦に対する感謝を表すために、「虹の橋」の記念碑が建てられ、これを図案にした切手が発行された。今日では東西間の緊張が緩和され、陸上の交通も無事行われている。西ドイツ政府は、西ベルリンを国土の一部として、ベルリンの地名の入った切手を発行しているが、西ベルリンではドイツ本土の切手も有効であり、西ドイツではベルリンの地名入りの切手がそのまま使用できる〔注・一九七〇年当時〕。

七　ヒットラーの幽霊

仮面を剝がされる死神

第二次世界大戦後しばらくの間は、ヒットラーがベルリンの首相官邸の防空壕で自殺したのはデマで、実は某所に亡命しているのだという生存説が信じられていた。どういうわけか、ソ連側でヒットラーとエバの死体を発見していたことを秘密にして、公表を差し控えていたから、ヒットラーの亡霊が世界中をさまよい歩いてしまったのだ。

ナチスの高官達が相当数南米やアラブ諸国に身を潜めたことは、戦後一五年もたってからアイヒマンがイスラエルの秘密警察に捕まった一件をみても想像がつくわけである。

ナチス追放切手　オーストリア

ヒットラーの亡霊は切手にも何度か登場して、話題をふりまいている。その最も早い事件は、戦後一年目の一九四六年九月にオーストリアで発生した。ヒットラーによる併合の苦い経験を再びくり返さぬようにという「忘れるな展覧会」の開催を記念して、ナチスのオーストリア侵略やナチスの追放を図案化した八種の記念切手が発行されたが、実はこの他に、ヒットラーの仮面を剝がされる死神を図案としたものがあった。ヒットラーにさんざんな目に遭わされた人々にとっては、日頃抱いていた感情そのものズバリのグッドデザインであったと思われる。しかし切手は全世界にオーストリア政府の公的意思表示として流通するものであることを考慮して、政府の品位を疑われると考えてか、このヒットラーの仮面切手は製造しながら、発売を中止させられたのである。

股からのぞいた逆さの顔

第二の事件は、それから数ヵ月後、フランス軍の占領下のザール地方で起こった。占領軍はザールを他の地域から分離して、一九四七年一月に、二ペニヒから一マルクまでの二〇種類のザール地方専用の切手を発行した。

このうち製鋼業を描いた一五、一六、二〇、二四ペニヒの四種の切手の右側の労働者の股の間に、例のチョビ髭のわがヒットラーの顔が上下逆に描かれている。

とにかく占領軍のお膝元でヒットラーの顔が描かれている切手が発行されたわけで、まことに奇怪な事件である。この顔は原図の段階では気が付かず、切手になってみて初めてはっきりしたわけだが、それもなんだか解せない話である。そこで早速この切手は巧妙に修正されて、ヒットラーの顔は消されてしまった。同年一一月にザール地方はフランスの通貨が用いられることになり、切手には額面変更の加刷がほどこされたが、顔を修正された切手はこの時に、それとなく売り出されたのである。

シルクハットの変装

第三の事件は一九六四年に発生した。西ドイツ政府は、それまで使用していた偉人シリーズを中止して、古建築シリーズに切り換えることになり、一二月一五日に五〇、六〇、八〇ペニヒの三種の切手を西ドイツ本土および西ベルリン地区で発売した。

そのうち五〇ペニヒの切手にはエルバンゲンの城門が図案として選ばれたが、どういうわけか、左手の樹の枝にシルクハットを被ったヒットラーが描かれていたのだ。

軍帽ならぬシルクハットとヒットラーという組み合わせは一寸奇異に感じる人があるかもしれないが、彼が首相になった当初は、燕尾服にシルクハット姿で公式の会合に現れて、保守的な人々を安心させたものである。彼のこの「変装」は、ナチスの本性を隠すのに役立ったようである。だからドイツ人にとって、シルクハットのヒットラーは苦々しい思い出である。

この切手の図案はローゼがつくったが、原画・試し刷りのどの段階でも、はっきりヒットラーが見えたはずだし、こんな切手を発行すれば物議をかもすにきまっているにもかかわらず、なぜ発売されたのかふしぎである。案の定《じょう》、発売と同時に囂々《ごうごう》たる非難がまきおこったが、西ドイツ政府の弁明はあいまいなものであった。結局二年後に新しい建物切手シリーズが発行され、五〇ペニヒはE・ファルツの原画のものにかえられてヒットラーは消え去った。

今度はヒットラー専用機が

これでやれやれと思ったのも束《つか》の間で、一九六九年には第四の事件が発生した。これまでのケースはヒットラーの顔が問題であった。オーストリアの一件は正真正銘のヒットラーを描いたことが発売中止の原因になったわけだし、第二、第三の事件はヒットラーの似顔にも見えるものが原因となっている。ヒットラーはあの独特のチョビ髭のおかげで、きわめて簡単に似顔を描くことができる。だから、ヒットラーの似顔を描くつもりがなくても、図案の内にそれにまぎらわしいものが入り込むおそれがあるし、またそれを逆用して、図案の中にヒットラーを潜り込ませることもできる。ザールの一件はどうもこのケースらしい。西ドイツの古建築シリーズではどっちとも判断しかねるが、ローゼの作品はその後も発行されているから、ローゼには悪意はなかったのだろう。

ところが第四番目は、ヒットラーの顔ではなく、飛行機が問題となったのである。この切手はドイツの航空郵便五〇年を記念して発行されたもので、二〇ペニヒはユンカースのJU五二型機、三〇ペニヒはボーイングの七〇七機が図案となっている。航空郵便五〇年記念の切手にふさわしく、切手の周囲は赤と青の縞《しま》紋様になっており、なかなか楽しい気分をもっ

ヒットラー専用機の番号が描かれた、ドイツの航空郵便50年記念

ヒットラーの似顔にみえる

た切手である。ユンカース機は一九三〇年から四五年まで航空郵便に使用された三発機で、飛行機ファンには昔懐しい名機である。一方現代の航空郵便に利用されているルフトハンザ社のマークをつけたボーイング七〇七もお馴《な》染《じみ》のものである。

一見なんの問題もなさそうな切手であるが、実はこのユンカース機が問題で、機体に記されたD二二〇一こそヒットラーが一九三三年の総選挙以来乗り回していた専用機の番号である。早速、よりによってヒットラーの専用機を図案にするとは何事かという抗議が西ドイツ郵政当局に寄せられたが、これに対し、ユンカース機の最も古い型を描いたまでで他意はない、というのが当局の回答であった。

結局これは図案の選択のミスといおうか不注意というべきことであった。この一件は、旧ヒットラー帝国の版図では、未だにヒットラーの亡霊に悩まされなければならないという事例といってよいだろう。

第一章　各国の郵趣政策

一　切手海賊のデタラメ政策

土侯国発行と称する切手の氾濫

アジマン（アジュマーン首長国）、フィジェラ、ドバイ、ウム・アル・カイワイン、ラス・アル・ハイマ、アブ・ダビ……といったアラビア半島東岸の諸国、普通休戦土侯国《どこうこく》（現在はアラブ首長国連邦）と呼ばれる土侯国は、近年にいたるまで、ほとんどだれも聞いたことのないような砂漠の中の土侯国であった。いずれも国土こそ一人前だが、人口もほとんどなく、オアシス沿いの小さな集落が「首府」であり、イギリスがその保護にあたり、郵便制度もないところが多かった。これらの土侯国のいくつかは、石油危機以来、急にその存在が知られるようになったり、ドバイのようにハイジャック事件のせいで、突然知名度の高くなるところが出現したりした。しかし、まだまだ、そんな国が本当にあるのか、と首をかしげる人の多い国々である。

この地方での最初の切手は、イギリス郵政当局によって、一九六一年に発行された。この切手が、実際にどのくらい使用されたものか知らないが、さほどコレクターの関心を引かなかったことは事実である。

それが一九六三〜六四年頃から、降って湧いたように、つぎつぎに土侯国発行と称する切手が切手市場に氾濫《はんらん》した。この地方はもともと海賊の跳梁《ちょうりょう》した地方だっただけあって、これらの土侯国の切手商法はまことに猛烈そのものであった。とにかく初歩のコレクターが喜びそうなテーマなら、恥も外聞もなく、切手に仕立ててしまうのである。選手団を送りもしないオリンピック記念や、パビリオンもない万博記念、外国の美術全集から剽窃《ひょうせつ》した名画切手、チャーチル、ケネディー、ド・ゴール、キング牧師の追悼、ロケットの打ち上げ、珍魚、怪獣、自動車、SL、映画……なんでもかでも切手になってしまう。

これらの切手の大半は、アメリカや日本の切手商が土侯から発行権を買って、アラビアから遠く離れた場所で製作され、消印を押され（中には最初から消印を印刷したものもある！）、そして、発行国の郵便局（もし郵便局があったとしても）の窓口からはついぞ発売されることなく、切手商の手で全世界にばらまかれるのである。

許可は「ピーナツ」しだいか

これらが切手ではなく、無価値なラベルであることは論をまたない。もちろん正確なデータをうることは不可能で、どのぐらいの種類がいつ発行されたのか、永久に把握できないだろう。切手発行の許可は、土侯と「郵政大臣」とにいくら献金するかできまってしまう。中間で献金が蒸発して、せっかくの切手が「公認」されない場合もおきてくるわけである。まことに切手を利用した海賊行為というべきで、これらのラベルを「海賊切手」と呼ぶのは当《とう》をえたことである。

切手海賊たちの横行に便乗《びんじょう》して、これに参加した国もすくなくない。おなじアラビア半島には休戦土侯国以外にも似たような土侯国がいくつもある。革命によって共和国と称している国もあるし、反体制の王党派ゲリラ政府も切手上存在している。

大阪万国博のクウェートのパビリオンでは、金色のアルミ箔の記念切手が発売されていたが、この切手は関西在住の某氏がクウェートの高官の了解をとりつけて「発行」したもので、もちろん日本製である。ところが、これがどうやら王様のお耳にまで達しなかった模様で、とうとう公認されなかった。こういうトラブルは海賊切手にはままあるわけで、結局某氏の献上した「ピーナツ」(=賄賂)はあまり役には立たなかったわけである。

南アメリカのパラグアイやエクアドルやパナマなども類似の海賊行為で国庫を潤している し、一九六八年にスペイン植民地から独立した赤道ギニアも、アフビア勢に負けないデタラメな切手発行政策をとっている。この国は独立後すでに何百種類ものケバケバしい切手を売り出しているが、実際に国内で発売されたものかどうか疑わしいものが多い。

二　中国とメキシコの郵趣政策

親切な番号のインプリント

中国では人民政治協商第一回会議（一九四九年）以来、すくない年で年数回、多い年には二〇回八〇種以上の記念切手や特殊切手が発行された。中国切手の特色は、紀念切手と特殊切手とにわけて、それぞれの編号と、そのセット何枚中何番という番号と、最初からの通し番号が切手の印面の下にインプリントされていることである。

たとえば、開国記念の二万円切手には「紀4、4―3（29）」と記録されているが（三一三頁参照）、これは紀念切手第四編で、四種発行されたうちの第三番目、紀念切手の通し番号が第二九番目の切手であることを示している。これは収集家にとってたいへん親切なことで、他に例を見ないことである。

中国では、郵便切手がだれの目にも触れ、かつ世界じゅうに伝播するという特性を利用して、切手を社会主義革命の武器として考え、ひろく国民に切手収集を奨励した。大衆が切手を集めるうえに、このインプリントはたいへん便利なものになる。紀念切手は、国家的・国際的行事を記念するために、また特殊切手は人民公社とか中国の文化財の紹介のために発行された。

再版切手の制度

中国切手の初期のものは、発行枚数もすくなく、また郵趣組織が完成しなかったため、後から入手することが困難であった。そこで中国郵政当局は、一九五二年三月に発行されたチベット平和解放記念切手（紀一三）までの記念切手と、特殊切手の一部の再版を行った。再版の切手は、初版切手の一部にシークレット・マークをつけてあるので、注意してみれば簡単に識別できる。

再版した切手には、注文消印（オーダー・キャンセル）もほどこされ、未使用切手よりもやすく供給された。この前後から、中国は海外で展示会や物産展をさかんに開催するようになり、再版切手はその後発行された新切手とともに大量に輸出されるようになった。

注文消し切手の販売は、中国切手普及のうえに大きな役割をはたした。通常、中国郵便局の消印はお義理にも美しいとはいえぬもので、ベッタリと切手全面に確実に押されている。そのうえ、中国初期の切手には裏糊がほどこされていないため、切手はアラビアゴム糊をはじめ、思い思いの糊を使用しているので、封筒からはがすことがむずかしい。したがって、美しい図柄を鑑賞するには、この再版切手が好都合なのである。

中国切手のこの便利な制度は、文化大革命で中断して、その後新しい編号がスタートしたが、紀念と特殊の区別は廃止されてしまった。

人気を高める中国切手

中国切手は、アメリカが輸入を禁止している期間、主要な輸出先はヨーロッパ諸国と日本であった。とくに日本では日本郵趣協会をその窓口としていたので、「公定価格」が厳守され、比較的安価に充分な数量が供給されていた。何年たっても値上がりしない値段で、最初からの切手を集めることができた。しかし文化大革命の頃から、多少事情がかわってきた。窓口は他にも開かれ、「公定価格」はまもられなくなったし、かならずしも欲しい切手が順調に入ってこなくなったのである。

開国記念

再版切手の例

そして、アメリカの輸入禁止が解けると、一部の切手は入手が困難となり、信じられないほどの暴騰がつづいたのである。しかし、コレクターにとって、切手の価格が永久不変の価格であるよりは、まれには大穴を当てるようなスリルがあるほうが楽しいのである。すっかり印刷技術が向上して美麗な切手に衣がえした中国切手は、これからますます人気を高めていくことであろう。

メキシコの郵趣行政

つぎに、目をメキシコに転じよう。メキシコ・シティーの中心部にある中央郵便局の二階に、郵便博物館と郵趣課がある。ここでは一九二九年以来の、実に半世紀にわたる各種切手を原価で販売している。郵趣課ではスコット・カタログの番号と郵趣課の整理番号とをつけた便利な販売目録を無料で配布してくれるから、希望の番号なり切手の名称をいえばロッカーから取り出してくれる。お役所仕事なので、受付・計算・支払いに多少手間がかかるのと、なにしろ何百種類の新旧各種の切手を取り扱っているので、たいへんである。

筆者は第二次世界大戦前後のものを、三〇種類ほど注文したが、かれこれ三、四〇分もかかって取りそろえてくれた。その親切さには敬服すべきものがある。その間、次のお客はじっと待っているわけである。郵趣課は月曜日から金曜日の午前八時半から午後一時半まで開いており、土曜日と日曜日が休みとなっている。もっと欲しい切手があったが、旅行の日程の都合で、出なおすわけにもいかず、後ろ髪を引かれる気持ちで引き上げなければならなかった。

メキシコ郵政省では、切手の原色刷り見本の入った新切手案内も発行しているが、新切手の発行日に行列ができるようなことはないようだ。なにしろ、いつでも何年も前の切手が買える状況なので、なにもあわてて買う必要もないのだろう。それに発行当日に各局に新切手が到着しているとはかぎらないようである。メキシコは国土もひろく、先住民であるインディオとスペイン系と、その間の複雑な混血住民との統合融和が行われている国家で、ラテン・アメリカでも比較的教育が普及しているが、それでも非識字者がすくなくない。そのため、メキシコ・シティーご自慢の地下鉄の駅名には、必ず絵文字がついている。たとえば、インディオの言葉でバッタの丘という意味のチャプルテペク駅にはバッタが描かれているし、オブザベトリア駅には天文台の絵というぐあいである。

こういうわけで、各種の記念切手のデザインは、記念の意味が一見してわかるように、きわめて優秀なものが多い。必要が才能あるデザイナーを育てたのであろうか。メキシコ政府は、政府の政策の宣伝や啓蒙、すぐれたインディオの文化遺産をたたえるために数多くの切手を発行している。切手が、複雑な人種構成をもつこの国家の発展に、大きな効果をはたしていることは確実である。

三　クラウンエイジェンツの郵趣部門

郵趣的売り上げをのばすエージェント

イギリス本国および英連邦諸国だけでなく、ひろく世界諸国の政府・自治体・教育機関に対し、経済的技術的援助をするクラウンエイジェンツは、半官半民というか、とにかく政府から独立した機関である。クラウンエイジェンツの創立は遠く一八三三年にさかのぼり、現在は世界四〇ヵ国に事務所を置き、一〇〇ヵ国以上で活動を行っている。

このクラウンエイジェンツの活動分野の一つに郵趣部門がある。近年〔注・一九七〇年代半ば〕の実績は約五〇〇万ポンド（約三〇億円）で、このうち、ブームに乗ったコイン関係の収入が三〇〇万ポンド、切手は残りの二〇〇万ポンドで、切手部門だけでは赤字になっているとのことだ。

クラウンエイジェンツでは、一八六〇年代から活発に切手の製造にあたっている。王冠とCA（クラウンエイジェンツのイニシアル）の文字を配した透かしは、英国と英連邦諸国においてひろく利用されてきた。

クラウンエイジェンツの本部はロンドンにあるが、郵趣部門だけ分離されてサーレイ県サットンにある。ここでは、各国から新切手の発行計画についてコンサルタントを引き受け、デザイン作成、印刷製造についての周旋、そして全世界の切手商を相手とする販売にあたっている。

英連邦中でも、オーストラリア、ニュージーランド、カナダ、クック諸島など、クラウンエイジェンツの斡旋しない国が多少あるが、なんといっても大半はまだこの組織を通さないと、郵趣的売り上げが伸びないので、エイジェンツに依存している。いわゆる英連邦のオムニバスの場合、絶対的にクラウンエイジェンツの独壇場である。

クラウンエイジェンツの郵趣部門は大口の切手商だけが相手である。個々の収集家は切手商を通じて、英連邦の切手を購入することになる。英国や英連邦の国々では、一般に記念切手の発売には制限がない。だいたい一年間は自由に希望数だけ発売する。在庫がなくなれば増刷してくれる。そして、期限がきたら発売を中止して、発売枚数を発表する。

クラウンエイジェンツ「CA」の透かし

切手を通しての教育活動

英国切手は、日本切手のように時々ヒステリックな高騰をするようなことはない。もちろん一〇年、二〇年というう単位で徐々に値上げされている。ポンドの下落のせいもあって、何十年も前の切手が、日本の新切手より安いようなことさえある。

イギリスの郵政当局は、この一〇年来、古めかしい伝統の殻を破って、新しいデザインの切手の発行に熱意を燃やしている。グラフィックなものにも、写真を応用したものにもそれが見うけられる。

そして、なかでも特に力を入れているのは、青少年に対する切手を通じての教育活動である。切手の発行計画そのものが、売らんかな主義ではなくて、教育的テーマのものが多くなっている。

船シリーズ（一九六九年）、古城シリーズ（一九六九年）、民家シリーズ（一九七〇年）、村の教会シリーズ（一九七二年）などのほかに、毎年の周年もの、名画シリーズなどが発行される都度、全国の学校に念入りに編集された教育用のポスターが配布される。

四　日本とアメリカの切手発行政策

もっと計画性とアイデアを

わが国の切手発行計画は、原則として毎年度のものが前年度後半に決定される。したがって、年度の初頭に発行されるものは、発行計画決定後、せいぜい数ヵ月しか準備期間がないから、その図案作成は即席的なものになる。郵政省には五人の切手図案の技官がおり、別に外部に図案委員がいるが、毎年二〇～三〇種類発行される新切手や年賀葉書・暑中見舞い葉書などの図案作成に追いかけられて、充分図案の作成に時間をかけていない。

そのうえ、年次単位であるため、発行計画がタイムリーでなかったり、新シリーズの計画が終始一貫しないきらいがある。たとえば、ＳＬシリーズなどは、世界的ＳＬブーム、ＳＬ切手ブームが下り坂になってからようやく発行が計画されたうえ、最後の第五次切手では、それまでのグラビア印刷から突如として凹版印刷にかわってしまった。どうにも計画性のとぼしいものである。

年賀切手は、十二支にまつわる郷土玩具をモチーフにしていたのが、迷信かつぎのようでぐあいが悪いと、これを中断したが、画題につまって、またぞろ十二支が復活するという。まことに貧しいアイデアしか浮かんでこないものである。

日本切手の将来には、もっと一貫した計画性と、斬新なデザインとを要求したい。そのためには、切手発行審議会の構成の革新と、有能なデザイナーの登用が必要である〔注・以上底本出版時の状況による〕。

長蛇の列が意味するもの

日本切手の印刷技術は世界的に高く評価されており、印刷局では毎年東南アジアや中南米諸国の切手を受注しているほどであり、また民間の印刷会社も外国切手の印刷を行っている。しかし、国内で発売される切手の図案はまことにお座なりのものが多い。それにもかか

新切手案内のポスター

わらず、記念切手や特殊切手の発売日には、あいかわらず郵便局の前に長蛇の列が見うけられることが多い。これは、現在の切手発行政策に原因がある。

　近年、記念・特殊切手の発行は、国家的行事の周知徹底を口実としているだけで、実は赤字に悩む郵政省が、大蔵省の圧力に屈して、いたずらに収益をあげることを目的とした切手を発行しているのが実情である。しかも、そのやり口は、切手を買っておけばもうかるという大衆の心理を上手《じょうず》に利用したものである。

　そのためには、適当に売り惜しみをして、需要と供給のバランスをつねに一定の緊張状態にしておく必要がある。なるべくシート単位で販売し、発売と同時に売り切れるように仕組んである。コレクターは、すぐ買っておかなければ、後では買いにくくなるとせき立てられて、多少余分に買ってしまうし、エプロンがけのママ達はヘソ繰りのつもりで、将来の値上がりを期待して行列に加わるのである。

　本来、記念・特殊切手はその行事やキャンペーンが充分成果をあげるまで、一定期間全国どの郵便局でも自由に購入でき、それを郵便に利用することが要求されるべきである。

　しかし、今日では、二〇〇〇万枚、三〇〇〇万枚という膨大な発売枚数の大半はタンス貯金の一種と化している。

郵政省では、発行数の三割位が実用されていると考えているようだが、実際は一割にも満たないのではあるまいか。噂によると財政当局では、八割死蔵をするような切手発行政策を郵政省に要求しているということだ。このような不健全な切手政策は、できるだけ早く改善しなければならない。

建国二〇〇年のキャンペーン

アメリカの切手はFDRの時代に面目を改めたが、その後長い間型にはまったものになっていた。切手発行審議会がつくられて以降は、すっかり様子がかわって、斬新な企画のもとに興味ある切手が誕生している。また、民間で活躍している一流デザイナーに図案を委嘱するようになってから、「陳腐なアメリカ切手」というイメージは消しとんでしまった。

アメリカの記念切手の発行枚数は一回に一億数千万枚という膨大なもので、一、二の例外をのぞくと、二〇〜三〇年間はたいして値上がりというものがない。したがって、コレクターは安心してマイペースで切手収集を楽しめるし、記念切手の大半が実際に使用されているから、安い使用済み切手が充分に出まわっている。また切手を学童の歴史や地理の教材にすることも可能であることはいうまでもない。

建国二〇〇年を記念して、次代を担う子どもたちのデザインしたものを切手に登場させようというキャンペーンが大々的に展開された。そのパンフレットをみると、近年の代表的な切手が大きく紹介されている。さすがにアメリカだけあって、金をかけたキャンペーンである。

五　社会主義諸国の切手政策

オーダー・キャンセル切手

ソ連・中国をはじめ社会主義諸国では、切手は政策の宣伝の媒体として一〇〇パーセント活用されている。これらの諸国では、児童にも成人にも切手収集を奨励しているが、それは切手を通じて社会主義の学習が行われることを期待してのことである。切手は教材として、数多く発行されるが、未使用の切手を収集することは経済的な負担となるから、社会主義国家としては好ましくないことになる。そこでこの矛盾を解決する方法として考えられたのが、オーダー・キャンセル（注文消印）の制度である。未使用切手に消印を押して、額面の数分の一という安い価格で売り出すのである。

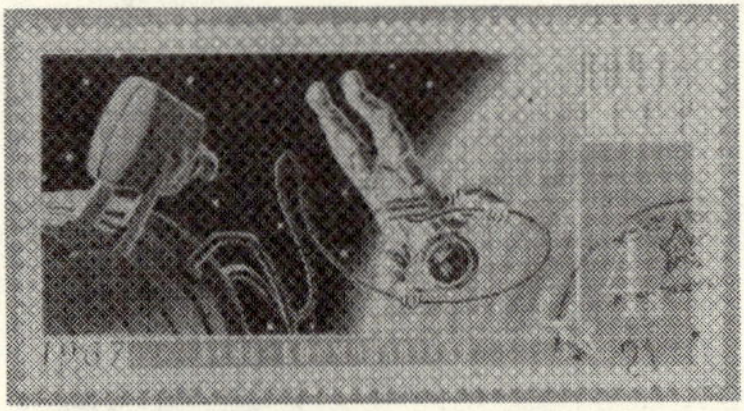

政策宣伝として活用されるソ連切手

オーダー・キャンセル切手は、消印がついていても、それは実際に封筒に貼って使用されたものではないから、裏糊もついているし、消印も一般に軽くきれいなものである。

オーダー・キャンセル制度は、新切手をたいへん廉価で提供することになるから、切手を海外に売り出すうえで、とても都合がよい。というよりも、一部の国をのぞいては、この制度は切手を輸出して外貨を獲得する手段として活用されている。

切手「ニッポニカ」をねらう

東欧諸国では、アメリカ、イギリス、西ドイツ、フランス、イタリアなど、切手収集家の多い国を目当てにして、さまざまな切手が発行されている。したがって、冷たい戦争の最中でも、アメリカなどのご機嫌を損なうような図案のものは敬遠されている。

アメリカ人の間ではアメリカーナといって、外国の切手に描かれたアメリカ人や星条旗その他、アメリカを表すものが熱心に収集されている。したがって、フランクリンだのケネディーの切手を発行すれば、必ずアメリカ国内でかなりの数が売れるのである。

日本が急速に経済大国として発展してくるにしたがい、アメリカや西欧諸国と同様に、外国切手の購買力が増大してきた。そこで、日本人の歓心をかうために、浮世絵や日本で開催されるさまざまの催し物に取材した切手を発行する国が増えてきている。

オリンピックや万博はいうまでもなく、ボーイスカウトの世界大会だとか日本の切手一〇〇年だとか、モナリザの展覧会だとか、その他もろもろである。日本を主題とした切手が出れば、やはり一組買っておこうということになる。これからもますますこのような日本をテ

モナリザ展覧会を記念して発行された切手

ーマにし、日本人の懐をアテにした「ニッポニカ」切手が出現することであろう。

東欧社会主義国もドルかせぎ

東欧社会主義諸国は慢性的なドル欠乏状態におかれている。工業化によって生産力を増強し、国民の生活水準の向上をはかるためには、クレムリンのほうにばかり顔を向けてはいられない。西欧、アメリカおよび日本などの機械や製品を輸入するにあたっては、どうしても外貨それもドルが必要である。

ドルはかつての栄光がうすらいできてはいるが、なんといっても国際社会では多くの国にとって、いまだ天国にいたる鍵である。そのドル獲得のためには手段を選んではいられない。もっとも強引な方法の一つに、切手の注文発行すら行っている国がある。もっと上品にいえば、国際提携による切手の発行である。

たとえば、日本の切手商や有力な郵趣団体などで、一定量の切手の受け入れを約束し、必要な金額を契約することによって、当方の希望の切手を発行してもらうことである。日本の専売公社がやっている結婚式や会社の創立記念日の記念タバコのようなものである〔注・一九九三年度をもって終了〕。とはいうものの、いくらなんでも、社会主義国家の体面を汚すようなものではぐあいが悪い。多少はちゃんとした名目がなくてはならない。

大阪万国博の際、たくさんの国々が記念の切手を発行した。なかには万博にパビリオンも出さない、まったくの便乗派もあったが、ちゃんとした参加国のなかでも、切手デザイン・作製・販売をあらかじめ日本の切手商や郵趣団体等と契約していたものもあり、何千万円だせば、出資者の希望の切手の発行を許可するという国もあったほどである。

第一二章　切手の未来

一　近代郵便制度の悩み

私設郵便事業の許可

一九七一年一月二〇日を期して、イギリスの郵便職員二三万人は、無期限ストライキに突入した。保守党ヒース内閣のクリストファー・チャタウェイ郵政通信大臣は、スト突入の場合は、国内の通信を確保するために、私設郵便事業を許可する旨発表した。

イギリスでは戦後慢性的に経済事情が悪化して、ポンドの国際的評価は下落の一途をたどってきたが、ドルショック、石油ショックによって、深刻な経済不安が到来し、激しい労働争議が頻発したのである。

しかも、この二月一五日を期して、貨幣単位を十進法に切り換えることになっていた。すなわち、従来イギリスの貨幣単位は一二ペンス＝一シリング、二〇シリング＝一ポンド、つまり一ポンドは二四〇ペンスに相当するわけである。これを一〇〇ペンス＝一ポンド制に切り換えることになったのである。

十進法の一ポンドは、従来の一ポンドのままにしておいて、二シリングが新一〇ペンス、つまり、一シリングは新五ペンスという計算になる。新ペンスのコインは発行されるが、新五ペンスは旧シリングと同形、新一〇ペンスは旧二シリングと同形にできていて、新旧両貨は併用されている。自動販売機などにはまことに便利である。

さて、新貨幣制度の切り換え時期にあたって、郵便も小包も止まってしまったのではたいへんである。英国電気通信省が、至極あっさりと、私設郵便を認めたのは、こういう緊要事態が迫っていたからである。

イギリスで新式郵便制度が開始されてから一三一年目に、ついに郵便国営の方針を一時的にでも放棄して、私設郵便とそれにともなう私設郵便切手の使用を公認したのである。

新ペンス切手（左）と旧ペンス切手（右）

郵便スト切手のお粗末

一月二〇日、スト突入と同時に私設郵便局が続々誕生した。あるものは主婦・学生のアルバイト、自転車・自家用車、はては伝書鳩まで利用するというありさまで、結局一二三社が誕生し、無数の私設切手が製造発売されたのである。

アメリカ郵政公社切手

また英国内から外国へ向けて発信される郵便物については、各会社で英仏海峡を渡ってフランスまたはベルギーに郵便物を持ち出し、そこであらためてそこの国の切手を貼って投函したために、料金は通常よりかなり割高のものとなった。

新通貨への切り換えは予定通り二月一五日に実施された。郵便料金も新料金に改定されたが、スト中であるから実施は当然スト中止まで延期された。滑稽《こっけい》なのは、新通貨にもとづく新切手の発行案内を発送するのにあたって、電気通信省自身が私設郵便を利用しなければならなかったことである。

この私設郵便切手、正式には「緊急臨時郵便事業切手」は、早いものはスト突入数時間で姿を見せたというくらい、大急ぎで製造されたものであった。ストが解決すれば即座に廃止される運命にあったから、いずれもきわめてお粗末なものである。

多くは活字を組み合わせただけのものだったり、ごく簡単な凸版あるいはオフセットで印刷され、目打はほとんどなく、あってもルレット目打である。図案はさまざまで、なかにはチャーチル元首相やらアポロ一四号のようなものまであるが、英国郵便制度が大昔に逆行したのを皮肉ったつもりか、郵便馬車を描いたものもあった。なかでも、ふしぎな図案はローランド・ヒルの肖像を用いたものである。この近代郵便制度の父は、自分のつくった新式郵便制度が一時的にせよ破産した場面に立ち合わされたのである。私設郵便切手にローランド・ヒルというのは、まことに理解に苦しむ組み合わせである。

郵便事業は赤字で苦しんでいる

この年七月一日、アメリカではアメリカ郵政公社が設立されて郵便事業が国営事業から、公社の経営に切り換えられた。一九七〇年度には、郵便事業による収入は六六億ドルに対し、経費は八八億ドルを超えており、二二億ドルもの大赤字を出していた。公社への切り換えは、この赤字経営からの脱却をはかったものである。

郵便事業が赤字で苦しんでいるのは、イギリスやアメリカだけではなく、世界的傾向である。郵便事業が最終的に人力に頼る部分が多いところから、人件費の高騰が経営を悪化させているわけで、これを打開するためには、機械化による経費の節減と、料金値上げによる収入の増加しか方法がない。

一九七一年の英国とアメリカにおける出来事が、近代郵便制度の晩鐘になるのではないかと危惧《きぐ》する人々はすくなくない。

二　メーター・スタンプとプリキャンセル

メーター・スタンプの長短

メーター・スタンプ――このお愛想のないしろものは、一般の切手収集家からは厄介者としてきらわれており、いまだに郵趣界で一人前の市民権を与えられていない。

メーター・スタンプは、イギリスでは一九二二年にすでに登場している。最初のウィルキンソン式の機械は、ロンドンの主要局の前に設置され、一セント銅貨を投入すると料金収納済みのスタンプが自動的に押印される様式のものであった。

アメリカではイギリスより一〇年前の一九一二年に、ワシントンの「ナショナル・トリビユン」紙社において三日間の試用が行われた。二〇年代からはひろく実用されるようになり、世界一のメーター・スタンプ愛用国となったのである。

現在世界の数多くの国でメーター・スタンプが実用化されている。メーター・スタンプは料金の表示が消印を兼ねているから、郵便局側の手間がはぶけるが、設置している企業側の手間ははぶけない。しかし一枚一枚切手の在庫を数えたり、郵便料金の計算をしないですむから利点はけっしてすくなくない。

わが国でもメーター・スタンプは花盛りである。その普及は戦後始まり急速にひろまった。現在大企業でメーター・スタンプを使用しないところはほとんどないといってよいであろう。メーター・スタンプに広告を増置することもさかんに行われている。企業だけでなく、郵便局によっては小包・書留便など高額切手を使用する窓口にこの機械を設置してある場合もすくなくない。

しかし、メーター・スタンプ機械の製造会社が多い関係から、使用機種が多いのと、外国製の機械を使用した場合の日本語による局名表示が小さく、読みとりにくいのが難点である。

イギリス最古のメーター・スタンプ

プリキャンセル専用の切手

アメリカ郵政省は、一九七四年用の三種のクリスマス切手のうちの一種を自着糊を使って発行した。この切手はプリキャンセル用であって、投函後消印は押されない。クリスマスの挨拶用の郵便物は膨大な数に達しているため、消印の労力を省略する目的で、すでに一九六九年にプリキャンセルが試行されたことがある。この時には、クリスマス切手の上にそれまで行われてきたのとおなじようなプリキャンセル用の消印が印刷されていたものである。

クリスマス切手（アメリカで自着糊を用いた初めての切手）　1974年

今回のプリキャンセルは、従来のものとちがって、切手の図案のなかにプリキャンセルの文字が入っており、プリキャンセル専用の切手である。この切手は自着糊を用いたアメリカではじめての切手である。

自着糊の切手は、すでにこれまでシエラレオネ、トンガなどで用いられてきたが、いずれも実用性より郵趣的収入を目標とするものであった。アメリカのような大国で、実用を目的としての発行ははじめてである。自着糊は、封筒に貼りつけるのに、水はもちろん、糊を必要としない。また発売前に湿気のために切手同士がくっつくようなおそれもない。

自着糊の難点

しかしながら、自着糊を大量に使用する上で、多少問題がのこっていないわけではない。その一つは、コストが高くつくことである。このことは、そうでなくても赤字経営になっているか、今すぐにもそうなってしまうおそれのある各国の郵政当局にとっては頭痛の種となる。第二に、短期間に数億、数十億枚の印刷をミスなく完了することがどうやらむずかしいようである。ラベルの量産は可能でも、郵便切手のように、すこしのミスもバラエティーもゆるされない精密な種類の印刷には、現在の自着糊の工程にはやや心配がある。第三に、自着糊切手は現行切手より厚みがあり、重量がある、したがって取り扱い上の不便がある点である。そして切手使用後に、おびただしい量の使用済み台紙がのこり、これはなんの役にも立たないシロモノである。このような難点はあるにしても、糊も水もいらない自着糊切手の将来に期待する点は、意外と多い。すくなくとも切手使用量の多くない地方では、充分メリットの認められるものである。

三　郵便の機械化と切手の行く手

発光切手

郵便の自動化に一般的に用いられている方法は、切手に発光剤を塗布する方法である。自動消印機が発光する切手を自動的にそろえて、切手の印面に消印を押してくれる。

黒鉛切手　イギリス

　イギリスでは、はじめは切手の裏面に、黒鉛による棒線を印刷し、磁気によって選別する方式のものを使用したが、後には表面に発光剤を印刷する方法に変更した。ドイツやデンマークでは、切手用紙のパルプ状の段階で発光剤を加えてあ

色検知機用切手　左はそうでないもの

る。これは、切手そのものが一定の波長の紫外線に当たったとき発光することになる。その他の国でもこの方法が採用されている。この方式の切手は、切手の用紙そのものが、やや黄みを帯びているのが特徴だ。

ソ連では、記念切手などで試験的に使用されたが、多色刷りの切手のある色に発光剤を混ぜて印刷している。切手の一部分だけが発光するわけである。

日本では、切手の印面に額縁状に発光剤を印刷したことがある。埼玉県の大宮局で昭和四一年に試用したが、あまり成績がよくなかったため、この実験は中止され、のこった切手は青森県八戸市内で普通の切手に混ぜて売り出された。

世界の趨勢は、しだいに発光切手の採用に向かっている。発光切手の使用によって、消印の自動化がすすみ、郵便の省力化が一歩前進するわけである。

色検知機

日本が昭和四二年（一九六七）以来実用化をすすめているのは、色検知方式である。これは葉書は青黄緑、書状は青、速達は黄茶、と切手の色を一定にし、機械が識別しにくい図柄のものには、切手の周辺に濃い色の枠取りをつくって、検知しやすくするのである。

この目的のために、従来の切手はしだいに濃い色のものに改められ、あるいは濃い枠がはめられた。近年、日本切手がやたらに毒々しいものになったのはこのためである。日本の光学機械の発達にバックアップされての「進歩」開発であるが、色検知機のコストは発光検知機よりはるかに高い。全国の主要局に色検知用の自動取りそろえ、押印機を設置するには、まだ日がかかるだろう。それにしても、もっと刷色をきれいなものにできないものだろうか。色検知機出でて、日本人の色彩感覚が悪くなったのでは困る。

郵便番号制

全国の地名を番号化する制度は、まずアメリカで実用化された。機械化の好きなアメリカ人好みのシステムである。アメリカではこれをジップ・コード・システム（ZIP）と呼んでいる。ＺＩＰはZone Improvement Plan（区分改善計画）の略である。

アメリカ郵政省はＺＩＰの周知普及のために、ユーモラスなミスター・ＺＩＰを登場させた。彼は郵便鞄をひっさげ、あらゆるところに顔を出して、ＺＩＰの宣伝をやっている。切手の耳紙《みみがみ》（三七二頁参照）などは、彼のもっとも活躍している場所である。

日本でこの制度を採用したときに、ミスター・ＺＩＰの日本版としてナンバーくんが誕生した。どうも二番煎《せん》じだけあって、ちょっとできの悪いスタイルである。日本でも郵便番号制が実施されて一〇年近くになる〔注・一九六八年七月一日から実施〕。郵政省はだいぶ、これに力を入れている。さすがに生真面目な日本人のことだけあって、このやや面倒な制度を忠実にまもっている。地方の郵便局から手紙をだすときに、必ず発信人も郵便番号を書けと指示される場合がある。旅先からの便りだから、いらないだろうといっても聞いてくれないような頑固な局員に会ったことさえある。おかげで郵便番号の普及率は高いようである。

ナンバーくん

郵便番号制を採用している国は急速に増加しているが、日本のように、葉書や封筒に番号欄をつくって実施している国は韓国ぐらいだろう。これは、自動番号読取機によって選別させるためである。機械がきちんと読みとれるよう、郵政省できめた標準字体を使用しなければならない。そのうえ、昔なつかしい地名をどんどん消して行く地番制によって、郵便の配達が能率的になるよう努力させられている。ずいぶんと日本人は郵政省に奉仕しているわけである。

自動販売機の利用

さて、電信電話の発達によって、郵便の重要性は従前より減少したことは事実である。また料金別納・後納制や、メーター・スタンプの普及によって、郵便切手の需要度も相対的には減っている。そのために、将来郵便切手が不要になるのではないかと、懸念する人もある。

しかし、人件費の軽減と販売量の増大を目的として、ダイレクト・メールは各国とも増大の一途にあって、郵便量は一向に減少しそうにもないし、一方郵便切手、特に記念切手の発売が、重要な財源となっている国もすくなくない。またさらに、郵便切手がはたす宣伝効果は軽視できないものがあり、これをメーター・スタンプ等が肩替わりすることは、今のところあまり期待できるものではない。

スウェーデンの記念切手の切手帳

郵便業務上の能率化のうちで、すでに各国で実施されており、国によってはかなりの成績をあげているものに、切手・切手帳の自動販売機の利用があげられる。なかでも、スウェーデンではその歴史も古く、通常のシートによるものよりも、自動販売機によるコイル切手や、切手帳のほうが多く使用されている。記念切手などの特殊切手も、必ず自動販売機用のものが発行されている。自動販売機利用の増加によって、人件費は大幅に節約可能である。

アメリカ、ドイツなどでも自動販売機や切手帳は早くから使用されている。アメリカでは街頭に自動販売機が数多く設置されているが、切手の額面より二割ぐらい余分に金を入れなければならない。つまり自動販売機がチップをとるわけで、これは評判が悪い。

切手ははたしてなくなるか

日本では、昭和八年にはじめて切手の自動販売機が登場して以来、中断した時期があるが、今日まで四三年の歴史をもっている。しかしながら、あまり利用度は高いものではない。切手帳は明治三九年に登場した。切手帳には立派な表紙がついていて、携帯にも便利であるが、あまり利用されていない。その理由は、日本国中いたるところに郵便局があり、また煙草屋等で切手の委託販売をしているから、いつでも自由に切手を購入することができる。したがって、一般的に、切手は郵便物を出すときに必要に応じて購入する習慣があり、個人で切手の買い置きをする人はあまり多くない。切手供給の便利さが、切手帳の普及を妨《さまた》げているといえよう。

わが国の郵便局は、郵便業務のほかに、小包や預貯金、為替、年金、保険等の幅ひろい金融業務をも兼ねている。そして全国津々浦々いたるところに存在している点で、世界にもまれな組織網といえるだろう。したがって、われわれは日常、なんの苦もなく切手を購入し、各種郵便物を発送できる。

しかし、この完璧な郵便網が、人件費を増大させ、郵便業務を圧迫していることは事実である。この窮状を打開するためには、利用者に多少の不便をあたえることにはなるが、切手帳と自動販売機による切手販売を増強して、切手の一枚売りシステムを縮小するようにすることが必要であろう。

結局、切手には切手でなければ果たすことのできない役割があって、すくなくともここ数十年は切手が姿を消すことはありえないと予測できるだろう。まずは、切手の収集家にとっては、目出たし目出たしの見通しではあるが。

付録

これから切手を集めてみようという方に

この本を読んで、なんだか切手というものは面白いものだと感じて、なんとなくこれから切手を集めてみようと思った方々へのガイドブックとして書いてみました。

切手収集というのは、どこまでも趣味ですから、マイペース、マイインテレストでいきたいものです。趣味というものは、どこまでも趣味ですから、どうあらねばならないとか、どのくらい集めなければはずかしいとかいうものではありません。切手収集は「趣味の王者、王者の趣味」とよばれるように、趣味としては高級なものであり、またいくら大金を投じてもそれで満足できるものでもありません。

しかし、われわれは王様でも億万長者でもありませんから、切手収集に大金を投じるわけにはいきませんし、毎日の仕事に追われたり、切手以外の趣味やレジャーに追われていますから、それほどの時間をかけるわけにはいきません。切手を集めてみたいけれど、お金もないし、時間もないし、それに仲間もいないので……という人がよくあります。だが私は、切手収集こそ実はそういう人たちのための趣味だといいたいのです。

たしかに、切手収集にはいくらでもお金が必要です。毎月何百種類という新切手が世界の各国から発行されています。それをすべて買うことのできる人は、よほどの大金持ちでしょう。そしてそのうえ、そんな数多くの切手を一枚一枚ゆっくり鑑賞するだけで、たいへんな時間が必要です。しかし、切手収集はマイペースでよいわけです。会社や家庭にくる郵便物から使用済みの切手を一枚一枚はがして集めるのも手です。これならビタ一文金はかかりません。おなじ切手を何枚集めてみても……という人には、じっくりと消印を見てごらんなさい、といいましょう。消印にもさまざまな種類があり、よく見るといろいろかわっていて面白いものです。

会社には海外からも郵便物がやってきます。外国切手もタダで集められるチャンスがあります。メーター・スタンプも毛嫌いする必要はありません。とにかく初めは金を使わずに、なんでも集めてみるのがよい方法です。つまらなくなってやめてしまっても、モトモトで損《そん》がありません。

すこし金をかけてみたい人は、まず郵便局へいって、在庫の切手を安いほうから買ってみましょう。一円切手、二円切手、と一枚ずつ買ってみると、意外に見たことのないやつがでてきます。日本切手の最高額は五〇〇円です。全部まとめて買ったところで、たいした金額にはなりません。

デパートや切手商が近くにあれば、日本切手一〇〇種とか、外国切手の一〇〇種、五〇〇種、一〇〇〇種などの袋入りを買うのも方法です。割安に数多くの切手が集められます。大きな切手商なら、外国切手の一万種、二万種という袋入り（アルバムに貼ってある場合もあります）を用意してあります。一万種で三万円台です。

切手は未使用でも使用済みでも、好きなほうを集めればよいので、未使用切手を集めなければならないわけはありません。ときどき売り出される記念切手は二〇枚シートで売り出されることが多いのですが、なにもシートで集める必要はなく、一枚ずつ集めるほうが安上がりであることはいうまでもありません。

とにかく、切手の収集はどこまでも、自分の懐《ふところ》ぐあいとか、時間の余裕にあわせて好きなように集めればよいわけです。

さて、そこでやや本格的に切手を集めてみようという人たちに、切手集めの入門とでもいうことがらを書いておきますから、ご参考にお読みください。

郵趣用具

切手収集に必要な道具類で、もちろんあったほうが便利だ。なければないで手持ちのものを活用すればよいわけで、切手収集の場合はゴルフや釣り、お花やお茶のように絶対に必要というわけではない。

ピンセット

郵趣用のピンセットは先端が平らになっている。切手を取り扱うとき、手でじかにさわると、手の脂《あぶら》やよごれが切手に付着して、後でシミができたりする。郵趣用ピンセットは、二、三百円から数千円のものまで各種あるが、スチール製の安いほうが使いやすい。生物や薬品用のピンセットを転用する場合は、とがった先端で切手をきずつけたり、薬品が付着していたりして、かえって悪い結果になることが多い。いずれにしても、切手を取り扱う際は、手をよく洗って清潔にしておくことが肝要《かんよう》である。

ルーペ

虫眼鏡のことである。これは通常の虫眼鏡でかまわない。郵趣用のものもある。生物観察などで野外で使用したものは、ほこりや花粉などをよく拭《ふ》いておく必要がある。肉眼でよく見えない微細な相違点などを見つけることができるし、切手のキズや偽造品、変造品などを見分けるのに便利である。

アルバム

切手を整理するのにはアルバムに貼るのがいちばんよい方法だとされている。切手用アルバムには数百円から数千円までの種類がある。初歩者には切手の図入りアルバムが便利である。日本切手用の図入りアルバムは一〇〇〇円ぐらいから各種ある。はじめは安いアルバムを使ってみるのがよいだろう。外国切手用の図入りアルバムも各種つくられている。国別のものもあるし、初歩者向きの世界切手アルバムもある。

方眼リーフのものや、数段のケイを引いた簡単なリーフのものもある。アルバムは初歩者向け、上級者向けと種類が多いが、大学ノートなどで代用する方法もある。

アルバムにどのように切手を配列したらよいか、一定の法則はないが、ごく一般的には、国別、年代別、種類別に分け、一セット、一シリーズの場合は、低額から高額へ順を追って並べるか、切手の図柄、大きさ、配色などで各自くふうすればよい。

ヒンジ

切手をアルバムに貼るにはヒンジを使う。ヒンジは、パラフィン紙などの薄手の紙の片面か両面に良質の糊がつけてある。使用済み切手の場合、切手シートの耳紙《みみがみ》などを使ってもよいが、厚手の紙をヒンジの代用に使用すると、その部分だけ切手の表面に凸面ができてしまうことがある。ヒンジは後で簡単にはがれて、切手の裏面にほとんど貼りあとが残らないものがよい。アメリカ製のもので、二〇〇円前後。

ヒンジを切手に貼りつけるときは、ヒンジの四分の一ないし三分の一を折りまげて、その部分を湿《しめ》して切手裏面上端に接着し、残りの部分をアルバムに貼りつける。ヒンジがチョウツガイの役目をはたして、切手の裏面も自由に見られるわけである。

クレームタッシエ

未使用切手をヒンジをつけずにアルバムに貼りつけるためにくふうされたもので、切手を薄いフィルムの間にはさんで、アルバムに貼りつけるもの。ヒンジより割高につくが、未使用切手にヒンジを貼ることをきらう人に愛好されている。

ストックブック

近年、切手をストックブックに入れて集めている人が多くなった。本来は入手した切手をアルバムに整理するまでの間、一時的に保存するためにストックブックに入れておくものである。ストックブックに入れておく方法は、未使用切手にヒンジを貼る必要がなく、出し入れが簡単という利点があるが、うっかり逆さにしたり、ショックをあたえたりすると、切手がゴチャゴチャになったり、抜け落ちてしまうおそれがある。

ストックブックは、数十円のごく簡単なものから、数千円のものまであるが、初歩者にはせいぜい一〇〇〇円以下のもので充分である。

透かし検査器

たいがいの透《す》かしは、陽に透かしてみれば見えるが、それでもよく見えないものは、透かし検査器に置いて、無着色の良質ベンジンを一、二滴《てき》たらしてみる。透かし検査器は黒い皿のようなものならなんでもよいわけである。

目打《めうち》ゲージ

切手の目打を調べるには目打ゲージを使用する。目打ゲージは、切手カタログやストックブックなどにも刷り込んであるが、不正確なものもあるから注意が必要である。目打ゲージは、紙製・ガラス製・金属製・セルロイド製などいろいろなものがあり、値段も数十円から数百円までいろいろある。

切手のはがし方

封筒などに貼ってある切手をはがすときは、切手のまわりを大きめに切り取って、洗面器のなかに水またはぬるま湯を入れて、しばらくそのままにしておく。自然にはがれるものもあるし、すこし紙と切手をずらすと取れるものもある。この際けっして無理をしてはがさないこと。接着剤などで貼ってあるものは、はがさないでそのままにしておくほうがよい。とにかく、切手の表も裏もキズをつけないようにすることが大切である。

絵葉書や大事な封筒など、切り取ることができないものの場合は、切手よりちょっと大きめのやわらかい紙に水をつけて、切手の上におく。紙が乾きかけたら二、三度くりかえすと、たいがいはがれる。

はがした切手は、水のなかでていねいに裏糊や付着しているゴミなどを洗いおとした後で、ワラ半紙などの水をすいやすい紙の上において乾燥させる。この場合、新聞紙などの上におくと、インクがついて切手がよごれることがある。

たくさんの切手をはがすとき、洗面器などにあまり大量の切手を入れると、とけた糊や、封筒の着色料などがとけて、切手をよごすことがある。洗面器の水も、一、二度とりかえて、きれいにしておくほうがよい。

切手カタログ

〈日本の切手カタログ〉

切手収集には切手カタログが必要になってくる。日本切手のカタログは、次の四種類が毎年刊行されている。切手カタログには、切手の名称、発行の目的、目打数、刷色、大きさ、紙、時価などがくわしく記載されている〔注・以下、カタログや書籍に関しては、原本刊行時の情報に基づく〕。

○「新日本切手カタログ」日本郵趣協会編——もっともくわしいカタログ、毎年新しい研究成果が加味されている。

○「さくら日本切手カタログ」日本郵趣協会編——初・中級者向きのカタログで、切手はカラーで印刷されており、切手趣味週間切手、魚切手、スポーツ切手というようにテーマごとにまとめられている。

○「オールカラー版日本切手カタログ」日本郵便切手商協同組合編——切手商組合で編集しているもので、切手商やデパートでの小売り値段の基準になっている。切手の説明はくわしくないが、薄手で便利である。

○「標準切手カタログ」切手投資センター編／デイリースポーツ社刊——買い入れ価格が表示してある投資家向けのカタログで、切手の値段の変動の多いときには年間二度刊行される。

〈外国の切手カタログ〉

外国切手のカタログは、中国切手カタログのほかは、英語・ドイツ語・フランス語など外国語のものしかない。外国語のカタログも郵趣用語を知っていれば、中学生程度の語学力で充分利用できる。

○「原色中国切手図鑑」日本郵趣協会編──新中国の切手が原色で紹介されている。

○「スコット・カタログ」米国スコット社刊──全世界の切手のカタログで、四分冊で毎年刊行されている。別にアメリカ切手専門版がある。スコット・カタログはもっとも広く利用されているカタログである。（英語）

○「ミンクス・カタログ」米国──上下二冊で隔年刊行。図版の説明がくわしいのが特色となっている。アメリカ切手専門版を出している。（英語）

○「ミッヘル」西ドイツ、シュバンネベルガー・アルバム社刊──ドイツ版、ドイツ専門版、ドイツ葉書版、ヨーロッパ版、海外版を出している。発行年月日、原画作者、彫刻者、発行枚数等がくわしく記載されている。（ドイツ語）

○「ギボンズ・カタログ」イギリス、スタンレー・ギボンズ社刊──英領版と外国版を刊行。外国版は必ずしも毎年刊行されていない。別に世界普及版を刊行している。図版が大きく鮮明で、解説がくわしいところが特色となっている。（英語）

○「イベール・トリール・カタログ」フランス、イベール社刊──仏領と外国版を刊行。外国版にはアメリカのカタログにない北朝鮮やカストロのキューバなどの切手が掲載されている。（フランス語）

○「ツームシュタイン」スイス、ツームシュタイン社刊──スイス・リヒテンシュタイン版

とヨーロッパ版を刊行している。（ドイツ語）

切手の買い方

〈日本切手の場合〉

使用済みは、はぎ取り作戦で、まず手近なものから集めること。現行切手の未使用は郵便局で買えば額面で買えるわけである。友人・知人に切手収集の先輩格がいたら交換を申し込むことも手である。

一〇〇種、二〇〇種ぐらいまではパケットで購入する方法もある。切手雑誌などの通信販売を利用するのもよいが、時として返信がとどくまでに日数がかかったり、希望の切手が売り切れだったりすることがある。

切手商組合の加入店は、切手商組合で出している日本切手カタログに紹介されている。一般にデパートなどの切手売り場は切手商や日本郵趣協会などで経営している場合が多く、一応信用がおける。文房具店などでつるしてある「はぎとり式」のものは、陽に焼けていたり、値段が不当に高いものがあったりするので、よく注意してから買ったほうがよい。

記念切手などの特殊切手は、東京中央郵便局の切手普及課で一ヵ月前まで予約注文を受け付けている。申込送金用紙は各郵便局に備えつけてあり、この方法なら確実に新切手を購入することができる。また東京・大阪・名古屋・京都など大都市の中央郵便局には、売れ残った記念切手、一般の局などに出まわらない特殊な切手などを額面で販売している。

〈外国切手の場合〉

外国切手は一〇〇種、五〇〇種、一〇〇〇種などの袋入りパケットで購入するのが割安である。未使用切手は、切手商やデパートの店頭で選択して購入するか、切手商や郵趣団体で発行している定期刊行物や即売案内などを取り寄せて希望のものを買うようになる。

また国内外の同好の士と交換するのもよい方法である。雑誌類には、交換・文通の希望者が紹介されている。この場合、不徳漢にだまされないような用心と、郵趣家としての信義を失わないような心構えとが必要である。郵趣団体のなかには、比較的安い寄託金で、希望の外国切手を自動的に発送し、サービスをしてくれるところがある。そのようなグループに入るのも便利かと思われる。

一般的にいえることとは、切手はなるべく専門店で購入したほうがよいということである。郵趣知識のすくないところでは、切手の取り扱いも乱暴で、キズ切手などを平気で売ったりするが、専門的な知識のある店員のいるところでは、取り扱いも正しく、またお客の質問に対しても適切な回答を与えて、よく郵趣の相談役になってくれる。

切手の取り扱い方

日本のように湿度の高い国では、しじゅう湿気から切手を守らなければならない。とくに春から秋にかけては、切手にとって大敵の時期である。近年の日本切手はPVA糊を使用しているから、水分が直接付着しなければ接着しないが、それ以前の切手はたちまちベタベタと貼りついてしまう。

またドイツ、アメリカなどの切手の糊は強力で湿気に弱く、たちまち被害を生じる。その予防には、クレームタッシェなどにはさみ込むか、シッカロールのようなものを糊の上に薄くぬっておくしか方法がない。あとはとにかく、部屋を乾燥させておくか、乾燥している容器などに切手を保存するかなどの対策が必要である。

すでにくっついてしまった切手は、無理にはがしたりせずに、ぬるま湯か水に入れて切手の糊をとかしてしまうのがいちばん安全な方法である。

未使用切手はできるだけ発売当初のままの状態で保存しておくことが大切である。この場合、切手にシワとか折れ目ができないように注意することはもちろんのこと、よごれがつかないこと、裏糊もできるだけ当初のままにしておくこと、目打や切手の四隅などは損傷しやすいので特に大切にとりあつかうことなど、いろいろと気をくばる必要がある。

使用済みの場合も、糊をのぞいては未使用と同様で、なるべくよい状態で保存しておく必要がある。

切手と書籍

〈切手の入門書〉

切手収集の入門書は、子ども向きのものは数種類存在するが、一般向きのものとしては次のようなものがある。

「正しい切手の集め方」　魚木五夫著　日本郵趣出版
「切手百話　集め方　楽しみ方」　平岩道夫著　毎日新聞社
「日本切手の秘話」　北上健著　大陸書房
「切手・収集と鑑賞」　三井高陽著　現代教養文庫　社会思想研究会
「切手の鑑賞」〈乗物篇〉〈人物篇〉　三井高陽著　現代教養文庫　社会思想研究会
「日本の切手」Ⅰ・Ⅱ　山根重次著　カラーブックス　保育社
「スポーツ切手」〈陸上競技〉　島三郎著　カラーブックス　保育社

〈切手の専門書〉

「竜切手」とか「桜切手」のようなごく高度の専門書は発行部数もすくなく、刊行の際でないとなかなか入手できないし、公共図書館などにも備えつけられていない。比較的入手しやすいものとしては、次のようなものがある。

「切手集めの科学」　三島良績著　同文書院
「図解切手収集百科事典」　オットー・ホルヌンク著　魚木五夫訳　日本郵趣協会
「昭和切手研究」　新井紀元著　方寸会
「日本切手百科事典」　日本郵趣協会

また次の図書は個人で購入するにはちょっと高価すぎる大冊だが、珍品・稀品の類が原色で紹介されているので見のがせない。

「切手の百科事典」日本語版（二巻）　伊サンソーニ社　日本語版は旭アド出版事業部刊

なお英語に自信のある人は、次の図書がある。

L.N. and M.Williams "The Postage Stamp" Pelican Book
Stanley Phillips "Stamp Collecting" Stanley Gibbons Ltd.

〈定期刊行物〉

新しく発行された内外の切手の紹介や、郵趣知識を獲得するために、月刊、週刊の郵趣雑誌類はかかせない存在である。そのうえ、これらの定期刊行物には、切手商の特売や入札広告とか交換、文通希望者の紹介などが掲載されている。ここに紹介したもののほか、大きな切手商では独自の刊行物を出版して、通信販売を行っている。

「郵趣」日本郵趣協会――日本最大の発行部数をほこり、内容も充実している。内外の新切手をカラーで紹介。切手に関する記事や切手商の広告も多い。月刊。

「フィラテリスト」右同――日本切手に関する専門誌。月刊。

「郵趣タイムズ」日本切手趣味協会――新切手のニュースを中心とする週刊紙。

「切手」全日本郵便切手普及協会　週刊――日本の新切手ニュースや、郵政省関係のくわしい案内に特色がある。

「切手研究」切手研究会　月刊

「切手趣味」切手趣味社　月刊

「全日本郵趣」全日本郵趣連合　月刊

切手用語小事典

赤二《あかに》　明治一六年（一八八三）に発行された紅《べに》色の二銭切手。小判切手のなかではいちばん数が多い。当時の封書用料金の切手で、もっともありふれた切手だが、一方かわった消印が押されていたりして人気がある。

悪消《あくけし》　極端に黒々とした消印、ずれて押してあったり、いくつも押してあり、切手の図柄がよく見えなくなっているか、消印の文字などが読めないようなもの。

アプ帳　アップルバール帳の略。切手商の切手販売方法の一つ。小型のアルバムなどに切手を貼りつけ、これを希望者に送付し、必要な切手だけを取って、残りはその代金送料などとともに返送する方法。アプ帳方法は地方居住者など、切手商の店頭に出向くのが不便な人々に好都合である。

アルバム　切手を貼るアルバムには各種ある。一般にはルーズリーフ式の増減可能なものが好まれる。写真アルバムなどを転用すると、切手をいためるおそれがある。

色変わり　通常切手のように長期間にわたって印刷製造がつづけられていると、途中で色の調子がすこしちがってしまうことがある。一応おなじ色であるが、このようにすこしちががいが生じたものを色変わり、シェードという。

また陽にあたって色が変わってしまったようなものも色変わりということがある。この場合は一種の不良品である。

色違い　おなじ図案、おなじ額面で、刷色を変更して発行されたもの。たとえば一九七〇年代によく使用されている五〇円弥勒菩薩切手は、はじめこげ茶色であったが、赤茶に変更になり、さらに暗い赤色に改色されている。これら三種の切手は色違いとよばれる。

インプリント　主として切手の印面の下に記入された文字。発行年や印刷所名などが多いが、切手の原画の作者名や、製版者名が記入されることもある。

印面　切手のなかで印刷されている部分。通常切手の周辺には印刷の施されていない余白の部分があり、これを印面外という。

ウェルセンター　切手の中央に図案が正しく印刷されているもので、上下左右によって印刷されたものをオフセンターという。古い切手では、ウェルセンターのものがすくないことがある。

ウォーターマーク　透《す》かしのこと。中国では水印という。

浮き出し模様　エンボス、エンボッシングの訳。切手の図案の一部または全部が浮き出すように印刷したもの。小判切手や菊切手の高額にみられる。また各国の初期の切手にもみられる方法。

裏写り　切手の裏側に、表側の図案が写されたもの。インクの乾燥が不充分なまま重ねた場合などにおこる。

裏透《うらす》かし　透かしの模様に裏表の相違がある場合、まちがえて用紙を裏がえしに使用して印刷した場合に、透かしの模様は裏透かしとなる。裏・表どちらからも相違のない透かしの場合は、裏側に印刷しても、裏透かしはおきてこない。

裏糊《うらのり》　切手の裏側についている糊のこと。糊は通常は切手の裏側についているが、誤って切手の表側に糊をつけたものはエラー切手として珍重される。裏糊は湿気のある場合は他の切手などにくっつきやすい。古い切手ほど当初の裏糊がそのままついているものが尊重され、後から補ったものは価値が低い。しかし、裏糊のなかには化学的変化によって、切手を変色させたり、ひびわれを生じさせるものがある。

裏目《うらめ》打《うち》　目打は通常は表側から裏側に向けて穴があけられるが、都合で裏側から表側に向けて穴をあけたものがある。この場合、切手の表側に向かって、目打の穴の周囲がほんのわずか盛り上がっている。

エア・レター　エーログラム。航空書簡と訳す。一枚の紙に手紙を書き、おりたたんで封筒とする。このなかには何物も封入することができない。全世界均一料金で通常の航空郵便より割安である。

エッセイ　切手を製造するにあたって、数種の図案や、いろいろなインクを使って試《ため》し刷りをしたもの。通常エッセイは当局に保存されるか、破棄されて市場にでないが、稀に不法に市場に流れでて高価に売買されることがある。また国によっては、エッセイを販売することがある。

エフ・エフ・シー　ＦＦＣ　ファースト・フライト・カバー、初飛行カバー（＝封筒）の略。ある地点からある地点まで最初の飛行郵便が行われたことを記念してつくられたカバー。今日では、新しい民間航空の路線が開拓されたときに大量に作成されている。初期の初飛行カバーは、大西洋初横断とか、南太平洋の初横断のような冒険的飛行にあたって作成されたので、なかには飛行機ごと墜落《ついらく》して、事故郵便になったものもある。

エフ・デー・シー　ＦＤＣ　ファースト・デー・カバー、つまり初日カバーの略。

エラー　切手の製造工程の途中で発生した誤作。刷色の誤り、印刷漏れや目打漏れなどのほかに、二色刷り切手の一色を上下逆に印刷したもの、加刷《かさつ》切手の逆加刷、切手の裏糊の方に印刷したものなど、種類が多い。

エンタイア　実際に郵便に用いられた切手を貼ってある封筒で、欧米では一般に、ただ「カバー」という。切手がはがされていたり、宛名のないものなどはエンタイアと呼ばない。実逓便《じってい》という人もある。竜切手など初期のエンタイアは郵便史の史料としての価値も高く、市場価格も非常に高いものである。

円単位　昭和二七年（一九五二）から円以下の貨幣単位の表示を行わないことになり、それまで銭単位が示されていた、一円前島密、一〇円観音菩薩、五〇円弥勒菩薩などの切手の額面表示を改めた。これ以後の切手はすべて円単位で表示されることになった。

凹版印刷《おうはんいんさつ》　切手印刷方法の一つで、銅板、鋼鉄板などに図案を彫り、その凹みにインキをぬって、紙をあてて押しつけると、凹みにたまったインキは盛り上がった形で紙の上に移される。凹版切手は初期の切手に広く利用された高級な印刷方法で、できあがりは上品で美しく、偽造しにくいのが特徴だ。

オフセット　もっとも簡便な印刷方法で、水と脂《あぶら》とがはじきあう原理を応用したもの。亜鉛板に油脂で図案を描く。できあがった切手は、平たく感じの弱いものになる。一般にあまり精巧な図案には向かないが、短期日に製版印刷が可能なので、緊急時などではしばしば用いられている。平版ともよばれる。

オムニバス　イギリス連邦やフランス共同体などで、同一の記念行事を祝って、国名や額面が相違するだけで同一図案で発行した切手。

改色　通常切手などで、切手の図案が同一で刷色だけ変えたもの。他の切手と混同されやすいとか、見ばえがしない場合、あるいは郵便料金が改定された場合などに多くみられる。

額面《がくめん》　切手に表示された金額。通常郵便局で発売される金額と同一であるが、インフレ時や、小型シートの場合など、額面以上で発売されることがあり、また国によっては郵便切手利用の普及をはかるために、額面以下で発売されたことがあった。切手商などでは、新切手の発売と同時に額面の何割増しかで販売するが、時として額面との差額が大きいために、話題となることがある。

加刷《かさつ》　郵便切手に後から記念の文字や使用目的・地域などを印刷したもの。オーバー・プリントの訳で、わが国では「飛行試行記念加刷」「朝鮮加刷」「軍事加刷」などがある。料金変更の加刷は専門的には添刷《てんさつ》といい、これはサーチャージの訳である。

加刷切手には、文字の誤り、加刷漏れ、逆加刷、台切手《だい》（三六七頁参照）のまちがいなどのエラーが発生しやすい。また加刷切手のほうが台切手より高価な場合、偽造品が横行する。「飛行試行」などは偽造品のほうが多いから、よほど注意しなければならない。

カシェ　初日カバーなどに、その切手に関係のある図案や文字などをスタンプとして押すか、あらかじめ印刷したものを指すフランス語。日本の初日カバーでは、たいがいカシェの部分をあらかじめ印刷してある。カシェを木版刷りにした高級品カバーもある。

カタログ　型録とも書く。切手を種類別、発行順、額面順などに分類し、発行の理由や刷色、目打などを記載し、時価を表記してある。日本では主として日本切手のカタログだけが発行されている。スコット、ミンクス、ギボンズ（英語）、イベール（フランス語）、ミッヘル（ドイツ語）などは世界の切手のカタログである。

仮名入り　桜切手や鳥切手には「イ」とか「ロ」とか仮名の記号が入っている。これは販売実績をしらべるためにつけられたともいわれているが、原因の詳細については、まだ明らかではない。仮名のちがいで、大珍品とされる切手もある。

カバー　封筒のことだが、通常切手の貼ってある封筒を指し、実際に郵便として使用された状態のままであることをいう。

紙付き　使用済み切手を封筒から切り取った紙のついたままのものをいう。消印などが完全に読みとれて、使用済み切手の研究家によろこばれる。英語ではオン・ピースという。

官白《かんぱく》　官製はがきの料金を印刷したところに、記念印や風景印、その他特殊な消印を押したものをいう。実際に郵便に使用したものではないため、宛名等が記入されていない。官製白はがきの略。

官用切手　政府官庁で発送する郵便物に使用するための切手。公用切手、オフィシャル・スタンプという。中南米諸国に多い。通常切手に加刷して官用切手とする国もあるし、特別の図案のものを発行する場合もある。また官庁全体で使用するものと、個々の官庁名を入れたものとがある。

菊切手　菊の御紋章を主題とした切手。明治三二年から約一五年使用された。五厘から一円までの一八種類。このうち十銭と二〇銭とは偽造品がつくられたことがあり、また「支那」「朝鮮」と加刷されたものが海外で使用された。

グラビア印刷　凹版印刷の一種で正しくは写真凹版（フォートグラビア）と呼ぶ。切手の実用版を写真製版したもので、グラビア印刷による切手は写真のような仕上がりとなる。ルーペで見ると図版は微小な粒《つぶ》からなっている。わが国では今日、通常切手の大半がグラビア印刷によっている。

グラビア印刷は、高速度で大量に印刷ができるうえに、できあがりが美しいため、多くの国で切手の印刷方法として採用されている。

逆刷り　二色以上で印刷された切手の一色以上の部分が、他の部分に対し上下逆方向になったもの。通常は二色刷りの切手の中央部が逆に印刷されたものが逆刷り（センターインバーデッド）とよばれる。エラー切手のなかで最も人気のある分野である。

原画《げんが》　切手をつくるもとになる図案のことで、わが国では切手の四倍ぐらいの大きさにつくる。これを縮小して切手の原版をつくる。

現行切手《げんこう》　現在郵便局で販売している通常切手類。現行切手はいつでも自由に買えるからと安心していると、新しい切手に切り換えられたりして買い損なうことがある。外国では切手に有効期限がきめられていることがあるから、現行切手以外は無効となる。日本では追放切手後のものについてはすべて有効である。

原版　切手の原画をもとにして、切手とおなじ大きさにつくられた版で、原版をもとにして、シートの枚数だけ転写する。また原版を使って試し刷りをし、必要があれば修正をする。

コイル切手　自動販売機用の切手で、一列に連続した五〇〇枚ないし一〇〇〇枚がフィルムのようにひと巻きになっている。コイル切手は、タテまたはヨコの両側の目打がないものが多い。ロール切手ともよばれる。

小型シート　郵趣的目的のために、通常の一〇〇枚シートとか五〇枚シートのほかに、一枚ないし数枚の切手で構成される小型シートを発行することがある。スーベニア・シートの訳で、稀に通常のシートによる発売がなく、小型シートのみの発売が行われることがある。たとえば、わが国の年賀切手は通常一〇〇枚シートで発売されるが、お年玉つき年賀はがき末等賞品として、二〜五枚の小型シートが発行されている。

小判切手　明治九年から、約二五年間使用された。図案の中央が小判状であるところから、この名がある。お雇《やと》い外国人のエドアルド・キヨソネ（六〇頁参照）の原作によるもので、凸版印刷。半銭（五厘）から五銭まで。

桜切手　竜切手のつぎに発行されたわが国初期の切手。竜切手とおなじく手彫《てぼ》り切手（三六八頁参照）。切手の四隅に桜花が描かれているところから、この名がある。桜切手の内には「仮名入り」のものがある。

産業切手　昭和二三年に発行された農村婦人（二円）、捕鯨（三円）、炭坑夫（五円・八円）など、産業人をテーマにした通常切手。透かしのあるものと透かしなしのものとがある。

実用版《じつようばん》　実際に切手の印刷に用いられる版で、大量に印刷される場合には磨耗するため、いくつも実用版がつくられる。初期の凹版印刷の切手の場合には実用版によって、切手に多少の相違があらわれたものがある。また実用版の版番号（プレート・ナンバー）が記された切手もある。

シート　通常、切手は一〇〇枚ないし五〇枚位の単位で一枚のシートを構成しているが、切手の大きさや、金額の取り扱い上の便宜のために、旧貨幣単位時代のイギリスでは二四〇枚のシートがつくられたし、一般に高額切手は、一〇枚ないし二〇枚のシートがつくられる。

使用済み　郵便に使用された切手。通常は消印が押されている。一般に未使用切手よりは値段が安いが、特殊な消印が押されていたり、郵趣上稀少性の高いものは逆に高値がつく。欧米では使用済み切手だけ集めるコレクターが多い。

昭和切手　昭和一二年以来発行された通常切手を昭和切手という。用紙は白紙で波型透かしが用いられた。図案には、人物・風景などが採用された。戦争がはげしくなるとしだいに航空兵・産業戦士など戦時色が濃くなり、さらに戦争末期には用紙・糊・目打・印刷のすべてが粗悪化し、さまざまなエラー切手がつくられた。昭和切手の大半は、戦後占領軍の命令によって使用を禁止された。

初日印　切手発行初日の消印を押してある切手。新切手の発行初日だけ毎度特定の消印を押す国や、特別の記念日付印（記念スタンプ）を使用する国がある。

初日カバー　切手発行初日の消印のついている封筒。通常はその切手にちなんだ、たとえば切手に描かれている場所とか、記念行事の行われる都市などの郵便局の消印を押してもらうか、その国の中央郵便局の消印が尊重される。国によっては、初日局を指定したり、特別の消印（記念スタンプ）を使用する。また初日カバー用の特別製の封筒がつくられることがある。初日カバーは切手の発行日を正確に記録することになり、また個人的な思い出にもなる。

震災切手　大正一二年（一九二三）九月一日に発生した関東大震災で切手のストックが焼け、また印刷工場も焼失したため、応急に民間の工場などを動員して製造された切手。目打も裏糊もない。五厘から二〇銭までの九種類発行された。

新昭和切手　戦後発行された通常切手を新昭和切手という。終戦直後のものは、裏糊も目打もついていなかったが、しだいに改良されて、今日の切手に及んでいる。収集家は便宜上、発行時期により一次と二次とに分類している。

ストリップ　切手がタテまたはヨコに一列に連続して並んでいるものをいう。タテ三枚ストリップ、ヨコ六枚ストリップなどという。

ゼネラル・コレクション　切手と名のつくものは、発行国・年代・種類にこだわらず、すべてを収集の対象とするもの。単にゼネラルともいう。

穿孔切手《せんこう》　切手に小さな穴を打ち抜いて、文字や図案を表したもの。これは官庁や会社で、従業員による切手の私用を防ぐために行われる。穿孔切手の使用にあたっては通常郵政当局の承認を必要とする。わが国ではすでに廃止されている。

台切手《だい》　加刷や添刷を施されるもとの切手。加刷や添刷の台切手を、誤って他の切手を台切手にしてしまったエラーや、特に台切手を限定しないで、郵便局で手持ちのあらゆる切手を台切手にした場合、フィリピンの「ビクトリー加刷」切手のような、稀少性の高い珍切手が発生することがある。

田型ブロック　タテ・ヨコ二枚ずつの四枚のブロック。田の字に似ているので田型ブロックという。

田沢切手　懸賞募集によって入選した田沢昌言氏の図案を用いたもの。大正二年から約二五年間使用された。低額・中額・高額の三図案があり、はじめ白紙で、のち毛紙を用いて印刷され、関東大震災を境として旧版と新版とに分かれる。また「支那」と加刷したものは在中日本局で使用したもの。飛行機を加刷したものは飛行試行記念切手である。

タブ　切手とおなじような形や様式で切手に連続している紙片。単に模様などが印刷してあって装飾的なものもあるし、標語や商業広告がついているものもある。わが国では戦後一時国民体育大会記念切手やUPU七五年記念切手に用いられた。

単片　ブロックやストリップに対し、一枚の切手を単片という。

注文消印　オーダー・キャンセルの訳。郵趣的目的で未使用切手に消印を押してもらったもの。社会主義諸国や、外国の郵趣市場を目標として切手を発行している国々では、注文消印切手を未使用の数分の一の価格で販売している。

注文消印は通常の消印より軽く、見た目に美しく施される。注文消印は実際の郵便に使った使用済みではないので、これをきらうコレクターもある。

追放切手　戦後、連合国軍最高司令官総司令部（ＧＨＱ）の命令で、戦時中に発行された軍国主義や国家神道などを宣伝鼓舞《こぶ》した切手の使用が禁止され、民間で手持ちのものは戦後発行された平和な図案の切手と交換された。この使用禁止切手のこと。郵政当局は大量の追放切手の大半は処分したが、一部は海外のコレクター向けにセットにして売り出し、外貨をかせいだ。

通常切手　普通切手ともいわれ、通常の郵便物に使用されるもっとも一般的な切手。わが国でも航空郵便には航空切手が使用されたことがある。また記念切手や特殊切手に対しても用いられる言葉で、常時郵便局で販売しているものを指す。

外国では、通常切手のほかに航空切手、速達切手、書留切手、小包切手、官用切手など郵便物の種類別に使用する切手が発行されている例が多い。

手彫《てぼ》り　実用版の切手の版を機械的な転写によらず、ひとつひとつ手で彫ったもの。したがって、手彫り切手は一枚ごとに微細な相違点が存在することになる。

わが国の竜切手や桜切手がその好例である。

添刷《てんさつ》　郵便切手の額面を変更するための加刷。添刷切手が稀少なものや、台切手より高い額面を添刷したものは、しばしば偽造の対象となる。

特権切手　特定の団体や個人などが、国家から郵便料金を免除され、その証票として使用する切手。ドイツのナチ党の切手や、スイスの赤十字、ポルトガルの郵便史の著者のための切手などが有名。わが国の「選挙切手」〔注・一九四九年一月の第二四回衆議院議員総選挙時に、候補者一人につき無料で一〇〇〇枚交付された切手〕などもこれに属する。

トピカル・コレクション　切手収集の仕方の一つで、人物・風景・SL・航空機など、テーマ別に集める方法。近年はトピカルで集める人が多くなっている。

鳥切手　日米郵便交換条約の締結にともない、外信用切手として明治八年に発行されたもので、一二銭、一五銭、四五銭の三種。世界の動物切手としてもごく早いものの一つである。

ノースタンプ　未使用の切手に対する子ども用語で、わが国でしか通用しないまちがった用語。これでは「切手なし」になってしまう。

バイセクト　郵便切手が不足した場合に、緊急に郵便局で手持ちの切手を半分に切断して使用したもの。通常ハサミかナイフで切断するが、例外的に目打を施したものがある。切手を斜めに切断して三角形にしたものが多いが、タテに切断したものもある。半裁切手と訳す。

バイセクト切手は、封筒や葉書などに貼ったオン・カバーか消印の部分を切りとったオン・ピースの状態でないと、真偽の区別ができないから、保存に注意しなければならない。バイセクト切手は額面の半額の切手として使用させる場合が多い。日本にはバイセクトの例がない。

パケット　袋入り切手のこと。日本切手一〇〇種、外国切手五〇〇種、あるいはSL切手五〇種、魚切手一〇〇種などのように、たくさんの切手を袋に入れて売っているもの。一枚売りよりは格安だが、多少キズ物などが入っていることがある。初歩者向きである。

秘符《ひふ》　切手の偽造防止のために、切手のどこかにつけられたかくし文字や図案。シークレット・マークの訳。

フィラテリー　切手収集のこと。郵趣と訳す。フィラテリストは切手収集家のこと。ギリシア語を合成してつくった言葉で万国共通である。

付加金付き切手　セミ・ポスタル・スタンプの訳。寄付金付き切手、慈善切手ともいう。一定の目標をもって通常郵便料に寄付金を付加して発行される。付加金額はプラスいくらという形で表される場合が多い。わが国では民間飛行場建設資金のための愛国切手、共同募金切手、オリンピック切手、万国博・海洋博切手などが付加金付き切手である。

プルーフ　実際に発行された切手の試し刷りで、通常は市場にはでないが、フランス郵政省ではプルーフを高価で販売している。

プレート・ナンバー　実用版の版番号で、初期の切手には、印面にプレート・ナンバーが入ったものがある。アメリカでは、プレート・ナンバーをシートの耳紙《みみがみ》（三七二頁参照）に入れている。

ブロック　四枚以上の切手が方形に連続しているものをブロックという。田型（四枚）ブロック、六枚ブロックなどとよぶ。古い切手のブロックは一般に残存数がすくなく、ものによっては数枚のブロックが単片の数百倍もすることがある。

ペア　タテまたはヨコに二枚の切手が連続しているもの。逆連刷（テート・ベーシュ）や二種連刷（ストナン）などはペアでなければまったく意味がない。

未使用　使っていない切手。通常は消印のついていないもの。一般に未使用切手は使用済み切手より値打ちがあるが、実際に郵便に使用される機会のすくないものの場合は逆になる。

ミシン（の穴）　目打のこと。もちろんまちがった用語。ただし切手のことをなにも知らない人には、目打を説明するのに便利な言葉。

未発行　発行する予定で製造された切手が、なんらかの予定で発行を取り消されたものをよぶ。未発行切手は通常廃棄処分されるが、参考品として保存されたものなどが市場にでまわって、高値をよぶことがある。

未発行切手は、革命、物価の変動、国家の滅亡などによっておこされる。わが国では東宮殿下〔昭和天皇〕のご婚儀の行事が、関東大震災のため延期になり、そのため用意された四種の記念切手も、大半が焼失して、未発行切手となった例がある。

耳紙《みみがみ》 切手シートの周囲にある余白の部分。切手自体をキズつけないよう、保護の目的をもって、また取り扱いの便利のために耳紙には印刷工場の銘版がつけられることが多いが、縦列・横列の合計金額とか、商業広告や、標語などが記される場合もある。耳紙の幅にも大小あり、また耳紙に接する部分の目打を省略したものとか、その逆に耳紙にも目打や図案を施したものがある。

ミント 未使用切手のなかで、郵便局で売り出したままの状態で、よごれもキズもなく、糊も当初のままのものを特にミントという。

無目打 目打のついていない切手。インバーフ。各国の初期の切手や、戦争・天災などで切手製造工場に支障があった場合につくられる。稀に、目打機械の故障によって、本来目打のあるべき切手が、無目打となることがある。また、郵趣的目的でわざわざ無目打切手を発行することがある。

銘版 切手シートの耳紙に印刷された切手の印刷工場名など。日本の場合は「大蔵省印刷局」とか「内閣印刷局」などの銘版のついた部分の切手は、銘版つきと称して、そうでないものより多少高価である場合が多い。銘版によって製造工場がわかるので便利である。古い切手ほど銘版つきがすくなく、そのための銘版つきは高価をよんでいる。

目打《めうち》　切手を切り離すため、切手の周辺につけられた穴で、ミシンなどという人もある。普通は切手の一辺に一五ないし三〇ぐらいついている。切手収集家は、二センチ当たり何箇の穴があるかを目打の数としている。目打の数をはかるには「目打ゲージ」を使用する。

切手に目打を施すための目打機械には各種のものがあり、近年は各国とも能率的な全型目打機が使用されている。また目打には通常のもののほか、穴の大きいもの、小さいもの、穴を打ち抜かないでただの針の穴のように小穴を突いたピンホール目打などがあり、目打の一種には、小さな切れ目だけを施したルレット目打がある。

目打の様式や、目打の数によって、一見ありふれた切手のなかにも大珍品があり、収集家にとっては、目打はきわめて関心をもつものである。↓ルレット目打↓無目打

目打ゲージ　目打は二センチに対し何箇あるかで表される。目打をはかるには目打ゲージを用いるのが便利である。目打ゲージには紙製のほか、金属製、ガラス製、透明なセルロイドなどいろいろな材質のものがある。

リプリント　使用が中止された切手を再版したもの。もとの実用版を使用したものは図柄は同一だが、刷色や紙や糊などに微妙な相違があらわれる。

竜切手　明治四年三月に発行されたわが国最初の切手。四八文、一〇〇文、二〇〇文、五〇〇文の四種。これは額面が文単位なので「竜文切手」とよばれ、翌年銭単位に改正され、

半銭、一銭、二銭、五銭となったものを「竜銭切手」という。

ルレット目打　切手を切り離すために施された切れ目で、目打のように穴を打ち抜いていない。初期の切手や、応急の場合に用いられる場合が多い。ルレット目打には短い線を連続したもの、短い線と長めの線とを交互にしたもの、波型のものなどの種類がある。ルレット目打は通常の目打のものより切り離しがしにくいことが多い。強く施したものの場合は、逆にバラバラになりやすい欠点がある。またルレット目打には切れ目に印刷が加えられたものと、そうでないものとがある。

わが国では戦後平山秀山堂という民間工場で製造された三〇銭切手にルレット目打を施したものがある。

連刷　額面や図案のちがう切手を組み合わせて印刷したもの。ストナンという。わが国では昭和二二年発行の第二回国民体育大会の四種連刷切手が最初で、切手趣味週間、国民体育大会記念切手などに用いられている。

ローカル切手　国全体でなく、ある特定の地方だけに通用する切手。比較的初期には数多く発行されていた。

ローマ字入り切手　一九六六年から、UPUの決議によって切手発行国名をローマ字で入れることになったので、それまで発行されてきた通常切手にもNIPPONとローマ字が入れられることになった。以後発行の切手には通常、記念を問わず必ずローマ字が記入されている。

ロングセット　一セットの切手の数の多いものをいう。通常一〇枚ないし二〇枚ぐらいのものが多い。これに対し、数枚からなるセットをショートセットという。イギリスの植民地などでは、数年おきに、通常切手を全面的に変更する。その場合、十数枚からなるロングセットとして発売される。

枠つき　色検知機によって選別・押印できるように、切手の印面の周囲に幅約〇・七ミリの枠をつけたもの。枠の部分は刷色を濃くしてあるため、図案は醜《みにく》くなってくる。コレクターの間では評判がよくないが、郵便の機械化のためにはやむをえない犠牲といえよう。

あとがき

ものごころがついた頃には、もう切手を集めていた。まずはじめは家に来る外国郵便の切手をかたっぱしから剝《は》ぎ取った。つぎには小遣い銭を貯めて、近所の文房具屋や六本木の本屋で、切手の貼込帳のものを買い集めた。外国人の多い麻布という環境が早くから切手集めという「変わった道楽」に、僕の目を向けさせたのだろうか。

だが、本格的に切手マニアになったのは、早稲田中学に入ってからのことである。教師の目を盗んで、授業中にそっと切手のアルバムを開いたり、同好の級友と交換をしたり、多少目の利く奸友《かんゆう》に、よい切手を騙《だま》し取られたりしているうちに、すっかり病こうこうになってしまった。切手に夢中になって、ろくろく勉強をしないものだから、家人にひどく叱られたことも幾度かあったし、大切なコレクションを取り上げられたこともあった。

それでも、いっこうに切手収集という熱病は冷めなかった。切手をとおして、ささやかなエキゾチシズムを満足させることができたこともあるし、戦時下の物資不足の時代であったから、小遣いをもらっても何も買う物がなかったことも、切手収集に拍車を加えたのである。それに当時の四角四面の中学生の生活へのレジスタンスでもあった。とにかく毎日閑《ひま》さえあれば切手をながめていたものだった。

たった一枚の切手にも無限の面白さがあり、数多くの切手を収集すれば、底知れぬ楽しみがある。切手の持つこの面白さ、楽しさを少しでも多くの人々に知らせてあげたいという、いても立ってもいられない気持ちが、この本を書かせたのである。したがって、この本は、すでに切手収集の楽しさを知ってしまっている人たちのためよりは、むしろ従来あまり切手に興味を持っていなかった人のための切手の本である。

多少本業のクセが出て歴史書風の構成になっているが、どこからでも好きな箇所から、好きなように読んでいただきたい。とにかく切手の面白さ、楽しさの一端でも知っていただければ本望である。

講談社の三国隆次・岡崎憲行両氏の緩急よろしきをえた督励によって、遅筆の筆者が意外に早く脱稿することができた。両氏に厚く感謝の意を表すしだいである。

著　者

『切手の歴史』文庫化復刊に寄せて

このたび『切手の歴史』がおよそ半世紀の時を経て復刊されますことは、私ども家族にとって望外の喜びとするところです。この文庫が出版される二〇二四年秋は、父が逝ってからちょうど二〇年、奇遇と申せましょう。

父は一九三〇年（昭和五年）の生まれで、切手に興味を持ち始めたのは幼少期、おそらく小学生の時分と思われます。正に戦時中です。当時のエピソードとして生前次のような話を聞かされました。父が勉強を怠り切手収集に夢中になっている姿にしびれを切らした家族が、父の留守中に切手の一部を処分したのです。ところが父は「大切な切手は隠しておいた」のだそうです。今となってはなんとも滑稽な逸話です。

一九六〇年には「週刊少年マガジン」（講談社刊）に切手について執筆しています。手元に同年一一月一三日号があるのですが、口絵に「宇宙切手のいろいろ」と題して、世界各地の宇宙にまつわる切手がカラー刷りで掲載され、さらに「切手のすべて」というコラムがのべ五〇ページにわたり綴《つづ》られています。一九七一年には『クイズで切手につよくなる本』（講談社刊）を、このほかにも切手に関する著書を何冊か著しています。

父は歴史学者で、生涯、暦《こよみ》の研究に力を注いでいました。切手同様、中世から現代に至るまでに作られた全国各地の暦を収集していました（没後、国立天文台に寄贈。現在は、「国立天文台三鷹図書室　岡田芳朗文庫」として閲覧可能）。いや、暦の収集の合間に切手を集めていたと記すべきでしょうか。いずれにせよ、今でも父と一緒に暦の研究に携わった方々にお目にかかると「あなたのお父様は、本当に切手がお好きでしたね」とよく耳にすることからも、いかに父が切手の魅力に惹《ひ》かれていたかがおわかりいただけると思います。

　切手と併せて熱心に収集していたのが「はがき」です。広告付きや地方オリジナルのはがき、更にはがきあるいは切手に押される消印（第一章　一　スタンプと消印の分離参照）もその対象でした。収集したこれらの品々は今も我が家に手つかずの状態で保存しています。

「日本国際切手展 2011」（パシフィコ横浜）のイベントで、自ら80円切手になった父・岡田芳朗。当時80歳

　父は、亡くなる半年ほど前、私に一枚の切手の写真を示しました（次頁写真参照）。一九三九年三月、チェコスロバキアから独立したカルパト・ウクライナ国の消印が押された切手です。二日後にはハンガリーに占領されましたので、実質一日だけの独立国。その国名と首都の郵便局名が刻まれた消印入り。第二次世界大戦を半年後に控えたヨーロッパの混乱の縮図的珍

品です。私が社会科の教員であることを意識してのことでしょう。歴史学者であり、かつ切手収集家としての父の一面を知る貴重な機会になりました。そしてこれが、父と切手について語る最後の機会でもありました。

　この半世紀、私たちの日常生活は大きく変わりました。パソコンやスマートフォンの普及によって切手やはがきを使用する機会はめっきり少なくなりました。かくいう私もその一人ですが、復刊を機に便箋に思いをしたため、切手を手に取る機会を作ろうと思う次第です。

父が見せてくれた、カルパト・ウクライナ国消印が押された切手

　本書は、切手に関心をお持ちの読者はもちろん、はじめて切手について興味を持たれた読者が楽しんでお読みいただける構成になっています。それは父が書を著すときに常に意識していたことでした。その思いが届きますことを祈念し、結びとさせていただきます。

著者愚息　岡田芳宏

解説　切手一枚一枚が持つ、歴史的な面白さ

田辺龍太

一九六〇～七〇年代、小学校の休み時間の教室では、集めた切手を入れたストックブックを友だちと見せ合ったり、手持ちの切手を交換したりする光景は珍しくなかった。子どもの頃から私の趣味も当然ながら切手収集で、このような少年時代を過ごした世代である。切手のうんちくを語り合い、多様な情報や知識が得られた楽しい時間であった。また、切手から知ったことが、学校の勉強にもかなり役に立ったと記憶している。

当時、切手収集は、今で言うところのテレビゲームやオンラインゲームに匹敵するほど、少年たちに浸透していたのである。ゲーム雑誌やゲームの攻略本が幾つも刊行されているように、子ども向けの切手収集入門書が数多く出版されていた。次にあげたのは、その主たる書籍である。

・小学館入門百科シリーズ16『切手入門』今井修（監修）小学館　一九七一年

・まんが版入門百科『切手入門』平岩道夫（監修）集英社　一九七二年
・『切手集め大作戦』大谷博　朝日ソノラマ　一九七二年
・カラー版ジュニア入門百科『切手入門』山根重次　秋田書店　一九七三年
・『正しい切手の集め方』魚木五夫　日本郵趣出版　一九七五年

インターネットで簡単に情報が手に入る今日とは違い、知識を得る身近な手段が本を読むことだった。ここに示した書籍は、切手を集める小学生にとって読みやすく、切手を楽しく知るには最適なツールで、親に買ってもらったり、小学校の図書室で借りたりした人は多かっただろう。私も、御多分に漏れず小学校の図書室で読みまくった。

これら切手入門書のほとんどが、いわば集め方の指南書。切手の入手法や入手の裏技、切手を整理する道具の解説と使い方、切手の種類とその収集整理術を中心に、各種切手の豊富な図版と切手を整理している写真やイラストで、切手収集の楽しみが広がるように構成されていた。しかし、私は切手を集める楽しみよりも、切手そのものに魅力を感じてしまっていたので、その内容では物足りなかった。

本書『切手の歴史』に出会ったのは、そんなときだった。歴史の勉強に興味を持ち始めた小学六年の一二月下旬、冬休みに読む歴史の本を探しに図書室に行ったとき、歴史の本のコーナーで本書を見つけた。切手収集の本は、趣味や遊びの本のコーナーに並んでいるのに……。そう、歴史書として本書は配架されていたのである。考えてみれば不思議はない。生真面目な歴史読み物の本のようであった。明らかに趣味のコーナーの本ではないな、と感じた。手に取ったとき、今までの切手の本よりも文章が格段に多いと素直に驚いたことを覚えている。

果たして楽しめるのか。しかし、その心配は杞憂であった。自分が好きな切手と歴史の話だからか、すらすらと読めて、気になるところは何度も読み返していた。そして、切手にも歴史があることに衝撃を受けた。歴史に興味を持ち始めた小学生にとって、歴史とは人間の活躍の話であって、ものに歴史があると考えてもいなかったから、とても新鮮だったのだ。

それまでは、切手の美しさや多様なデザインに惹かれて、日本や外国の切手を自分の好みで集めていたが、本書を読んでからは、それに加えて切手の歴史にも興味が湧いたのである。それ故、お年玉ですぐさま本書を購入。幸か不幸か、ここに掲載されている切手が欲しくなり、手に入れやすい安価なものから、コツコツと集め始めた。それが、今日まで続いている。

大学時代にも本書との思い出がある。岡田芳朗氏の本業は、日本古代史と暦の研究者である（『切手の歴史』の著者略歴に記されている）。日本史と博物館学を勉強していた私は、岡田氏の暦の研究書を、切手収集家が書いた切手以外の本として興味本位で読んだことがあるのだ。その後に改めて『切手の歴史』を読んだとき、切手は歴史資料としても捉えられると直感した。

現在、私は東京・目白にある「切手の博物館」で学芸員として、郵便に用いられる切手について、どのような切手が存在しているのか、その特徴は何なのかを日夜、研究し、切手を集めていない人にも、切手の役割や魅力を伝えられるように励んでいる。振り返ってみると、小学三年から今日まで切手を集め、楽しみ、切手に携わる仕事をしているのは、本書との出会いが大きかったといえよう。

小学生時代に影響を受けた本があり、それが愛読書になっている学芸員は珍しくないと聞く。私もその一人。『切手の歴史』を、仕事でもプライベートでも愛用している。

博物館の学芸員の仕事で大切なのは、取り扱っている資料の魅力を、その道の専門家以外の人や一般の市民に、興味や関心を持ってもらえるように伝えることである。資料は自ら話すことができないので、学芸員には資料と人との心を結ぶ役割があるのだ。切手の面白さや楽しさを、切手収集家以外の人に知ってもらえるように、「この切手のここは見逃せない」と話したり解説を書いたりするとき、ネタばらしになるが、実は本書の記述をよく参考にしている。

『切手の歴史』は難しい本ではない。一見すると難解な研究書のような印象を受けるが、読み進めていくと、切手一枚一枚が持っている歴史的な面白さに引き込まれる。

例えば、インフレという社会状況下で発行された切手についてだ。ハンガリーは第二次世界大戦後のインフレが激しく、一九四六年に額面が五〇万ビリオペンゴ（＝五〇京　＊京は兆の次の位）の切手を発行した。超高額切手なので、額面表記にゼロが一七個も必要だった。しかし、お札ならともかく小さな切手にそれを示すには、スペース的に無理だといえる。そこで、五個のゼロに数の単位を表すビリオペンゴの文字を記載して、この問題を解決したのであった。

インフレになった国では、次々に高額面の切手が必要になる。新しい切手をすぐさま製造して発行しなければならず、各国いろいろと工夫して対処していた。本書は、インフレが切手にどう波及したか、具体例を見せながら、視覚的に解説している。また、インフレに至った社会的背景が歴史の流れに沿って記述されているので、インフレ切手のことも、ますます理解しやすくなっているはずだ（第六章　一七六〜一九七頁参照）。

インフレだけではない。戦争、外交……世界や日本のあらゆる事件や社会情勢が、切手に与えた影響について体系的にまとめている点が、本書の圧倒的に優れているところなのである。

ユニークなエピソードを持った切手や、古くから知られている著名な切手の逸話などを、ただ羅列して構成した本ではない。もちろん、これらの切手はしっかり取り上げたうえで、当時の社会の動きに絡めて紹介しているのである。それ故、切手の面白さとともに、切手が歴史と深く関わってきたことを認識できる。また、切手が時代の鏡であることを教えてくれる。

このように本書はまさしく名著といえるが、一九七六年に『切手の歴史』が刊行されてから四八年が経つ。今や切手のデザインや印刷などの技術は格段に向上し、本書が書かれた時点ではありえないほど創造性に富んだ切手も、多数登場している。そこで文庫化にあたり、いくつかの補記や、説明などをここで記させていただきたい。

切手のデザインや印刷技術に関しては、パソコンによるＤＴＰ（Desk Top Publishing）の導入により、製造工程が大きく変わった（日本切手へのＤＴＰ本格導入は一九九九年）。アナログからデジタルに移行したことで製造工程が大幅に短くなり、図柄が異なる切手を、日本では年間に四〇〇種類前後も発行できるようになった。また、切手の裏糊も湿らせて紙に貼るタイプより、台紙から剝がして貼るシールタイプが主流になっている。これも、製造技術の進歩にほかならない。

切手の偽造防止対策も、本書刊行の頃とは格段に変化している。従来は、切手用紙に工夫を施すことが主流であった。透かし入りの用紙、色付きの絹糸を漉き込んだ用紙、着色繊維を混ぜた用紙などへの印刷である。今日では、用紙よりも印刷技術を活用する事例が多い。

例えば日本では、よく使用する普通切手の図案の一部分に、パールインキで郵便の〒マークと桜花を印刷しているが、傾けると光沢で模様が見えるインキなので、図案の邪魔にならない（二〇二四年秋に発行された新しい普通切手の主要額面には、日本郵便のロゴマークが入っている）。

中国では、切手一枚一枚の図案の中央部分にUVインキで通し番号を印刷し、いわゆる紫外線を照射すると番号が見える方式を採用。フィンランドでは切手の端にユーロ記号を入れている。また、図案の邪魔にならないことから、インドネシアやフィリピンのように郵便マークなどを模様化して切手シート全体に印刷している国や地域もある。

印刷の他に、切手を切り離す小穴（＝目《め》打《うち》）を工夫した例もある（イギリスやポーランドなど）。小さい円形の穴の一部を楕円形にしたものがよく知られているが、さらに、ポルトガルの国を象徴する十字形や、アメリカやアルゼンチンの星形、中国には恐竜のシルエットの形も存在する。

切手の形状や素材に関しても驚かされる。本書『切手の歴史』でも、刊行当時までの各種事例が紹介されているのだが、二〇〇〇年以降、世界各国が競い合うように想像を超える切手（切手収集家は「変わり種切手」と呼んでいる）を盛んに発行するようになった。刺繍製、ガラスの粒や隕石の粉などの異物添付や混入、豆本仕様、組み立て式など、切手は創意工夫の宝庫なのである。

ところで、著者の岡田芳朗氏は子どもの頃から切手を集め始め、早稲田中学に入って切手収集にのめり込んだという。「潤いの少ない戦時中の中学生の生活のなかで、小生にとって切手集めは唯一の息抜きであったから、毎日のように原宿駅で途中下車をするようになった」との一文が、「早稲田中・高等学校の『校友会会報』第85号」に載っている(原宿駅前には著名な切手商があったのだ)。岡田氏にとって切手は、心を満たし、自らの世界を広げてくれるかけがえのない存在であったのだろう。だからこそ、現代の「変わり種切手」の隆盛を、岡田氏は楽しいことと思っているのではなかろうか。

『切手の歴史』は、歴史学の研究手法による切手の本であることに間違いない。だからといって、決して堅苦しい本ではないのだ。切手が大好きで愛している歴史学者が難解な事柄も嚙み砕いて、切手の楽しさを余すことなく私たちに伝えてくれている。そこが本書の今も色褪せない魅力といってよい。だからこそ、切手収集家の他、多くの人が興味深く読めて、新しい知識と世界に出会えるのだ。私が自信をもって勧めたい一冊である。

なお、経年で底本の印刷劣化がかなり激しいため、文庫化にあたり、岡田氏が本文で紹介した切手の多くを、私の切手コレクションから新たに撮影しなおした。少年の頃から、ここで紹介された切手を収集してきた私にとって、二一世紀の今、奇しくも入手した切手が役立ったことに驚きを隠せない。

スタジオで切手を一枚ずつ撮影し、拡大・確認した現場で私が再認識したことがある。小さなスペースに多様な事物がデザインされていて、それぞれが個性的でとても美しかったのだ。切手は、まさに小さな芸術品。本文とともに切手のデザインもぜひ、注目してほしい。

（切手の博物館　学芸員）

ワ

ラ

ヤ

タ

カ

索　引

KODANSHA

本書の原本は一九七六年一一月に講談社から刊行されました。

文庫化にあたり、ご子息文書、解説を加えたうえで、以下の修正を行いました。

本文中は読みやすさに配慮して、ルビの追加を行い、明らかな誤植は訂しています。

経年などにより説明が必要と思われた箇所は、編集部注として〔　〕で補足いたしました。

掲載切手に関しましては、口絵ii—viiiをはじめとする著者私物の他、画像の鮮明化のため、田辺龍太氏私物を撮影し、差し替えております。

本書には現在では差別的とされる表現も含まれていますが、著者が故人であることと差別を助長する意図はないことを考慮し、原本刊行時の文章のままとしております。

撮影／嶋田礼奈（講談社写真映像部）
写真　Wikimedia Commons（14、21、49、76中、78、117左上、230、293頁）

令和六年九月三〇日郵模第三〇九八号

岡田芳朗（おかだ　よしろう）

1930-2014年。歴史学者，暦学者。専攻は日本古代史。女子美術大学名誉教授。早稲田大学教育学部卒業後，早稲田大学大学院修士課程修了。本業の傍ら切手収集と研究にいそしみ，切手に関する論文や記事も多数発表する。著書に『グレゴリー暦の文化史的研究』『日本の暦』『南部絵暦』『暦ものがたり』など。没後，所蔵する資料・書籍が国立天文台に寄贈され，三鷹図書室岡田芳朗文庫となる。

講談社学術文庫

定価はカバーに表示してあります。

切手《きって》の歴史《れきし》

岡《おか》田《だ》芳朗《よしろう》

2024年11月12日　第１刷発行

発行者　篠木和久
発行所　株式会社講談社
東京都文京区音羽 2-12-21 〒112-8001
電話　編集（03）5395-3512
販売（03）5395-5817
業務（03）5395-3615

装　幀　蟹江征治
印　刷　株式会社ＫＰＳプロダクツ
製　本　株式会社国宝社
本文データ制作　講談社デジタル製作

ISBN978-4-06-537737-6

「講談社学術文庫」の刊行に当たって

これは、学術をポケットに入れることをモットーとして生まれた文庫である。学術は少年の心を養い、成年の心を満たす。その学術がポケットにはいる形で、万人のものになることは、生涯教育をうたう現代の理想である。

こうした考え方は、学術を巨大な城のように見る世間の常識に反するかもしれない。また、一部の人たちからは、学術の権威をおとすものと非難されるかもしれない。しかし、それはいずれも学術の新しい在り方を解しないものといわざるをえない。

学術は、まず魔術への挑戦から始まった。やがて、いわゆる常識をつぎつぎに改めていった。学術の権威は、幾百年、幾千年にわたる、苦しい戦いの成果である。こうしてきずきあげられた城が、一見して近づきがたいものにうつるのは、そのためである。しかし、学術の権威を、その形の上だけで判断してはならない。その生成のあとをかえりみれば、その根は常に人々の生活の中にあった。学術が大きな力たりうるのはそのためであって、生活をはなれた学術は、どこにもない。

開かれた社会といわれる現代にとって、これはまったく自明である。生活と学術との間に、もし距離があるとすれば、何をおいてもこれを埋めねばならない。もしこの距離が形の上の迷信からきているとすれば、その迷信をうち破らねばならぬ。

学術文庫は、内外の迷信を打破し、学術のために新しい天地をひらく意図をもって生まれた。文庫という小さい形と、学術という壮大な城とが、完全に両立するためには、なおいくらかの時を必要とするであろう。しかし、学術をポケットにした社会が、人間の生活にとってより豊かな社会であることは、たしかである。そうした社会の実現のために、文庫の世界に新しいジャンルを加えることができれば幸いである。

一九七六年六月

野間省一

2691
高見玄一郎著（解説・陣内秀信）
港の世界史

港こそが、都市の主役である。古代ギリシアから中世のベネチア、中国の海港、アムステルダムの繁栄、近現代のロンドン、ニューヨークまで。世界の港と流通システムの発達を、ひとつの物語として描く異色の世界史。

2695
香山陽坪著（解説・林俊雄）
砂漠と草原の遺宝
中央アジアの文化と歴史

スキタイ、エフタル、匈奴、突厥、ソグド、モンゴルなど、諸民族の歴史と文化。農耕・牧畜の開始からティムール帝国まで、騎馬遊牧民が駆けめぐった旧ソ連領中央アジア＝西トルキスタンの遺跡を考古学者が歩く。

2696
吉田菊次郎著
万国お菓子物語
世界をめぐる101話

たかがお菓子というなかれ。甘さのかげに歴史あり。愛とロマン、政治に宗教、文化の結晶としての世界のスイーツ101の誕生秘話――マカロン、レープクーヘンからザッハートルテ、カステーラ、ちんすこうまで！

2718
小島英俊著
世界鉄道文化史

鉄道とは人類のドラマである！　万国スピード競争、等級制の人間模様、日本にもあった「一帯一路」、豪華列車、リニア開発……第一人者が圧倒的なスケールで描き切る、鉄道と人間が織りなす胸躍る軌跡のすべて。

2724
小林章夫著（解説・新井潤美）
イギリス貴族

政・官・軍のリーダーとして大英帝国を支えつつ、空前の豊かな生活を送った貴族たち。彼らは法律を作り、政治を司り、軍隊を指揮する一方、社交、狩猟、スポーツに熱中した。その驚きの実態を紹介する好著。

2726
鹿島　茂著
パリ万国博覧会
サン＝シモンの鉄の夢

万博をつくった理念をたどること、それは近代文明の観念史そのものである！　名手・鹿島の本領がいかんなく発揮された叙述で、物神【フェティッシュ】の聖堂のスペクタクルを味わい尽くす、魅惑の文化史研究。

外国の歴史・地理

2792
鹿島　茂著
デパートの誕生
豪華絢爛。お客は恍惚。一九世紀半ば激動のフランスで、消費資本主義を体現した「ボン・マルシェ」の壮大な成功譚を、貴重な古書や仏文学作品から採取。デパートが最も輝いていた時代とパリの風景を活写する！
電 P

2795
若林正丈著
台湾の歴史
一七世紀のオランダ統治から現代まで、複雑で濃密な歴史が「台湾人」のアイデンティティを育んだ。多様な民族と移住者が生きる特異な「非承認国家」。奇跡の経済発展と民主化を遂げた「麗しの島」の四〇〇年。
電 P

2802
澤田典子著
アテネ　最期の輝き
紀元前三三八年、ギリシア敗戦！　その後「民主政」はどうなった？　デモステネスらの闘いの跡を追い、アレクサンドロス躍進の陰で「黄昏」と呼ばれたアテネの実像を明らかにする、第一人者によるドラマ。
電 P

2803
井波律子著
裏切り者の中国史
欲望の渦巻く中華世界を駆け抜け、歴史を動かした、個性溢れる反逆者たち。『史記』『戦国策』『三国志』『世説新語』等の史料から、悪漢たちの数奇な人生を描き切る。中国史・中国文学ファン必携の一冊！
電 P

2805
高津春繁・関根正雄著（解説・永井正勝）
古代文字の解読
発音も不明な謎に満ちた文様――エジプト聖刻文字、楔形文字、ヒッタイト文書、ウガリット文書、ミュケーナイ文書。解読への忍耐の軌跡を、平易かつ正確に描写。数千年を超えた過去との交流を体感する名著！
電 P

2814
樺山紘一著
ヨーロッパの出現
森と石、都市と農村が展《ひら》いた後発のヨーロッパ文明は、どのようにして世界史の領導者になったのか。その歴史のリズムを読み、文明を一つのシステムとして通観する。西洋史の泰斗による格好のヨーロッパ入門！
電 P

《講談社学術文庫　既刊より》

124
柳田國男著（解説・田中宣一）
年中行事覚書
人々の生活と労働にリズムを与え、共同体内に連帯感を生み出す季節の行事。それらなつかしき習俗・行事の数々に民俗学の光をあて、隠れた意味や成り立ちを探る。日本農民の生活と信仰の核心に迫る名著。

135
柳田國男著（解説・中島河太郎）
妖怪談義
河童や山姥や天狗等、誰でも知っているのに、実はよく知らないこれらの妖怪たちを追究してゆくと、正史に現われない、国土にひそむ歴史の事実をかいまみることができる。日本民俗学の巨人による先駆的業績。

484
白川　静著
中国古代の民俗
未開拓の中国民俗学研究に正面から取り組んだ労作。著者独自の方法論により、従来知られなかった中国民族の生活と思惟、習俗の固有の姿を復元、日本古代の民俗的事実との比較研究にまで及ぶ画期的な書。

528
鶴見和子著（解説・谷川健一）
南方熊楠《みなかたくまぐす》
南方熊楠――この民俗学の世界的巨人は、永らく未到のままに聳え立ってきたが、本書の著者による満身の力をこめた独創的な研究により、ようやくその全体像を現わした。〈昭和54年度毎日出版文化賞受賞〉

661
谷川健一著（解説・宮田　登）
魔の系譜
正史の裏側から捉えた日本人の情念の歴史。死者の魔が生者を支配するという奇怪な歴史の底流に目を向け、呪術師や巫女の発生、呪詛や魔除けなどを通して、日本人特有の怨念を克明に描いた魔の伝承史。

677
宮本常一著（解説・田村善次郎）
塩の道
本書は生活学の先駆者として生涯を貫いた著者最晩年の貴重な話――「塩の道」「日本人と食べ物」「暮らしの形と美」の三点を収録。独自の史観が随所に読みとれ、宮本民俗学の体系を知る格好の手引書。電P

文化人類学・民俗学

711・712
C・レヴィ＝ストロース著／室 淳介訳
悲しき南回帰線（上）（下）

「親族の基本構造」によって世界の思想界に波紋を投じた著者が、アマゾン流域のカドゥヴェオ族、ボロロ族など四つの部族調査と、自らの半生を紀行文の形式でみごとに融合させた「構造人類学」の先駆の書。

715
宮本常一著（解説・田村善次郎）
民間暦

民間に古くから伝わる行事の底には各地共通の原則が見られる。それらを体系化して日本人のものの考え方、労働の仕方を探り、常民の暮らしの折り目をなす暦の意義を詳述した宮本民俗学の代表作の一つ。

761
宮本常一著（解説・山崎禅雄）
ふるさとの生活

日本の村人の生き方に焦点をあてた民俗探訪。祖先の生活の正しい歴史を知るため、戦中戦後の約十年間にわたり、日本各地を歩きながら村の成り立ちや暮らしの仕方、古い習俗等を丹念に掘りおこした貴重な記録。

810
宮本常一著（解説・田村善次郎）
庶民の発見

戦前、人々は貧しさを克服するため、あらゆる工夫を試みた。生活の中で若者をどう教育し若者はそれをどう受け継いできたか。日本の農山漁村を生きぬいた庶民の内側からの目覚めを克明に記録した庶民の生活史。

994
折口信夫著（解説・岡野弘彦）
日本藝能史六講

まつりと神、酒宴とまれびとなど独特の鍵語を駆使して藝能の発生を解明。さらに田楽・猿楽から座敷踊りまで日本の歌謡と舞踊の歩みを通観。藝能の始まりと展開を平易に説いた折口民俗学入門に好適の名講義。

1082
柳田國男著（解説・桜田勝徳）
新装版 **明治大正史 世相篇**

柳田民俗学の出発点をなす代表作のひとつ。明治・大正の六十年間に発行されたあらゆる新聞を渉猟して得た資料を基に、近代日本人のくらし方、生き方を民俗学的方法によってみごとに描き出した刮目の世相史。

外国人の日本旅行記

1349
英国外交官の見た幕末維新
A・B・ミットフォード著／長岡祥三訳
リーズデイル卿回想録
激動の時代を見たイギリス人の貴重な回想録。アーネスト・サトウと共に江戸の寺で生活をしながら、数々の事件を体験したイギリス公使館員の記録。徳川幕府崩壊の過程を見すえ、様々な要人と交わった冒険の物語。

1354
ザビエルの見た日本
ピーター・ミルワード著／松本たま訳
ザビエルの目に映った素晴しき日本と日本人。一五四九年、ザビエルは「知識に飢えた異教徒の国」へ勇躍上陸し精力的に布教活動を行った。果して日本人はキリスト教を受け入れるのか。書簡で読むザビエルの心境。

1499
ビゴーが見た日本人
清水　勲著
諷刺画に描かれた明治
在留フランス人画家が描く百年前の日本の姿。文明開化の嵐の中で、急激に変わりゆく社会を戸惑いつつもたくましく生きた明治の人々。愛着と諷刺をこめてビゴーが描いた百点の作品から〈日本人〉の本質を読む。電P

1537
シドモア日本紀行
エリザ・R・シドモア著／外崎克久訳
明治の人力車ツアー
女性紀行作家が描いた明治中期の日本の姿。ポトマック河畔の桜の植樹の立役者、シドモアは日本各地を人力車で駆け巡り、明治半ばの日本の世相と花を愛する日本人の優しい心を鋭い観察眼で見事に描き出す。電P

1569
バーナード・リーチ日本絵日記
バーナード・リーチ著／柳　宗悦訳／水尾比呂志補訳
イギリス人陶芸家の興趣溢れる心の旅日記。独自の美の世界を創造したリーチ。日本各地を巡り、また、濱田庄司・棟方志功らと交遊を重ね、自らの日本観や芸術観を盛り込み綴る日記。味のある素描を多数掲載。

1625
江戸幕末滞在記
エドゥアルド・スエンソン著／長島要一訳
若き海軍士官の見た日本
若い海軍士官の好奇心から覗き見た幕末日本。慶喜との謁見の模様や舞台裏も紹介、ロッシュ公使の近辺で貴重な体験をしたデンマーク人の見聞記。旺盛な好奇心、鋭い観察眼が王政復古前の日本を生き生きと描く。電P